시사인물사전 ⑨

쾌락의 독재

시사인물사전 ❾

쾌락의 독재

초판 1쇄	|	2000. 9. 18.
지 은 이	|	강준만 외
편 집	|	편집부
마 케 팅	|	이태준
펴 낸 이	|	최은자
기 획	|	강준우
디 자 인	|	최부돈
펴 낸 곳	|	인물과사상사

등 록	|	1998. 3. 11(가제17-204호)
주 소	|	서울특별시 강동구 성내동 434-10 광명빌딩 3층
전 화	|	02) 471-4439
팩 스	|	02) 474-1413
우 편	|	134-600 서울 강동우체국 사서함 164호
전자우편	|	하이텔·천리안·나우누리 - personak
E-mail	|	personak@hitel(chollian, nownuri).net
홈페이지	|	http://inmul.co.kr

값 9,000원

ISBN 89 - 88410 - 32 - 7 04300
      89 - 88410 - 17 - 3 (세트)

파손된 책은 교환하여 드립니다.

시사인물사전 ❾

쾌락의 독재

강준만 외

인물과
사상사

쾌락의 독재

'쾌락 자본주의'의 시대

'쾌락(快樂)'을 둘러싼 고대의 논쟁은 사실상 '선택'에 관한 논쟁이기
도 했다. 개인의 뜻과 의지에 따라 쾌락에 탐닉할 수도 있었고 저항할
수도 있었다. 쾌락에 대한 욕구를 추구하면 할수록 점점 더 그로부터
만족을 얻기가 어려워진다는, 이른바 '쾌락주의의 역설(paradox of
hedonism)'[1]은 사람들이 쾌락에 빠지지 않게끔 하는 데에 가장 강력한
이론적 근거로 활용되기도 했다.

그러나 날이 갈수록 그런 선택은 어렵게 되었다. '쾌락으로부터의 도
피'나 '쾌락에의 저항'은 대부분의 사람들에게 이제 더 이상 가능한 선
택은 아니다. 그들을 둘러싼 환경이라 할 '소비 자본주의'는 곧 '쾌락

---

1) 피터 싱어, 정연교 옮김, 『이렇게 살아가도 괜찮은가』(세종서적, 1996), 44쪽.

자본주의'를 의미하는 것이기 때문이다. '소비 자본주의'는 달리는 자전거와도 같다. 미국의 환경운동가 앨런 테인 더닝은 그 딜레마를 다음과 같이 표현한다.

'소비 아니면 퇴보'라는 주장은 한가닥의 진실을 담고 있긴 하다. 지구경제는 사실상 전 세계 5분의 1 정도에 불과한 여유있는 사람들의 소비생활 양식을 충족시켜주기 위해 편성되어 있다. 그러므로 소비 수준을 낮춘다는 것은 이 구조의 핵심을 뒤흔드는 일이다. 그것은 많은 근로자의 직업 변화와 모든 대륙에 걸친 산업기반의 재편성, 크고 작은 각종 기업의 경영 변화를 필요로 한다. 최악의 경우 수많은 가정 및 공동체가 고통에 처하는 대혼란을 수반할 것이다.[2]

물론, 그렇기 때문에 우리는 계속 지금과 같은 체제를 유지해야 한다고 말해선 안 될 것이다. 그러나 지금 여기선 지구적 차원의 생존이라고 하는 그런 근본적인 문제를 다루려는 건 아니다. '쾌락의 독재' 체제의 위계질서에 주목해보자는 뜻에서, 우리의 일상적 삶에 대한 성찰을 해보자는 것이다.

소비주의와 나르시시즘

과거에 쾌락을 파는 장사는 '산업'이라고 부르기엔 쑥스러운 것이었

---

2) 이에 대한 더닝의 이어지는 반론은 다음과 같다. "그러나 이러한 주장을 옹호하는 사람들은 지구를 약탈하고 지속적으로 훼손하는 것이 마찬가지의 불행을 가져올 뿐만 아니라 상황을 더욱 악화시킨다는 또다른 견해를 무시한다. 만약 수질오염과 남획으로 어장이 고갈된다면 어부는 직업을 잃게 될 것이다. 되풀이되는 가뭄이 작물과 가축을 죽인다면 농부들은 그들의 경작지를 버릴 것이다. 만약 삼림이 대기오염과 산성비, 기후대의 변화로 인해 고사한다면 벌채업자들은 할 일이 없어

다. 남성 위주의 사회에서 쾌락은 곧 '술'과 '여자'로 간주되기도 했다. 여성의 경우 쾌락 욕구를 억제하는 건 절대적인 미덕으로 간주된 반면, 남성의 경우 쾌락을 추구하는 건 늘 그런 건 아니었지만 곧잘 호탕함의 증거로 간주되었다.

그러나 이젠 그것도 점점 옛날 이야기가 되어가고 있다. 우리는 이젠 '쾌락의 바다'에 풍덩 빠져 헤엄치고 있기 때문이다. 우리 시대의 모든 주요 산업들은 이윤 추구를 위해 인간의 모든 감각 기관을 공략하고 있다. 물론 쾌락을 한껏 만끽하면서 그 대신 돈을 내놓으라는 뜻으로 그러는 것이다.

모든 것이 이윤 추구의 대상이 되면서 공적 영역과 사적 영역 사이의 경계는 흐려지고 미국의 역사학자 크리스토퍼 라쉬가 말하는 이른바 '나르시시즘의 문화'가 꽃을 피운다.[3] 이와 관련, 영국의 사회학자 돈 슬레이터의 해설을 들어보자.

"나르시시즘은 보통 말하듯 자기애가 아니라 오히려 그 반대에 가깝다. 나르시시즘은 자기와 자기의 범위에 대한 적절치 못한 감각에서 유래한다. …… 나르시시스트는 자기몰두적이고 자신의 욕구에만 집착하여 세네트가 지적하듯이 자기와 자기만족의 영역에 속하는 것과 그것 밖에 속하는 것을 구별할 수 없다. …… 라쉬와 세네트에게 나르시시즘은 사적 세계와 공적 세계 사이의 경계—나르시시스트의 자기와 타자, 내부와 외부 간의 경계처럼—가 흐린 소비사회의 중심 병리현상이다. 라쉬의 전통적인 분석에 따르면 강한 자아에 적합한 유기적인 토대가

질 것이다. 사람들이 절대량이 부족한 식량의 구입에 수입의 대부분을 지출해야 한다면, 자동차 생산업자와 주택 건설업자들은 수요자를 구하기 어려울 것이다. 간단히 말해 지구가 죽어가는 마당에 모든 일이 잘 될 리가 없다는 말이다. 요컨대 일부 근로자의 실직을 앞세워 평화를 거부하는 것과 마찬가지다." 앨런 테인 더닝, 구자건 옮김, 『소비사회의 극복: 현대 소비사회와 지구환경 위기』(따님, 1994), 113쪽.

3) 강준만, 〈자기 도취의 문화와 학자 이데올로기: 크리스토퍼 래쉬의 소비문화 비판〉, 『이미지와의 전쟁: 커뮤니케이션 사상가와 실천가들 1』(개마고원, 2000), 270~293쪽.

몰락(가부장제의 몰락)하면서 공적 세계는 소비주의를 통해 사적 세계와 다른 권력 형태에 침투할 수 있다. 소비주의자의 자아에 대한 관심과 바람직한 자아를 생산할 수 있다는 약속은 단지 개인의 전체적인 무기력과, 개인 생활이 거의 존재하지 않을 정도의 조직화된 지배력에 의한 사적 세계의 침투를 위장한 것일 뿐이다. 그래서 결국에는 재화와 지위를 둘러싼 살인적인 경쟁에 의해 지배되는 세계만이 남는다. 라쉬는 사드로부터 영향받아, 자본주의는 개인을 상호 교환할 수 있는 순수한 사물(자기의 욕구를 만족시킬 수 있는 물건들)로 만들어버린다고 주장한다. 그 결과 사회적 무정부상태에서 쾌락의 추구 외에는 남는 것이 하나도 없으며, 그 쾌락도 순전히 공격적인 쾌락일 뿐이다."[4]

개혁주의자의 딜레마

쾌락의 추구 외에는 남는 것이 하나도 없는 세상에서 우리 시대의 모든 주요 산업들이 이윤 추구를 위해 인간의 모든 감각 기관을 공략하고 있다는 건 결코 놀라운 일은 아닐 것이다. 너무도 당연한 일로 보아야 할 것이다. 그런 산업들 가운데 으뜸으로 매스 미디어 산업을 빼놓을 순 없을 것이다.

우리는 흔히 미디어 산업을 '오락 산업'이라고 부르지만 그건 곧 '쾌락 산업'을 의미하는 것이다. 어떤 사람들은 모든 미디어가 다 쾌락을 추구하는 건 아니라고 항변할지도 모르겠다. 언론을 이야기하고 싶은 걸까? 그러나 오늘날 거의 모든 언론사들이 생명처럼 여기는 '뉴스 가치'라는 게 과연 무엇인지 깊이 생각해 볼 일이다. '뉴스 가치=쾌락 가치'라고 말할 순 없겠지만, 뉴스 가치에서 쾌락 가치가 점하는 비중은

---

4) 돈 슬레이터, 정숙경 옮김, 『소비문화와 현대성』(문예출판사, 2000), 137~139쪽.

점점 더 커져가고 있다.

결코 완벽하게 가능한 일은 아니지만, 가능한 한 쾌락에 저항하며 반(反)쾌락적 가치들을 역설하는 사람들이 있다. 금욕주의자와 개혁주의자들이다. 금욕주의자들의 경우 모든 가치 판단의 기준을 '쾌락' 그 자체에 두는 경향이 있기 때문에 그들의 운동은 단순하거니와 차라리 속 편한 그런 점이 있다. 반면, 개혁주의자들은 쾌락 그 자체에 본질적으로 적대적이진 않지만, 자신들의 개혁 메시지가 쾌락적 가치에 압도당하기 때문에 어떻게 해서든 쾌락의 바다 수면 위로 떠오르기 위해 몸부림을 친다.

쾌락 자본주의 사회에서 개혁주의자의 적(敵)은 그 실체를 드러내지 않는다. 모든 사회적 환경이 곧 적인지도 모른다. 그러나 개혁주의자들 역시 그 환경을 구성하는 일부인 걸 어찌하랴. 그들이 소중하게 생각하는 '진실'과 '정의'는 쾌락과 싸워야만 하는, 아니 싸우기 위해 쾌락적 당의(糖衣)를 입어야만 하는 처지에 놓여 있다. 쾌락이 곧 진실이요 정의로 통하는 환경에서 그들의 투쟁은 다분히 시대착오적인 것이 될 수밖에 없는 것인지도 모른다.

지식인은 왜 '쾌락'에 침묵하나?

지금까지의 이야기가 너무 음울하고 비관적이고 냉소적으로 들렸다면, 그건 내 본래의 뜻은 아니라는 걸 알아주시면 좋겠다. 『시사인물사전 9』가 테마로 잡은 '쾌락의 독재'는 영화, 패션, 광고, 팝 아트의 주인공들을 모셨다. 이러한 주인공들을 모시면서 거창하게 한번 무게를 잡아보겠다는 것도 좋겠다는 생각이 들어 그리 말씀드린 것인데, 아무래도 거창하게 이야기하다 보면 그런 느낌을 줄 수 있는 게 아니겠는

가. 다음과 같은 주장에 공감하신다면, 우리가 이 테마를 무시해선 절대 안 된다는 주장에 대해서도 공감하실 수 있으리라 믿는다.

"유행의 문제는 지식인들 사이에 화제가 되지 않는다. 이러한 현상은 강조할 필요가 있다. 패션이 새로운 영역을 침범하고 그 궤도 안에 모든 사회적 영역들과 모든 연령의 그룹들을 집어넣으면서 그 일시적인 권리를 가속화할지라도 현대사회의 원천과 기능을 밝히는 것을 소명으로 하는 사람들의 환심을 살 수는 없다. 패션은 박물관 안에 기념되어 있고 진정한 지적 선입견들의 대기실 안으로 치워져 있다. 패션은 거리 도처에, 산업과 매체 안에 있지만 지식인들의 이론적인 탐구 안에서는 아무 자리도 차지하지 못하고 있다. 존재론적으로나 사회적으로 열등한 영역인 패션은 문제적으로 탐구할 만한 가치를 갖지 못하며 피상적인 문제인 패션은 개념적인 접근을 하지 못하게 만든다. 패션은 객관적으로 연구하기 전에도 비판적인 반성을 자극한다. 패션을 환기시키는 것은 주로 패션을 거세하고 분리시키고 사람들의 어리석음이나 사업의 타락을 개탄하기 위해서이다. 언제나 패션은 다른 일이다. 우리는 저널리스틱한 이야기를 통해 패션에 관한 정보를 너무도 많이 듣고 있다. 그러나 패션 현상에 대한 역사적이고 사회적인 이해는 덜 발달해 있다. 패션잡지들이 지나칠 정도로 많은 것은 지식인이 침묵하기 때문이다."[5]

프랑스의 철학자 질 리포베츠키가 자신의 저서 『패션의 제국』 '서문'에서 한 말이다. '패션의 왕국'이라 할 프랑스에서도 패션이 학계에서 그런 대접을 받고 있을진대 우리의 경우 더 말해 무엇하랴. 그러나 아무리 생각해도 이건 온당치 않은 것 같다. 한국 패션산업의 규모로 보나[6] 패션에 대한 대중의 열정으로 보나[7] 이건 우리 사회에서도 도무지

---

5) 질 리포베츠키, 이득재 옮김, 『패션의 제국』(문예출판사, 1999), 7~8쪽.
6) 우리 나라에선 노라노 여사가 1955년 최초의 패션쇼를 연 이후 패션산업은 초고속 성장을 거듭해 왔다. 패션의 경제 규모는 23조 원(97년)에 이르며 1만4천5백여 개 업체에 56만 명을 고용하고 있다.
7) 패션의 사회적 영향력은 성인을 넘어 청소년에게까지 파급된 지 오래다. 1997년 서울 YWCA가 중

말이 안 되는 일이 아닐까.

따라서 많은 독자들께서 '쾌락의 독재'라는 이번 테마에 대해 말이 되는 일로 간주하여 주시리라 믿고 싶다. 패션이야말로 쾌락적 가치를 가장 극명하게 드러내 보여주는 문화적 현상임에 틀림없을 것이다. 질 리포베츠키의 말을 다시 인용하자면, 다음과 같은 이유 때문이다.

"패션은 기쁘게 해주고 놀라게 하고 기겁하게 만드는 쾌락과 동음이의어인 쾌락들의 실천이다. 더구나 그것은 변화의 자극, 형태의 변형, 나와 다른 사람들의 자극에 의해 생산된 쾌락이기도 하다. 패션은 단순히 사회적 구별의 징표만이 아니라 기분의 고양이고 눈에 즐거움을 주는 것이며 차이의 쾌락이기도 하다."[8]

패션은 쾌락이요 섹스다

이 책에서 패션을 다룬 글은 〈크리스티앙 디오르와 입 생 로랑: 패션은 쾌락〉과 〈캘빈 클라인(Calvin Klein): 패션은 섹스〉 두 편이다.

잘 알려져 있다시피, 크리스티앙 디오르는 '사치의 전도사'였다. 그는 세계의 움직임에 역행할망정 풍요를 지켜야 한다고 역설했다. 그는 심지어 이런 말도 했다. "우리의 문화는 사치 그 자체다. 우리는 사치를 지키기 위해 투쟁해야 한다."[9] 그렇다면 어떻게 사치를 지킬 것인가? 디오르는 "유혹이 수단으로 사용되지 않는 한 성공적인 패션은 있을 수 없다"고 단언했다.[10]

학생 5백여 명을 대상으로 조사한 결과에 따르면 약 40%가 패션 잡지를 보고 유행을 배우고 따라하는 것으로 나타났다. 이복주, 〈중학생 패션잡지 보고 유행 배운다〉, 『내일신문』, 1997년 12월 3일, 38면.

8) 질 리포베츠키, 이득재 옮김, 앞의 책, 81쪽.
9) 마리 프랑스 포크나, 허준 옮김, 『크리스챤 디오르』(명진출판, 1995), 153쪽.
10) 토비 피셔 미르킨, 허준·안종설 옮김, 『패션속으로: 토비와 함께 떠나는 패션 여행』(새로운사람

물론 디오르가 말한 유혹은 쾌락에의 유혹이었다. 그러나 쾌락에의 유혹이란 늘 한 가지 고정된 방법만 있는 건 아니다. 그걸 입 생 로랑이 잘 입증해준다. 그의 파격적인 디자인은 시대적 조류라 할 히피문화에 잘 들어맞았는데, 사실 그 자신이 나름대로 확고한 신념을 가진 우상타파주의자였다. 그는 여성이 입어도 되는 것, 입어선 안 되는 것 하는 식으로 존재했던 패션의 기본 가정을 일거에 타파해버렸다. 여성이 바지를 입는다든지 가슴이 드러나는 상의를 입는 것 등은 입 생 로랑 이전엔 상상하기 어려웠던 것이다. 그는 모델도 다양한 인종으로 고용했으며, 남녀 구분을 모호하게 하는 등 기존의 미(美)의 개념을 재정의하는 파격을 서슴지 않았다.

그러한 파격은 한 개인의 창의성만으로 가능한 건 아니다. 그 창의성의 전부는 아닐망정 상당 부분은 '상황 적응력'이다. 입 생 로랑의 성공적인 파격 이면엔 60년대의 경제 성장과 영 파워의 등장 등 여성의 경제적 독립을 가능케 한 사회적 변화와 더불어 성도덕의 변화가 있었다는 걸 간과해선 안 될 것이다.

캘빈 클라인은 좀더 노골적인 '쾌락 마케팅'을 추구한 인물이다. 그는 진을 광고하면서 진의 이미지를 섹스와 결합시켰다. 그는 "진은 섹스에 관한 것이다"라고 단언했다.[11] 어디 진뿐이랴. 클라인에겐 모든 패션 상품이 섹스에 관한 것, 아니 섹스 그 자체였다. 클라인이 좀 노골적이었다는 것뿐이지 어디 클라인만 그러는가. 패션은 모델을 통해 전파되기 마련인데, 모델의 생명이야말로 섹스 어필 아닌가.[12]

들, 1995), 89쪽.

11) Prud'homme, Alex, 〈What's It All About, Calvin?〉, 『Time』, September 23, 1991, p. 28.

12) 미국의 『포브스』지가 1994년 수입액 기준으로 밝힌 세계 톱모델들의 순위는 섹스 어필한 순서라고 해도 과언이 아니다. 신디 크로포드(5백50억 원), 클라우디아 시퍼(4백40억 원), 크리스티 툴링턴(3백85억 원), 린다 에반젤리스타(2백50억 원), 엘레 맥퍼슨(2백50억 원), 니키 테일러(1백92억 원), 이사벨라 로셀리니(1백92억 원), 나오미 캠벨(1백80억 원), 케이트 모스(1백80억 원), 브리지트 홀(1백65억 원).

'재미' 와 '의미' 사이의 갈등

영화만큼 쾌락적 가치를 웅변해주는 미디어가 또 있을까? 그러나 여기서 한 가지 주의해야 한다. 쾌락에도 '급'이 있다. 우리 시대의 모든 미디어가 수용자를 지루하지 않게 만들어줘야 할 절대절명의 사명 또는 '재미 윤리'를 수행하고 있긴 하지만, 쾌락과 재미의 상대주의가 존재한다는 걸 잊어선 안 된다는 것이다.

어떤 사람은 뽕짝에서 쾌락을 느끼지만, 또 어떤 사람은 뽕짝에서 혐오감을 느낄 수도 있다. 정반대로 어떤 사람은 클래식에서 쾌락을 느끼지만, 또 어떤 사람은 클래식에서 지루함을 넘어선 역겨움을 느낄 수도 있다. 영화의 경우도 크게 다르지 않다. 〈스티븐 스필버그(Steven Spielberg): 영화는 20세기의 기적?〉이라는 글은 영화계의 그런 갈등을 다룬 것이다. 스필버그는 언젠가 "소위 재미있는 영화를 만든다는 것은 고통스러운 일이다"라고 한탄조로 말한 적이 있는데,[13] 이는 대중의 뜨거운 사랑을 받는 것이 가져올 수밖에 없는 '비용'에 대한 아쉬움 또는 한(恨)을 토로한 것으로 볼 수 있을 것이다.

이제 스필버그는 그 고통에서 벗어나는 법을 깨우친 것 같다. 그는 자기 자신은 물론 할리우드라고 하는 쾌락산업의 무궁한 안녕과 번영을 위해서도 최소한의 정치적 외투를 걸치는 것이 필요하다고 생각하게 된 것 같다는 말이다. 그의 경우, '의미'를 포장하는 '재미'라고 하는 당의(糖衣)가 아니라 '재미'를 포장하는 '의미'라고 하는 당의(糖衣)에 몰두한다는 것이 흥미롭지 않은가.

'쾌락의 독재'라고 하는 기획 의도에 따라 쓰여진 건 아니지만 고훈우가 쓴 〈안드레이 타르코프스키: 영화예술의 철학자〉라는 글은 스필버그의 영화 인생과는 대조적인 한 '영화예술 철학자'의 모습을 보여주고

---

13) 프랭크 샤넬로, 정회성 옮김, 『스티븐 스필버그』(한민사, 1997), 167쪽.

있다. 구(舊)소련에서 '부르주아들의 지나친 교양주의를 대변하고 형이상학에 함몰된 영화'라는 비난을 받아온 타르코프스키의 파란만장한 영화 인생도 할리우드와는 좀 다른 차원이긴 하지만 근본적으로 '재미'와 '의미' 사이의 갈등으로부터 자유롭지는 않았다는 것에 주목할 필요가 있겠다.

광고는 처절한 '쾌락 투쟁'

광고는 모든 쾌락 산업 가운데 가장 처절한 '쾌락 투쟁'을 벌이는 분야임에 틀림없다. 일종의 '병 주고 약 주기'라고나 할까? 미국의 어느 광고주는 "우리의 일은 여성들로 하여금 그들이 가진 모든 것에 대해 불만스럽게 생각하도록 만드는 것이다"라고 말한 바 있다.[14] 또 1920년대에 미국의 한 유명 카피라이터는 후배들에게 "어떤 제품을 광고하는 카피를 쓰려면 그 제품을 만드는 공장을 절대 보지 말라. 거기서 일하는 사람들도 보지 마라. 그 실상을 보게 되면 카피를 쓰는 상상력에 방해가 된다"고 말한 바 있다.[15]

이 두 개의 발언은 광고의 본질과 속성에 대해 의외로 많은 것을 말해준다. 기존의 것에 대해 불만스럽게 만든 다음에 현실과는 동떨어진 꿈과 환상을 제공한다? 이는 곧 쾌락의 본질과 속성을 말해주는 건 아닐까?

그러나 광고라고 하는 '쾌락의 바다'는 진공 상태에 존재하는 건 아니다. 그건 미디어를 통해서만 가능하다. 미디어의 속성을 가장 공격

---

14) 앨런 테인 더닝, 구자건 옮김, 『소비사회의 극복: 현대 소비사회와 지구환경 위기』(따님, 1994), 130쪽.
15) Stuart Ewen, 『Captains of Consciousness: Advertising and the Social Roots of the Consumer Culture』(New York: McGraw-Hill, 1976), p. 80.

적으로 이용하는 것이 바로 광고이기에, 광고 연구는 곧 미디어 연구이기도 하다. 이 책에선 광고를 그런 관점에서 본 인물을 다루었다. 〈토니 슈와르츠(Tony Schwartz) : '미디어는 제2의 신(神)'〉이라는 글이 바로 그것이다. 슈와르츠는 왜 미디어를 가리켜 '제2의 신'이라고 하는 걸까?

슈와르츠는 "전자매체는 우리 환경의 일부이기 때문에 우리는 전자매체를 정보의 흐름에 있어서 매개 요소로 의식하지 않는 경향이 있다. 우리는 전자매체에 너무 연관되어 있기 때문에 전자매체가 우리에게 미치는 효과를 인식하지 못한다"[16]는 점을 강조하면서 다음과 같이 말한다.

"미디어는 한 사회의 사고방식이나 정치구조, 그 나라 전체의 심리적 상태에 지대한 영향을 미친다. 미디어는 마치 하느님처럼 많은 사람들의 주의를 똑같은 사건에 똑같은 방법으로 기울이게 함으로써 전쟁의 방향을 바꾸어 놓을 수도 있고 대통령이나 왕을 물러나게 할 수도 있고 지위를 격상시킬 수도 있으며 교만한 사람들에게 망신을 줄 수도 있다."[17]

미디어가 '제2의 신'이라는 건 단지 그 영향력이 강하다는 것만을 의미하는 건 아니다. 미디어가 '삶의 문법'까지 바꾸고 있다는 것에도 주목해야 할 것이다. 슈와르츠는 "진실은 활자매체의 윤리이지 전자 커뮤니케이션에서의 윤리적 행위를 판별하는 기준은 아니다"고 말하는데,[18] 바로 이거야말로 우리가 쾌락적 가치가 진실을 압도할 수 있는 시대에 살고 있다는 걸 시사해주는 탁견(卓見)임에 틀림없을 것이다.

---

16) Tony Schwartz, 『The Responsive Chord』(Garden City, New York: Anchor Books, 1974), pp. 74~75.
17) 토니 슈와르츠, 심길중 역저, 『미디어 제2의 신』(리을, 1994), 17~18쪽.
18) Tony Schwartz, 위의 책, p. 22.

'자본주의 리얼리즘'?

〈앤디 워홀(Andy Warhol): '대중매체는 삶의 환경이다'〉라는 글은 '팝 아트'가 기존의 문화계에 통용되던 '쾌락의 위계질서'에 도전하면서 '쾌락 자본주의'를 뜨겁게 포옹하게 된 배경과 과정을 앤디 워홀이라고 하는 인물을 통해 살펴본 것이다. 워홀의 다음과 같은 뻔뻔한(?) 말만큼 '쾌락의 독재'에 대한 확실한 찬사를 또 만날 수 있을까?

"이 나라, 아메리카의 위대성은 가장 부유한 소비자들도 본질적으로는 가장 빈곤한 소비자들과 똑같은 것을 구입한다는 전통을 세웠다는 점이다. 이렇게 생각해보자. 즉 여러분은 TV를 시청하면서 코카콜라를 볼 수 있는데, 여러분은 대통령 또는 리즈 테일러가 그것을 마신다는 것을 알고 있으며, 여러분도 마찬가지로 그것을 마실 수 있다. 콜라는 그저 콜라일 뿐, 아무리 큰 돈을 준다 하더라도 길 모퉁이에서 건달이 빨아대고 있는 콜라와는 다른, 어떤 더 좋은 콜라를 살 수는 없다. 모든 콜라는 똑같은 것으로 통용된다. 리즈 테일러도 거렁뱅이도, 그리고 여러분도 그 점을 알고 있다."[19]

이 주장에 대한 반론은 본문에 실린 글을 참고하여 주시기 바란다. 반론을 어떻게 하건 한 가지 분명한 건 그것이 '현실에 대한 당위의 도전'에 머무를 수밖에 없다고 하는 점이다. 워홀에 이르러 이제 쾌락은 더 이상 숨기거나 분식(粉飾)해야 할 그 어떤 것이 아니라 당당하게 드러낼 수 있는 그 어떤 것이 되고 말았다. 워홀도 자신의 작업을 '비즈니스 아트'(business art)라고 부르면서 다음과 같이 주장하기도 했다.

'비즈니스 아트는 예술 다음에 오는 단계이다. 나는 스스로가 상업적 예술가이기를 주장했고, 이제는 비즈니스, 즉 사업 예술가로서 끝마무리를 지으려 한다. …… 사업에서 성공한다는 것은 가장 매력적인 종류

---

19) 존 A. 워커, 정진국 옮김, 『대중매체시대의 예술』(열화당, 1987), 39쪽에서 재인용.

의 예술이다. …… 돈을 번다는 것은 예술이며, 일한다는 것도 예술이며, 훌륭한 사업은 최상의 예술인 것이다."[20]

늘 그런 건 아니지만, 때로 뻔뻔함은 솔직함과 같은 것이다. 워홀의 솔직함을 높이 평가하는 사람들은 워홀이 소비 자본주의 제도 속에서의 예술의 자본주의적 본성을 기꺼이 정직하게 직시하려는 극소수 현대 예술가들 중 한 사람이라면서 그야말로 '자본주의 리얼리즘 작가'라고 부를 만하다고 말하기도 한다.[21]

'기록과 평가의 문화'를 위하여

나는 우리 시대에 이르러 '쾌락의 독재' 체제가 완성된 것에 대해 저주를 보낼 생각도 없고 축하를 보낼 생각도 없다. 현실을 있는 그대로 한번 살펴보자는 생각만 갖고 있을 뿐이다. 위에 간단히 소개한 5편의 글은 그런 취지로 쓴 것들이다.

이미 제8권 사고(社告)를 통해 밝힌 바 있지만, 다시 한번 『시사인물사전』의 변화된 체제에 대해 말씀을 드리고자 한다. 앞으로 『시사인물사전』은 이 9권처럼 크게 두 파트로 구성될 것이다. 하나는 강준만이 쓰는 '테마 에세이'와 그 테마 관련 글들이요, 또다른 하나는 각계의 전문가들이 기고해 주시는 인물 탐구 인터뷰 기사들이다.

이 두 파트는 상호 독립적인 것이다. 인터뷰 기사들의 경우 인물 선정에서부터 글의 방향과 내용에 이르기까지 그건 전적으로 글을 기고해 주시는 분들이 결정한다. 다만 인터뷰 대상자들의 범주만 미리 설정되어 있는데, 그건 〈김동민의 언론인 탐구〉, 〈변희재의 대중문화인 탐구〉,

---

20) 존 A. 워커, 정진국 옮김, 앞의 책, 45쪽에서 재인용.
21) 존 A. 워커, 정진국 옮김, 앞의 책, 46쪽.

〈이강민의 지식인 탐구〉, 〈장윤선의 운동가 탐구〉, 〈홍기돈의 문학인 탐구〉 등과 같다. 물론 앞으로 새로운 범주의 인터뷰 기사들도 추가될 수 있을 것이다.

두 파트 이외에 다른 종류의 글도 실리게 될 것이다. 이 9권의 경우엔 국민대 법대 교수 김동훈의 〈학벌없는 사회를 꿈꾸며〉와 자유기고가 고훈우의 〈안드레이 타르코프스키: 영화예술의 철학자〉라는 글이 그러하다.

이 책의 주(主)제목을 『쾌락의 독재』로 내걸었기 때문에 '쾌락의 독재'와 관련된 글들이 책의 앞부분에 실리는 것이 타당할 수도 있을 것이나, 글의 '가치'라고 하는 점에서 뒷부분에 싣기로 했다. 앞으로도 그렇게 할 것이다. 강준만의 글들은 기존 자료들을 조합해 자신의 생각을 덧붙인 것에 지나지 않으나 인터뷰 기사들은 결코 다른 지면에선 만날 수 없는 새로운 이야기들을 담고 있기 때문이다. 독자들께서도 이러한 편집을 반기리라 믿어 의심치 않는다. 앞으로 이 『시사인물사전』이 『인물과 사상』과 더불어 한국 사회에 '기록과 평가의 문화'를 정착시키는 선구자가 될 수 있도록 독자들께서 뜨거운 격려와 질책을 아끼지 말아 주시기를 바라마지 않는다.

2000년 8월
강준만 올림

효과적인 광고를 위해/왜 미디어는 '제2의 신(神)'인
가/대중은 '미디어 신(神)'을 필요로 하나

|김|지|룡|
마음껏 놀면서 일한다

" '놀다' 를 처음 만들 때 3억을 투자하겠다는 사람이 있었습니다. 그런데 밤새워 일할 각오를 하라는 말 한마디에 그 사람과 결별하게 되었습니다."

마음껏 놀면서 일한다

변희재 | 자유기고가 |

노는 것 좋아하는 문화비평가

김지룡(36)은 노는 걸 좋아하기로 유명하다. 노는 걸 너무나 좋아하다보니 일류 대학과 일류 직장이라는 세속적 간판을 버리고 일본으로 훌쩍 떠나버린 경력도 갖고 있다. 그는 문화비평가란 직함을 갖고 활동하기는 하지만 다른 문화비평가와는 차이점을 보인다. 그는 문화를 연구한다기보다는 즐기는 데 더 큰 목적을 둔다.

그가 쓴 저서 역시, 『재미있게 사는 사람이 성공한다』, 『나는 일본문화가 좋다』, 『나는 솔직하게 살고 싶다』 등 연구서라기보다는 자신이 직접 즐기고 체험한 것을 풀어 쓰는 게 대부분이다. 그게 일본 문화든 대중문화든 성(性)이든 일단 그가 즐긴 것은 모두 그의 책의 소재가 된다.

대중문화에서 김지룡이 차지하는 위치는 다양하다. 문화비평도 하지만 직접 문화상품을 생산하기도 한다. 그는 생산자, 소비자, 비평가의 위치를 자유자재로 바꿔가며 신문, 출판, 방송 등 거의 모든 매체를 통해 왕성한 활동을 하고 있다. 그래서 그를 첫 인터뷰 상대자로 섭외하게 되었다. 그와 이야기하면 한국의 대중문화와 삶을 다양한 각도에서 바라볼 수 있기 때문이다. 그가 꺼낸 첫 이야기는 문화비평에 관한 것이었다.

"원래 문화비평을 하고 싶어서 한 것은 아닙니다. 가장 하고 싶은 일은 문화상품 제작이었습니다. 초등학교 때는 만화가가 되고 싶었습니다. 하지만 그림을 그릴 줄 몰라 스토리만 주고 친구에게 그리도록 했습니다. 일본에 있을 때 삼성영상사업단에 지원하려 했는데 당시 삼성은 이미 영상분야에서 철수를 준비하고 있었습니다. 그쪽에서는 차라리 삼성생명에 가보라 그러더군요. 문화상품 제작을 할 수 있는 곳을 찾지 못하다보니 그냥 문화에 관련된 글을 쓰게 되었습니다."

그의 문화비평을 보면 매우 구체적이다. 구체적인 스타, 구체적인 게임, 구체적인 프로그램 등을 하나하나 지적하며 글을 써나간다. 그러니 문화현상을 거시적으로 바라보는 여타의 문화비평가들과는 판이하게 다르다. 과연 그는 문화비평이란 걸 어떻게 생각하고 있을까?

"일반적으로 기존 문화비평의 특징은 읽어도 모르겠다는 겁니다. 대부분의 문화비평가의 글을 읽으면 짜증이 날 때가 많습니다. 우매한 대중에게 한 수 가르쳐주겠다는 게 눈에 보입니다. 저는 대중문화비평을 한다기보다는 대중문화를 즐깁니다. 솔직히 대중문화 없이는 살 수 없는 사람입니다. 대중음악평론가라는 사람이 클래식만 듣고, 영화평론가란 사람이 저 구석에 있는 프랑스 영화만 본다면 문제가 있습니다. 평론이란 것도 서비스입니다. 그럼 보다 양질의 서비스를 제공하도록 노력해야지요. 이런 시각들은 별로 보이지 않는 것 같습니다."

한국의 대중문화비평가들이 대중문화를 즐기지 않는다는 건 상식에

가까운 일이다. 흔히 저 위에 있는 고급문화와 대중문화를 비교하여 단
칼에 내려치는 걸 문화비평이라 생각한다. "이것이 이 영화가 넘지 못
한 한계다", 이런 식의 영화비평이 대부분이지 않은가? 그럼 노는 것
좋아하는 문화비평가, 김지룡의 문화비평은 과연 어떻게 다를까?

> 저는 평론도 엔터테인먼트라 생각합니다. 평론 자체가 재미있어야지
> 요. 또한 독자들이 평론의 대상에 대해 흥미를 느낄 수 있도록 해야 합니
> 다. 그렇게 되면 평론은 일종의 문화의 검색엔진 역할을 하게 되는 겁니
> 다. 자신이 직접 다 경험해보고, 수많은 문화 속에서 무엇이 재미있는지
> 독자들에게 알려주는 것입니다.

그렇다면 그의 문화비평은 어쩌면 소비자 리포트에 가까울 수도 있
다. 이런 점에서 보면 그의 평론은 자연스럽게 상업주의와 연결시켜볼
수가 있다. 그의 글 자체가 상업성을 띤다는 점도 있겠지만 그보다는
그의 평론이 문화상품의 질을 가려낸다는 측면에서 더 그렇다. 그는 대
중문화 자체를 하나의 상품시장으로 파악하고 있기 때문이다.

"저는 상업주의 때문에 비판을 많이 받았고, 솔직히 그것을 인정합니
다. 저는 상업주의를 좋아합니다. 제가 이문열 씨를 좋아하는 것도 상
업주의 때문입니다. 강준만 교수가 이문열 씨를 시대와의 간통을 했다
며 비판했는데, 그 간통도 아무나 할 수 있는 것은 아니지요. 이문열 씨
의 소설은 문장력이나 구성면에서 매우 탁월합니다. 이와 비슷하게 무
라카미 하루키의 소설도 상업적인 측면에서 한 수 배울 게 많습니다."

월간『말』2000년 1월호에서 세명대 일문과 김필동 교수는 김지룡을
강력하게 비판했다. 일본의 성문화만 강조하며 방탕한 성경험을 갖고
한국의 위선적 성문화와의 싸움을 벌이는 선구자인 척 행세한다는 것이
다. 그 역시 김필동 교수의 글을 읽었다고 한다.

■ '나는 솔직하게 살고 싶다' 펴낸 문화평론가 김지룡씨

직접경험 살려 한·일 性문화 탐험

지면을 통해 최근 한창 이름값을 높여 가고 있는 신(新)세대 문화평론가 김지룡(솔밭옮김 35)씨가 푹 빠진 것은 섹스 로맨스. 나는 솔직하게 살고 싶다 (명진 출판)는 출간되기가 무섭게 화제의 책으로 뜨고 있는 눈치다. 그럴 수밖에, 담아 그의 책에 부제로 붙인 야한 이름이 눈길을 끈다. '한 문화평론가의 섹스 다이어리', 벗은 남녀의 뒷모습 사진을 내세운 해외 교지사진부터 부쩍 도발적이다.

'사랑을 움직이는 동력은 호기심입니다. 이상야릇한 물음(이 최근에 대한 확인한 사실이지만, 무수한 성담론들이 당연하듯이 공허하게 떠돌기는 했었...

잡니요? 욕망을 감추고, 단단히 뗐습니다. 솔직한 섹스 이야기를 통해 우리 사회를 정확히 들여다보고자 하는 엄을 꿰고요 실었던 겁니다'

이 작업에서 그는 자신의 프라이버시를 과감히 담보로 걸렸다고 했다. 한국과 일본(일본문화) 본이 위해 그의 한쪽이다)을 넘나드는 섹스 문화 탐구서를 쓰는 데 개인적 경험을 아낌없이(?) 풀어놓았다. '정남단데, 일본과 한국의 성 문화를 비교해 함께보는 재미가 대단히 각별할 겁니다. 내 사생활을 닮아령 솔직하게 담겠다구요? 그걸 믿으로 하지 않았습니다'

'나는 일본문화가 꽤나 있다' '재미 있게 사는 사람이 성공한다' 고 그는 전하면다.

황수경기자 skh@dailhanmail.com)

"제가 다양한 일본 문화 중에서 저급한 것만 소개한다는 비판 역시, 저 자신이 저급한 것을 좋아하기 때문입니다. 일본 문화 중에서 고급스러운 것, 예를 들면 가부키가 있겠지요. 제가 그걸 좋아하지 않는데 어떻게 소개합니까?"(『뉴스피플』, 1999년 7월 29일)

저는 그런 생각을 해본 적도 없고, 그냥 솔직하게 쓴 것뿐입니다. 그리고 제가 다양한 일본 문화 중에서 저급한 것만 소개한다는 비판 역시, 저 자신이 저급한 것을 좋아하기 때문입니다. 일본 문화 중에서 고급스러운 것, 예를 들면 가부키가 있겠지요. 제가 그걸 좋아하지 않는데 어떻게 소개합니까?

그래서 그런지 김지룡은 비판에 대해서 그렇게 반론을 잘하는 스타일은 아니다. 그냥 "나는 이게 좋아. 어쩔래?" 이 정도로 생각하고 있다. 그런 그가 성역 없는 비판을 모토로 내세우는 『인물과 사상』의 애독자라는 건 조금 의외였다.

김지룡이 바라보는 『인물과 사상』 vs 『조선일보』

비판을 주고받는다는 점을 제외한다면 김지룡은 의외로 전북대 신방과의 강준만 교수와 비슷한 점이 많다. 글쓰기나 대중문화의 상업주의를 인정한다는 측면도 그렇지만, 그보다는 하고 싶은 말을 솔직히 한다는 점에서 그 둘은 공통점을 갖고 있다. 그래서 그가 『인물과 사상』의 애독자인 것일까?

"『인물과 사상』은 거의 다 봅니다. 처음에는 진짜 권력자들, 예를 들면 조갑제, 이문열, 이런 사람들을 비판할 때 재미있게 읽었습니다."

그럼 지금은?

"솔직히 지금 비판하는 사람들은 누구인지 잘 모르겠습니다. 누군지도 모르는 사람들을 비판하니까 저로서는 별로 재미없는 것이지요."

『인물과 사상』은 최근 진보적 좌파 지식인을 집중적으로 비판하고 있다. 김지룡은 바로 이런 사람들을 잘 모르겠다는 것이다. 역시 김지룡다운 답변이다. 잘 모르니까 관심이 없고, 관심이 없으니 재미없지 않겠는가? 그럼 좌파 지식인 쪽은 그렇다 치고 『인물과 사상』에서 벌이고 있는 『조선일보』와의 싸움은 어떻게 보고 있을까? 그는 『조선일보』에 글을 쓴 적이 있다. 하지만 진보 지식인이라고 자신을 내세운 적이 없으니 사실 그가 답해야할 의무는 없다. 그냥 그의 솔직한 견해를 들어보는 것이다.

"저도 『조선일보』에 글을 쓴 적이 있습니다. 만일 『조선일보』가 저한테 관심을 갖지 않았다면 상업주의 작가로 성장할 수 없었을 겁니다. 그리고 처음에는 돈 때문에 글을 쓰기 시작했습니다. 『조선일보』는 원고료를 꽤 많이 줍니다. 또한 그 영향력 때문에 책 판매에도 상당한 도움이 됩니다. 그걸 거부할 수는 없는 겁니다. 『조선일보』에 글을 쓰지 말라고 요구할 때는 그 사람이 처한 상황을 이해해줘야 합니다. 생존과 생계가 걸려 있는 사람, 특별한 직업이 없는 사람이라면 『조선일보』에 글을 쓰는 건 어쩔 수 없는 일입니다."

강준만 교수도 아무에게나 『조선일보』에 글을 쓰지 말라는 것은 아니다. 자신의 진보성을 전면에 내세우는 좌파 지식인에게만 요구하는 것이다. 그리고 대개의 경우 그들은 대학교수라는 안정적인 직장을 갖고 있다. 그렇다면 이미 일류 필자로서 확실하게 올라선 김지룡의 경우라면 더 이상 『조선일보』에 글을 기고할 필요는 없는 것 아닌가?

"글쎄요. 일단 저는 기획이 괜찮다면 『조선일보』와도 같이 일할 수 있을 것 같습니다."

계속 되풀이되지만 김지룡은 진보적 지식인이 아니므로 그에게 더 이상 이 문제에 대한 판단을 강요할 필요는 없었다. 더구나 그는 필자의 선을 넘어서 '놀다' 라는 문화상품 프로젝트를 진행하는 사업가다. 사업을 하려면 『조선일보』의 힘을 이용할 수밖에 없지 않겠는가? 다만 그는 이런 말을 덧붙였다.

"『조선일보』와는 반대로 『한겨레』에서는 단 한번도 저와 저의 책을 보도해준 적이 없습니다. 이런 적도 있었습니다. 조한혜정 교수가 불러서 다른 패널과 함께 『한겨레』에서 대담을 했었는데, 기사에는 제 사진과 이름이 모두 빠져 있었습니다."

『한겨레』에서 왜 그토록 김지룡을 기피하는 것일까? 진보적 엄숙주의와 권위주의 때문이 아닐까? 그는 이에 대해 그냥 "잘 모르겠습니다"라는 답만을 주었을 뿐이다.

한국의 대중문화산업과 일본 문화 개방

그는 한 토론 프로그램에서 정부의 문화산업 지원책을 신랄하게 비판한 적이 있다. 문화산업 종사자들이 국가의 지원에 기댄다면 더 이상의 발전이 없다고 생각했기 때문이다.

정부에서 지원을 해준다면 돈을 타갈 수 있는 능력이 있는 사람만 타가게 됩니다. 실제로 정부에서 만화와 애니메이션을 육성한다는 명목으로 돈을 지원했습니다. 하지만 그 돈 중 단 한푼도 창작자에게는 돌아가지 않았습니다. 돈이 쓸데없는 쪽으로 들어가기 때문에 오히려 이쪽 분야를 실질적으로 이끌어나가는 창작자의 앞길을 막을 뿐입니다.

정부의 지원금은 어차피 국민 세금으로부터 나온다. 그럼 이 돈을 정부가 정확히 필요한 곳으로 보내줄 수 있는가? 온갖 이익집단의 힘의 역학관계에 의해 정부는 이리 끌려가고 저리 끌려다닌다. 그것은 정치 자체가 표를 얻기 위한 행위이기 때문이다. 정부는 언제나 영향력이 강한 집단의 요구만을 따른다. 이러한 시각은 미국의 경제학자 뷰캐넌을 비롯한 공공선택학파의 이론에서 비롯되었다. 그리고 더 나아가 민간 영역을 극단적으로 강조하는 신자유주의적인 측면도 있다. 김지룡이 이런 생각을 갖고 있다면 신자유주의자라는 비판에서 어떻게 벗어날 수 있을까?

"신자유주의자들은 아예 세금을 걷지 말라고 주장하기도 합니다. 저는 그건 아닙니다. 정부는 교육분야에 많은 돈을 투자해야 합니다. 즉 애니메이션 쪽을 지원하고 싶다면 처음부터 중, 고등학생들을 창작자로 길러내는 방식을 택해야 합니다. 자꾸 시스템을 구축하자고 주장하는 사람들이 있지만 시스템은 만들어봐야 매일 바뀝니다. 중요한 건 사람입니다. 어린 학생들의 자질을 키워주는 데 정부가 돈을 써야 하는 것이지, 이미 사기업인 제작 업체를 지원한다는 건 말이 안 됩니다."

그는 그 토론회에서도 동국대 신문방송학과의 원용진 교수와 여러 차례 설전을 벌였다. 김지룡은 지금 상황에서도 창작자의 자질에 따라 대중문화산업의 일본 진출도 가능하다고 말한 반면 원용진 교수는 정부의 보호와 지원이 없이는 일본 문화산업과 맞설 수 없다는 논리를 폈다.

시장을 막아 놓으면 기득권을 가진 조직만 살아남는다: "정부에서 지원을 해준다면 돈을 타갈 수 있는 능력이 있는 사람만 타가게 됩니다. …… 돈이 쓸데없는 쪽으로 들어가기 때문에 오히려 이쪽 분야를 실질적으로 이끌어나가는 창작자의 앞길을 막을 뿐입니다. (『뉴스피플』, 1998년 11월 5일)

　　"솔직히 제작 업체와 대학교수들이 패거리로 연결되어 있는 것 같다는 생각을 합니다. 저희 '놀다'의 만화팀이 일본에 진출하고 싶다면 그렇게 하면 되는 겁니다. 이미 그럴 만한 토양은 갖춰졌다고 생각합니다."

　　좀더 나아가 일본 문화 개방에 관한 그의 생각을 들어보았다.

　　"일본 문화가 개방되면 한국의 대중문화산업이 초토화된다고들 합니다. 그럼 왜 지켜야 하는지부터 생각해 봅시다. 두 가지 논리가 있습니다. 첫째, 문화에는 민족의 혼이 담겨 있다. 둘째, 국가 산업으로 키워야 한다. 현재 한국의 대중문화 상품에 무슨 민족의 혼이 담겨 있습니까? 일단 그것은 제외입니다. 그럼 국가 산업으로 키워야한다는 논리만 남습니다. 하지만 지금 업계의 종사자들 수준으로는 백날 지원해줘도 안 됩니다. 이 시장에서도 판을 뒤집어야 합니다. 자질도 안 되는 사람들을 지원하면 더 성장할 수 있는 사람만 죽이는 격입니다."

그는 일본 문화 개방에 찬성하는 사람이다. 그의 말이 백번 옳다 하더라도 일본 문화가 유입되었을 때 한국 대중문화산업이 타격을 입게 될 것은 명확한 일이 아닌가?

"일본 영화라 해도 한국 시장에서 성공하는 것은 별로 없습니다. 그럼 한국도 일본 시장에서 연간 5편 정도만 성공시키면 됩니다. 『쉬리』가 일본에서 성공했기 때문에 그 가능성은 충분히 보입니다."

그는 일본 문화가 유입되었을 때의 장점에 대해서 더 설명하기 시작했다.

일본 만화 『드래곤 볼』이 들어왔을 때는 정말 충격이었습니다. 당시 만화출판시장에서 일본 만화의 점유율이 70% 정도로 높았습니다. 지금은 한 50~60% 정도 됩니다. 지금 성장하고 있는 젊은 작가들 대부분은 그 당시의 일본 만화에 영향을 받았습니다. 그러면서 한국 만화의 질이 점점 높아지는 겁니다. 이현세 같은 사람은 직원 100명과 함께 만화를 그립니다. 거의 공장 시스템이지요. 그게 무슨 만화입니까? 개인의 자질을 전혀 발휘할 수 없는 시스템입니다. 그나마 만화는 개방을 했기 때문에 이 정도지만 애니메이션 쪽은 더 심각합니다. 철저히 막아놨기 때문에 『블루시걸』, 『아마게돈』 같은 형편없는 애니메이션만 만들고 있는 겁니다.

그는 시장을 막아 놓으면 기득권을 가진 조직만 살아남는다는 말을 덧붙였다. 그럼 일본 문화를 전면 개방했다고 치자. 한국의 영화는 일단 치열한 경쟁 속에서 시장점유율을 어느 정도 확보하고 있다. 반면 그가 비판한 애니메이션 쪽은 과연 이 경쟁에서 살아남을 수 있을까?

　　"어차피 한국의 애니메이션은 하청업체에 불과했습니다. 일본 애니메이션 물량이 쏟아져 나왔기 때문에 하청만 갖고도 생존할 수 있었습니다. 그러다 필리핀과 중국도 하청을 맡기 시작하면서 국내 애니메이션 업체에서는 직접 창작을 해야겠다는 생각을 하게 되었습니다. 하지만 솔직히 지금 상황에서라면 애니메이션 업체 대부분이 망하리라고 봅니다. 질이 너무 떨어집니다. 그래도 자유경쟁을 시켜 지금이라도 내성을 키워야 합니다. 내버려두나 개방하나 어차피 망할 곳은 망하게 되어 있습니다."

　　그는 그러면서 일본의 예를 알려주었다.

　　"일본에서는 플레이 스테이션의 값이 하룻밤 사이에 반절로 떨어지는 예가 허다합니다. 그 정도로 치열한 경쟁을 하고 있는 것입니다. 그렇게 경쟁을 하며 체질을 강화했기 때문에 현재 소니는 마이크로소프트사와 인터넷 TV 시장을 놓고 싸울 수 있을 정도로 성장했습니다. 일본에서 국가적으로 커다란 짐이 되는 산업은 모두 정부에서 보조를 많이 해준 분야입니다."

　　한국의 경우도 마찬가지다. 정부가 키워준 산업에서 비리가 터져 나오고 쉽게 무너지지 않았던가?

　　"예전에는 정경유착이 일어나면 재벌이 탄생했었습니다. 하지만 김영삼 정권 이후부터는 정경유착만 하면 다들 망하더군요. 이젠 정부가 개별 기업을 컨트롤할 수 있는 시기는 지났습니다."

개인독립만세

그는 얼마 전 『개인독립만세』라는 책을 출판하였다. 이 말은 어찌보면 역설적으로 들릴 수 있다. 학연과 지연으로 얽혀 있는 한국 사회에서 과연 개인독립만세가 가능하겠는가? 무슨 일을 해도 조직과 집단의 힘에 의존해야 하는 것이 한국에서의 생존법칙인데 말이다.

"저는 예전부터 항상 혼자 힘으로 살아왔습니다. 집안이 부유한 편이 아니라 아르바이트를 해가며 대학생활을 보냈습니다. 그 뒤 14년 간 혼자 해오다 보니 이젠 그 점에 있어서는 자신 있습니다."

그는 경험의 차원에서 개인주의를 받아들였다는 것이다. 하지만 대부분의 사람들이 김지룡과 같은 경험을 하는 것은 아니다. 오히려 그는 매우 특이한 경우다. 그는 이러한 특수한 경험을 어떤 식으로 보편화시켜 공적으로 개인독립만세를 외칠 수 있었을까?

"일본만 해도 한국보다 더 자유롭습니다. 2차 대전 이후 국수주의가 무너졌기 때문에 현재 일본에서는 기업의 집단주의 정도만 남아 있습니다. 지역이라든지 국가라는 개념은 거의 사라졌습니다. 어쩌다 개인 스스로 행복을 찾지 못하는 우익 파시스트가 있긴 하지만 일반적인 사람들은 그렇지 않습니다. 특히 일본 경제의 거품이 빠지면서 기업마저도 흔들리기 시작했습니다. 기업의 조직에 의존했을 때 최소 10년 이상 행복할 수 있다고 장담할 수 있으면 좋은데 그게 아니니까요. 언제 무너질 줄 알고 거기에 기댑니까? 어느 기업이든 5년을 장담할 수 없습니다. 그렇게 기댈 곳이 사라졌기 때문에 소설 『실락원』에서와 같이 섹스에만 탐닉하는 인간 유형이 나오는 것입니다."

한 조직을 위해 희생하며 행복하게 살 수 있으면 좋으련만 그런 조직 개념이 서서히 약화되면서 결국 개인만이 남게 된다. 개인 자신의 행복은 개인 자신을 위했을 때만 가능하다. 하지만 그건 체질적인 문제일

"나는 아저씨 문화가 싫다"

인터뷰 『개인독립만세』 출간한 김지룡

'개인독립만세' : "모든 것이 다 절대화 되어 있기 때문입니다. 절대화가 되어 있기 때문에 병렬적 수직구조로 사회가 구성되어 있는 것입니다. 만약 상대화가 되어 개인주의가 보급된다면 많이 괜찮아질 겁니다." (『여성신문』, 2000년 8월 4일)

수도 있다. 어렸을 때부터 조직에 기대는 버릇을 들여놓으면 이것은 끝까지 이어지게 된다. 그래서 그 역시 교육 문제에 관심을 갖고 있었다.

초등학교 때부터 이동식 수업을 실시해야 합니다. 왕따 문제요? 한 곳에 몰아넣으니까 왕따가 생기는 겁니다. 한 교실에서의 집단주의가 학교, 사회, 국가로 퍼져나갑니다. 초등학교 때부터 공동체 성원과는 한 배를 탄 것이 아니라 노선 버스를 잠시 함께 탔다고 생각해야 합니다. 한 배를 탔으면 미우나 좋으나 끝까지 같이 가야 합니다. 한 반에 있으니 친하게 지내야 한다는 말은 그래서 나오는 것이지요. 하지만 싫은 사람이 있는데 어떻게 친하게 지냅니까? 한 배를 탔다면 끝까지 같은 방향으로 가는 것이지만 노선 버스를 같이 탔다고 하면 알아서 각자의 장소에서 내립니다. 노선 버스를 같이 탄 사람끼리 친하게 지내자는 말은 하지 않잖아요. 알아서 자신의 행복을 찾아 나서는 것이지 운명공동체라는 것은 없습니다.

그는 결혼제도에 대해서도 회의를 갖고 있었다.

"제가 결혼을 한 이유는 결혼을 하지 않으면 손해보는 게 너무 많기 때문입니다. 동거를 했을 때 가족 비자가 나오지 않아 1년에 6백만 원 정도가 비자값으로 들어갔습니다. 프랑스처럼 동거만 해도 결혼을 한 것과 똑같은 법적 혜택을 주면 동거가 크게 늘 겁니다. 동거는 개인을 중시하는 것이고 결혼은 운명공동체를 강조합니다. 물론 저는 결혼 역시 운명공동체는 아니라 생각합니다. 어차피 각자의 길을 찾는 것이지요."

그는 이렇게까지 말했다. 자신의 부인이 다른 남자와 사랑에 빠져도 별로 개의치 않는다고. 어차피 연애는 3개월만 있으면 다 식을 것이니 내버려둬도 된다는 것이다. 나는 이런 그에게 자유주의자라고 불러도 되냐고 물어보았다.

"자유주의자라기보다는 무생각주의자라는 게 더 맞을 겁니다. 아무리 예측을 해도 결과가 어떻게 나올지는 모르는 것이고 대개 나오는 결과도 비슷합니다. 그래서 별로 생각을 안 하는 겁니다."

그는 골치 아픈 일을 기피하려고 한다. 조금이라도 자신을 억압하려는 사람은 절대로 안 만난다고 한다. 안 그래도 한국 사회는 억압이 참 많은 나라다. 할 수 있는 일보다는 하지 말아야 하는 일이 더 많다. 과연 그런 억압의 원천은 어디서부터 오는 것일까? 언제나 재미있게 살고 싶어하는 김지룡이 생각하는 한국 사회의 억압의 근원은?

모든 것이 다 절대화 되어 있기 때문입니다. 절대화가 되어 있기 때

문에 병렬적 수직구조로 사회가 구성되어 있는 것입니다. 만약 상대화
가 되어 개인주의가 보급된다면 많이 괜찮아질 겁니다.

그는 이것을 구체적으로 일본의 예를 들며 설명해주었다.

"일본에서는 미용사와 요리사를 친구로 두고 싶어합니다. 반면 이상
하게 한국에서는 변호사와 검사를 친구로 두고 싶어하지요. 저는 그게
한국에 비리가 많아서 그렇다고 생각합니다. 미용사와 요리사를 친구로
두면 요리해주고, 머리 잘라주고 얼마나 좋아요. 물론 변호사와 검사도
나름대로 중요한 직업이겠지요. 그런 식으로 상대화를 시키자는 겁니
다. 직업을 비교해서 우열관계를 두지 말고."

그건 아마도 대학입시라는 하나의 잣대로 재는 버릇에 길들여져 있기
때문일 것이다. 변호사와 미용사는 완전히 다른 직업임에도 그 직업이
가진 가치는 우열관계로 평가 받는다.

척도는 여러 개 있어야 합니다. 척도가 하나밖에 없으면 비교를 하게
되지만 여러 개 있으면 비교 자체가 불가능합니다.

그렇다면 그의 출신이기도 한 서울대학교가 병렬식 사회구조의 주범
은 아닐까? 모든 것이 서울대를 정점으로 모여 있으니까.

"저는 서울대학교 학생 자체가 별로 똑똑하다고 생각하지 않습니다.
인내력이 남들보다 더 뛰어날 뿐이지요. 실제로 현대사회에서 중요한
능력은 인내심은 아닙니다."

창의력, 상상력, 도전 정신이 중요하다는 건 모두가 인정한다. 그런
데 그 중요한 능력을 측정할 길이 없지 않은가? 그렇기 때문에 가장 확
실한 척도인 학력 같은 것을 따지게 된다. 그 역시 서울대 출신이라는
간판 덕택에 꽤나 큰 도움을 받지 않았던가?

"내가 좋아서 하는 일 노동이 바로 놀이지요"

"'놀다'를 처음 만들 때 3억을 투자하겠다는 사람이 있었습니다. 그런데 밤새워 일할 각오를 하라는 말 한마디에 그 사람과 결별하게 되었습니다. '놀다'는 그냥 갖다 붙인 이름이 아닙니다. 정말로 놀면서 하고 싶은 일을 하기 위해 만든 것입니다."(『문화일보』, 2000년 7월 8일)

"학력이란 게 분명히 도움이 되었습니다. 제가 책을 낼 때도 경력에 꼭 학력을 집어넣었으니까요. 책 내는 입장에서 빼고 싶어도 선뜻 빼기가 힘든 부분입니다. 이번에 낸 『개인독립만세』에서는 이력에 학력을 넣지 않았습니다. 그랬더니 출판사에서 광운대 교수라는 이력을 넣었더군요. 사실 1주일에 강의 한 번 하는 정도지만."

개인독립만세는 사실 당위적인 측면도 강하다. 현재 상태로만 보면 개인독립만세를 외칠 수 있는 사람은 극히 한정되어 있다. 하지만 그가 파악했듯이 점점 더 사회가 상대화되고 있는 것도 사실이다. 그럼 그는 개인독립만세를 그가 하는 구체적인 활동에서 어떻게 현실화시키는지 이야기를 들어보자.

하고 싶은 것을 한다

그는 '놀다' 라는 문화제작 프로젝트팀을 만들었다. 아직 회사는 아니다. 그냥 각자 자신의 일을 하면서 어떤 프로젝트가 있을 때 모여 일을 진행시키는 정도다.

"만화는 이미 제작을 끝냈고, 지금은 환타지 소설을 공동으로 창작하고 있습니다. 중앙M&B 쪽에서 출판을 준비 중입니다. 출판이 되면 각자 무슨 역할을 했는지 영화에서처럼 다 보여주려고 합니다. 기획자는 누구이고, 자료조사는 누가 했고, 집필은 누가 했는지, 모두 책에다 밝힐 것입니다."

만화나 영화는 이미 공동창작이 일반화되었다. 다만 소설은 아직까지도 작가 정신이란 것을 강조하다보니 그렇게 공동창작이 활발히 이루어지고 있지는 않다. 하지만 방대한 자료조사가 필요한 환타지 소설이라면 공동창작이 더 유리할 수도 있을 것이다. 그건 그렇다 치고 그는 공동창작자들의 역할을 밝혀야 한다는 것을 왜 그렇게 강조했을까?

"사실 제가 상업작가로 나갈 수 있는 데에는 이영은이라는 기획자의 도움이 큽니다. 그 분이 저의 능력을 발휘할 수 있도록 도와주었습니다. 그런데 그 분은 출판사에 소속되어 있다보니 전혀 인센티브를 받지 못했습니다. 그럼 그 분은 그냥 조직의 부속품으로 소모될 뿐입니다. 모든 일을 할 때 누가 어떤 역할을 했는지 다 밝혀줘야 그 사람이 그 분야에서 자리를 잡을 수 있습니다. 재벌 총수들이 책을 낼 때 그 사람들이 직접 쓰는 건 아닙니다. 대필자가 따로 있습니다. 그럼 대필자를 밝혀줘야 그 사람이 그 대필이라는 분야에서 계속 활동할 수 있습니다."

생각보다는 좀더 큰 의미가 있었다. 기획을 잘하는 사람이라면 기획만 할 수 있어야 한다. 대필을 잘하는 사람이라면 대필만 할 수 있어야 한다. 그렇게 직업 자체가 다양화되어야지 각자의 능력에 맞는 일을 찾을 수 있다. 지금처럼 한 집단으로 묶여버리면 누가 어느 분야의 최고인지 알 수가 없다. 그럼 개인은 조직에서 헤어나올 수가 없는 것이다.

"저희가 출판을 하면 해당 분야의 모든 사람들의 연락처도 밝힐 겁니다. 그래서 더 좋은 조건에서 일할 수 있는 제의가 들어온다면 당연히 그리로 나가는 것이지요."

'놀다' 라는 프로젝트팀은 어떠한 문화상품을 제작한다는 의미도 있지만 다른 측면에서 보면 개인의 능력을 키워 더 나아갈 발판을 제공한다는 데에도 의미가 있는 것 같았다.

'놀다' 를 처음 만들 때 3억을 투자하겠다는 사람이 있었습니다. 그런데 밤새워 일할 각오를 하라는 말 한마디에 그 사람과 결별하게 되었습니다. '놀다' 는 그냥 갖다 붙인 이름이 아닙니다. 정말로 놀면서 하고 싶은 일을 하기 위해 만든 것입니다. 저는 제 생각이 옳다고 믿고 있고 그게 정말 옳다면 성공할 겁니다. 그래서 지금 제 돈으로 운영하고 있습니다.

프로젝트팀 '놀다' 는 김지룡 개인이 그 동안 생각한 모든 것을 직접 현실화시키는 작업이다. 개인의 능력을 최고로 발휘할 수 있도록 하고, 그런 과정을 통해 개인이 즐겁게 하고 싶은 일을 할 수 있는 토대를 만든다. 신나게 놀면서 일하는 것은 평범한 모든 사람들이라면 누구나 한번쯤 생각해보는 꿈이다. 물론 지금이야 김지룡같이 특별해 보이는 사람들이나 시도해볼 수 있는 '미션 임파서블' 에 가깝지만.

하지만 김지룡의 실험이 성공한다면, 그리고 제2의 김지룡, 제3의 김지룡이 계속 나올 수 있다면 그런 것도 보편화될 수 있을지 모르겠다. 그랬을 때 김지룡의 직함도 전방위 문화비평가에서 노는 사람 김지룡으로 바뀔 수도 있을 것이다. 하지만 그게 또 그렇게 쉬운 일은 아닌가 보다.

"안 그래도 운영 자금 마련하기가 힘들어 취직을 할까 생각 중입니다."

신나게 놀아볼까 했지만 노는 것도 머리를 써야하니 재미있게 산다는 건 얼마나 힘든 일인가? 하지만 재미있고 솔직하고 신나게 살아보려는 꿈을 실현하려는 김지룡의 작업은 관심을 갖고 지켜볼 만하다. 놀면서 일하겠다는 김지룡의 욕구는 이미 개인의 차원을 넘어섰기 때문이다. 자신이 출세했다고 생각하느냐는 질문에 대한 답이 이를 대신해주고 있다.

"출세가 뭔지는 잘 모르겠지만 사는 게 좀 복잡해졌습니다."

그냥 혼자서 놀고 있다면 복잡할 이유가 하나 없지 않겠는가?

| 김 | 명 | 인 |

투명한 인간이 속화된 세계의
시간을 견디는 방식

"소설의 미학적 과제란 곧 정치적 과제이기도 하다."

사진 / 김현수

투명한 인간이 속화된 세계의
시간을 견디는 방식

홍기돈 | 자유기고가 |

왜 하필 김명인인가

『시사인물사전』으로부터 청탁을 받았을 때 마침 김영건의 『철학과 문학비평, 그 비판적 대화』(책세상)를 읽고 있었다. 비판적인 외양을 갖추고는 있지만, 그 비판의 논리라는 것이 다소 섣부른 감이 느껴져 논쟁의 가능성을 예감하는 중이었다. 그러면서 '젊은 비평가들의 지적 사대주의 또는 문화적 상업주의'에 포함된 성긴 비판들에 대한 손해청구는 어떻게 가능할까 생각해 보기도 했다. 다른 분야, 예컨대 '경박한 글쓰기와 게으른 철학'을 하는 것으로 매도당하는 김영민은 스스로 반비판에 나서면 되는 일이겠지만, 젊은 평론가들로 묶이는 이들이야 김영건의 비판에서 완전히 자유로울 수는 없을 듯하며, 결국 어설프게 끼워져 도매금으로 넘어가는 이들만 억울할 뿐이라는 판단이었다.

먼저, 젊은 비평가들이 김영건의 비판 범위에 놓이는 근거는 다음과 같다. "오랜 시간 한곳으로 집중된 사회적 리비도가 여타의 영역으로 분산되는 것을 막을 자는 아무도 없었다. 이 분산의 과정 자체가 이미 파괴와 해체를 동반하는 것이라면, 그것은 윤리적 선택의 차원이 아니라 역사적 필연의 과정이다"라고 주장하는 신수정의 〈탈주의 변증법-90년대 소설의 이율배반〉에 대해 김영건은 이렇게 비판하고 있다.

"이성과 진리라는 이름으로 저질러진 폭력을 비판하기 전에 이성과 진리라는 이름으로 우리의 모든 것을 언제 구석구석 추구한 적이 있었는가? 〈우리에겐 여전히 '미완의 기획'이 남아 있는 것이 아니냐는 반문이 절실한 울림을 갖지 못한다〉고 내린 진단 자체가 오히려 공허하게 들린다. 이 공허함은 지나간 과거조차 치열하게 반성하지 않고 섣부른 유행을 좇는 우리 사회에서 뼈저린 아픔으로 다가온다. 분산의 과정이 윤리적 선택이 아니라 역사적 필연의 과정이라고. 이 '역사적 필연'은 유행되는 신기한 새로운 견해에 편승하겠다는 자기 고백에 지나지 않는 것처럼 보인다."

비판이 격앙된 채 진행되고는 있지만, 이는 일단 수긍이 갈 수밖에 없다. 90년대의 변화를 '역사적 필연'으로 파악하는 순간 이는 80년대의 '역사적 필연'과 대척점에 놓여지게 되며, 이것이 이성에 대한 불신으로 이어지면서 문학은 사회로부터의 도피처로 작동하는 것 아니었을까. 90년대 소설을 통해 도저한 자기 연민에서 허우적거리는 모습을 쉽게 발견할 수 있는 이유가 이를 방증한다. 여기에 정당성과 의미를 부여하는 비평이 김영건의 비판을 에둘러가기는 어려울 수밖에 없을 것이다.

하지만, 다음과 같은 비판은 성급한 것이 아닐까. "비록 정치적 민주화가 이루어졌다고 할지라도 마르크스가 자본주의 사회에 던진 궁극적 물음과 비판은 여전히 설득력이 있을 터인데, 목소리를 높이던 비평가들은 어디로 갔는지 보이질 않는다." 물론 그의 진술은 타당하다. 그런데, 현실은 언제나 한마디 진술보다 복잡한 법이다. 첫째, 목소리를 높일 만큼 치열하게 발언했던 비평가들 중 몸을 숨겨야만 하는 경우가 있다. 수배자에서 실종자로 낙인찍혀 10년을 견디고 돌아온 조정환이 그 예다. 둘째, 인간은 본래 0과 1만을 가지고 숫자놀음하는 존재가 아닌 까닭에 시계추처럼 파악해서는 그 실체가 전혀 드러나지 않는다. 좌에서 우로 똑딱거리는 움직임에 신속히 반응을 보이는 태도가 김영건의 지적처럼 "유행하는 신기한 새로운 건혜에 편승하겠다는 자기 고백"에 불과하다면, 좌에서 우로의 단절점을 무시하고 여전히 예전 방식 그대로를 고집하는 것은 "철저함을 가장한 현실에 대한 책임 방기"에 머무르는 것 아닐까. 시간이 인간의 삶에 깊이를 만드는 이유는 여기에 있다. 인간은 시간을 견디는 존재인 것이다.

〈불을 찾아서〉와 〈다시 비평을 시작하며〉의 사이. 김명인을 떠올린 것은 그 때문이다. 그는 『실천문학』 1992년 여름호에 발표한 〈불을 찾아서〉를 끝으로 현장비평을 떠났다가 1999년 5월 『현대사상』 8집에 〈다시 비평을 시작하며〉를 내놓으면서 다시 모습을 드러내었다. "동요는 현실이다. 변화하는 세계와 현실이 지축을 흔드는데도 동요하지 않는 자는 허공에 떠있는 자 뿐이다"라는 판단 아래 "어쩌면 지금 나의 모습이야말로 전형적인 지적 기회주의자의 모습일지도 모른다. 하지만 어디에 닻을 내릴까? 입술이 타는 긴장으로 근본적인 문제들과 맞대면하는 방황의 시간이 좀더 허락되길 바란다"라며 쓸쓸히 뒷모습을 보인 그였기에 〈다시 비평을 시작하며〉 이후 그의 활동은 문단 내 주목의 대상이었다. 그에 값하듯이 그는 월간 『말』과 『한겨레』를 통해 현단계 문학에 대해 적극적 비판을 개진하고 있다. 그를 만나 보았다.

캄캄한 전망 불을 찾는 프로메테우스

"약간의 과장이 허락된다면 내 생애에 정말로 살았다고 할 수 있었던 시간은 1980년대였다. 그 앞의 시간은 그 전사(前史)였고 그 뒤의 시간은 단지 그 연장에 지나지 않는다." "나의 문학과 나의 비평은 15년여 세월의 저편에 압정에라도 꽂힌 듯 묶여 있다." (『한겨레』, 2000년 4월 10일).

이근안이 고문실에서 처음 다루었던 대학생

170cm가 조금 안 될 것 같은 키에 통통한 인상. 교보문고에서 만났으나 "원래 스님들이 고기 맛을 잘 알아서 절 근처로 갈수록 고기가 맛있는 법이지"라는 김명인의 농담에 이끌려 조계사 근처까지 가서 점심을 먹고 인터뷰는 시작되었다. 시종 가라앉은 목소리로 느리게 이야기를 하는 것에서부터 그의 꼼꼼함이 느껴졌다.

아마도 김명인을 이해하기 위해서는 먼저 그가 살아낸 1980년대를 들여다보는 것이 중요할 듯하다. 〈다시 비평을 시작하며〉만 보더라도 그가 80년대에 얼마나 각별한 의미를 부여하는가를 알 수 있을 정도다. "약간의 과장이 허락된다면 내 생애에 정말로 살았다고 할 수 있었던 시간은 1980년대였다. 그 앞의 시간은 그 전사(前史)였고 그 뒤의 시간은 단지 그 연장에 지나지 않는다." 그러니 문학에 대한 입장도 여기서 자유로울 수 없을 것이다. '나의 문학과 나의 비평은 15년여 세월의 저편에 압정에라도 꽂힌 듯 묶여 있다." 〈다시 비평을 시작하며〉가 결국 80년대의 정신에서 자유로울 수 없음을 밝히며 현장비평의 재개(再開)를 공포하는 셈이니 논의는 자연스럽게 그의 80년대 체험에서부터 시작한다.

80년이라면 내가 수감되었던 해지. 12월 16일 검거되었으니까. 전두환 대통령이 80년 8월 취임했는데, 취임 이후 첫 번째 데모에 관련되어 있었거든. 후에 이근안이 '무림 사건'이라고 이름을 붙였지. 여기서 배포된 〈반파쇼 학우 투쟁 선언문〉을 내가 작성했는데, 학생운동사상 최초의 레닌주의 문건이었어. 40일 동안 조사를 한 담당형사는 바로 이근안이었고. 고문? 전기의자는 구경만 했지만, 관절꺾기를 많이 당했지. 손목관절을 빼면 상당히 아프거든. 손목관절을 탈골시켜 놓고는 '얘기하면 끼워줄게' 하는 식이었지. 물고문은 일상적이었고. 내가 첫 번째 만난 대학생이었으니 봐 줬던 거지 뭐. 그네들이 보기에는 그저 '맹랑한 학생' 정도였던 것 같아. 당시 치안본부장, 지금 한나라당 소속 국회의원인 유흥수까지 구경왔으니까. 나보고 나중에 생각 있으면 거기 취직하라고 그러데. 그때 상당한 모멸감을 느꼈지. 혁명가라고 자부하고 있었는데 말이야. 강령도 없고, 조직 체계도 없었으니 나를 반국가단체로 끼워 넣을 수는 없었지. 그렇게 하여 수감 생활을 하다가 83년에 8·15 특사로 풀려났어.

83년 10월부터 84년 8월까지 김명인은 가죽원단을 다루는 무역회사에 취직하기도 했다고 한다. 위장취업이었냐는 물음에 "장가 가려고 위장취업했다고나 할까. 그 직업이 화이트칼라였으니 보통 생각하는 그런 위장취업은 아니지"라고 간략히 대답한다.

김명인이 문학계와 연결된 계기는 우연하게 다가온 듯하다. 1979년 『창작과 비평』 여름호에 '만해 탄신 100주년 기념논문'이 두 편 실렸는데, 가을호에 독자투고를 함으로써 비평가 염무웅을 만나게 되었기 때문이다. 당시에는 문학의 저변인구가 많지 않아서 '독자투고'란 이름을 달고 있으면서도 기실 '청탁'을 통해 이루어지는 경우가 왕왕 있었다. 처음 이 청탁은 현재 서울대 교수인 박희병에게 들어갔다가 지금 홍익대 교수로 있는 박일용에게 간 후 다시 김명인에게 온 것이었다.

"반유신 데모를 준비하느라고 정신없었는데, 마감 이틀 남기고 나에게 들어왔지. 학번 차례로 말이야. 75학번에서 76학번, 77학번으로. 그 글이 괜찮았던지 염무웅 선생으로부터 만나자고 연락이 오더라구. 만나 뵈니까 김수영에 대해 한 번 써 보라고 권하시더군."

하지만, 김명인이 김수영에 대한 글을 쓰는 것은 한참 후이다. 1984년 가을 서울대 국어국문학과에 복학을 하자 염무웅으로부터 연락이 오고, 다시 한번 더 김수영에 대해 글을 써 보라는 권유를 받게 된다. 이때도 김명인은 김수영에 대한 글은 쓰지 않고, 대신 염무웅에게 보여준 글이 바로 등단작 〈민족문학과 농민문학〉이다. 『한국문학의 현단계 Ⅳ』(창작과비평사)에 실린 이 평론은 그의 학부 졸업논문이었다.

창비와 문지를 넘어 '민중적 민족문학'을 향하여

그런데, 『창작과 비평』(이하 창비, 『문학과 지성』은 문지)의 염무웅은 왜 하필 김명인에게 김수영을 강조했던 것일까. 그리고 김명인은 또 왜 김수영을 다루기에 주저하는 모습을 보이고 있을까. 그 까닭은 1987년 『전환기의 민족문학』에 발표된 장문의 평론 〈지식인문학의 위기와 새로운 민족문학의 구상〉을 통해 발견할 수 있다. 이 글은 '민족문학 주체 논쟁'을 불러일으킨 것으로도 유명하다. 다소 장황하다는 느낌이 들지만, 이후 김수영의 존재가 김명인에게 끼치는 영향이 큰 만큼 그대로 인용하기로 한다.

그들(창비와 문지)은 김수영이 어렵게 지켜낸 투명한 정신의 공간 속에 각기 심화, 확대된 내용을 채워내려고 노력했다. 그러나 이 김수영의 내부에도 앞서 말한 소시민계급의 의식의 양면성이 그대로 각인되어 있었고 창비와 문지는 각기 그 어느 한 편을 움켜쥐었다. 창비는 김수영의 혁명적 열정과 삶에 대한 용서없는 치열한 반성, 그리고 그 연장선상에 잇닿아 어렴풋이 드러나기 시작했던 민중적 전망에 주목하였고, 문지는 자유와 사랑에 대한 낭만적이고 관념적인 집착, 그리고 이른바 '실험정신'으로 불리는 그의 끝내 완강했던 모더니즘의 잔재에 끌려들어갔다고 볼 수 있다. 그들은 그럼으로써 서로 김수영의 정신적 적자임을 강조하고 나섰고 이는 1980년대 들어 한때 두 그룹의 노골적 대립을 불러오기도 하였다.

물론 두 그룹이 내내 김수영의 망령에만 사로잡혀 있었던 것은 아니고 이를 주제로 하여 다양한 변주를 가미함으로써 서로의 길을 보다 공공히 했던바, 창비는 신동엽과의 만남을 통해 민족주의적 전망을, 김정한·황석영 등을 통해 민중적 전망을, 그리고 리얼리즘에의 천착을 통해 방법론상으로 문학의 역사성에 대한 보다 확고한 믿음을 획득할 수 있었고 문지는 소시민계급의 몰락이라는 위기상황에 처하여 그와 유사한 상황이랄 수 있는 제국주의 이후의 서구시민문학의 여러 양상에 보다 경도하게 되어(이는 이들 대부분이 외국문학 전공자들이라는 데서 일정한 개연성을 갖는다) 방법적으로는 모더니즘적 경향들의 본질을 이루는 이른바 '상상력주의'로 가고 역사·사회에 관해서는 평면적이고 구조주의적인 인식, 즉 비역사적인 인식에 함몰되는 것이다. 『객지』에서 열려진 민중적 전망과, 『소문의 벽』에서의 닫혀진 비극적 세계 인식을 비교해 보라!

결국 창비와 문지를 한 데 묶어서 그 한계를 뛰어넘고자 하는 코드로 작용하는 인물이 바로 김수영인 것이다. 그러니 염무웅의 권고에 선뜻 응해서 창비에 글을 보내기가 어려웠을 수밖에 없다. 김명인은 〈지식인 문학의 위기와 새로운 민족문학의 구상〉 이후부터 1991년까지 평론 활동을 하면서 공적으로 삶을 살았다고 정리한다. 여기서 굳이 김명인의 '민중적 민족문학론'과 조정환의 '민주주의 민족문학론', 백낙청의 '소시민적 민족문학론'을 살피는 것은 별다른 의미가 없을 것이다. 또한, 문지 2세대 비평가들인 정과리, 성민엽의 이에 대한 비판 역시 마찬가지다. 만약 논쟁 자체에 대한 김명인의 현재 입장이 궁금하다면 〈80년대 민중·민족문학론이 걸어온 길〉(『불을 찾아서』, 소명출판)을 보길 바란다.

오히려 초점으로 맞춰야 할 것은 운동으로서의 문학, 즉 '민중적 민족문학론'에서 한 발 멀어지며 칩거에 들어가는 과정의 심경 변화에 있는 것 아닐까. 의식의 최고점에서 나락으로 내려앉는 과정에 대한 이해가 김명인을 이해하는 데 도움이 되지 않을까.

"90년대는 한국적 형태의 볼셰비즘이 붕괴하는 시기이지. 한국적 형태의 볼셰비즘이라고 해 봐야 도토리 키재기였지만 말이야. 그 이전엔 존재와 의식이 일치하던 시기였어. '마르크스주의자'임을 자임했고, 기꺼이 마르크스의 주석가이기를 원했으니까. '나는 개인이며 전체다'라는 의식에 빠져 있던 시기였다고 할 수 있겠네. 90년 동구권 붕괴, 91년 소연방 붕괴가 이어지면서 주위 사람들이 혼돈에 빠져들었는데, 나는 오히려 87년 대선 패배에서부터 파악하지. 헤게모니를 빼앗겨 지배 블록이 자기 변화를 할 수 있는 여지를 제공했으니까. 실패가 예견될 즈음 '민중적 민족문학'을 주장했으니까 아이러니라고 할 수 있겠네."

"나는 단지 개인일 뿐"이라는 자각, 즉 개별자로서의 윤리로 시선을 돌리게 되는 심정은 〈불을 찾아서〉에 잘 드러나 있다.

> 나도 그들과 마찬가지로 마르크스주의의 눈으로 우리의 과거를 해석하고 현실을 변화시키고자 애를 써 왔다. 가능하다면 미래의 기획까지도 나에게 현실은 그냥 순수한 현실이 아니라 마르크스주의적으로 해석된 현실이어 왔다. 나에겐 그것이 '객관적 현실'인 것이다. 그런데 그들이 좌절했다면 같은 인간인 나도 좌절할 수 있다는 게 된다. 그들의 삶이 붕괴했다면 나의 삶의 붕괴도 예정된 것이 된다. 이건 독감 정도가 아니라 차라리 존재의 질병이다. 그런데 어떻게 초연할 수 있겠는가? …… 이전까지의 내 비평의 대부분은 말하자면 '선전선동'이며 하나의 전술적 행위였다. 비록 자의적 수임이었지만 나는 어떤 거대한 중심이자 전략단위로부터 비평의 무기를 수임받았다는 의식 속에서 글을 써 왔다. 논쟁을 할 때도 설득을 할 때도 내겐 언제라도 돌아가 내 입장을 조회 받고 유권해석을 받아 올 어떤 중심이 있었다. 그런데 이제는 불행히도 그렇지를 못하다. 그 암묵적인 중심의 정당성을 해명해내지 않으면 안되는 것이다.

희망의 불을 찾아 떠나다

〈불을 찾아서〉 떠난다는 말을 남기고 현장비평을 떠난 김명인이 찾은

백낙청씨　　　　　김명인씨　　　　　조정환씨

'민족문학 논쟁' 다시 불붙나

80년대 '주체'들 백낙청 김명인 조정환씨 100여년만에 평론 발표

1980년대 우리 문단을 대표한 논쟁이라면 '민족문학 주체논쟁'을 들 수 있다. 1987년 소장 평론가 김명인씨의 논문 〈지식인 문학의 위기와 새로운 민족문학의 구상〉에서 촉발된 이 논쟁은 백낙청 교수로 대표되는 기존의 민족문학론에 대해 김명인씨의 민중적 민족문학론, 조정환씨의 노동해방문학론, 박진기씨의 민족해방문학론과 같은 급진적 주장이 맞서면서 상호간에 일종의 선별성 경쟁을 벌이는 형국으로 진행되었다.

그러나 나름 안팎의 심화이 급변한 90년대 초부터 이들은 약속이나 한 듯 기약 없는 침묵에 빠져 있었다. 이들에 비해 상대적으로 '온건' 했던 백낙청 교수 역시 90년대에 들어서는 고뇌 속에 방향전환을 모색하는 모습이었다.

민족문학 주체논쟁의 충격 속에 시작되었던 것안 듯이나 허무하게 스러진 지 10여 년. 당시의 '주체' 들이 모처럼 페 쑥스러워 나섰다. '원조' 민족문학론자인 백낙청 교수가 〈환자와 비평〉 봄호에 '2000년대의 한국문학을 위한 단상'을 발표했고, 〈실천문학〉 봄호는 김명인씨의 '비극적 세계인식의 회복을 위하여' 와 조정환씨의 '사회주의 리얼리즘의 종말 이후의 노동문학'을 큰듯게 싫었다. 특히 조씨의 글은 그가 사노맹 사건과 관련해 수배된 1990년 1월 이후 10년 만의 것이어서 관심을 끈다.

백 교수의 글은 분단체제론과 민족문학론, 리얼리즘과 모더니즘의 관계, 세대론과 90년대 문학의 공과 등에 관한 생각을 개진하고 있다. 90년대 이후 자신이 김기택 신경숙 문화경 등을 높이 평가한 것과 관련해 백 교수는 "적어도 '진영' 개념의 집곡만은 벗어야겠 필요가 절실했다"는 말로 설명을 대신했다.

김명인씨는 이창동 감독의 영화 〈박하사탕〉 관람기로부터 글을 시작한다. 이 영화에서 그가 높이 평가하는 것은 주인공이 구현하는 비극성의 자의식이다. 그가 보기에 90년대 소설들의 가장 큰 문제는 비극성의 소멸에 있다. 80년대 소설을 통치자장이 이런 '공지로부터의 대규모 퇴각' 과 '통계돈 심태로의 침몰'을 보인 90년대 소설은 소설가 출신 김영현 이래 영화에서 이후 성과에도 미치지 못했다. 김씨는 그럼에도 박완서, 공지영, 김별아비 등의 몇몇 작품에서 발견되는 비극적 세계인식의 회복 가능성을 소중히 여긴다.

왕년의 노동해방문학론자로서 조씨가 여전히 노동문학의 현실과 운명을 화두로 내건 것은 담담하고 진지해 보인다. 그렇지만 그는 지난 시기 구호화의 도식성에 빠졌던 노동문학이 이제 "삶으로서의 문학" 으로 재구성돼야 한다고 주장한다. 지난 시절 사회주의라는 '신화' 에 주박(呪縛)되었던 노동문학이 노동의 해소라는 평가능을 꿈꾸었다면, 이제 노동의 다변화, 전면화는 오히려 노동문학의 보대를 증가시킨다는 것이 조씨의 판단이다. 다만 그는 노동이 작업장을 넘어 사회 전체로 흘러 넘치고 있는 현실에서 "공동-노조-마을에 갇힌 협소한 노동문학 개념을 고수하는 것은 오늘날 외도화는 부단하게 변화된 현실을 외면하는 보수주의로 돌려내게 된다"고 지적한다. 그는 신경숙씨의 〈외딴방〉과 백무산씨의 최근 작업에서 사회주의와 리얼리즘의 한계를 넘어서는 새로운 노동문학의 가능성을 발견한다.

비록 치기와 공복의 편의를 온전히 벗을 수는 없겠지만, 이들은 분명 왕년의 '스타' 들이었다. 그들이 오랜 침묵을 깨고 발표한 글에 반가운 마음이 앞서는 것은 당연한 노릇이다. 다만, 이들과 함께 논전을 벌였던 백진기씨의 자리가 여전히 비어 있는 것이 아쉬움으로 남는다.

최재봉 기자 bong@hani.co.kr

"민족문학은 오늘날 우리 삶의 총체성을 다 끌어안기에는 이제 너무 낡았다." "'민족문학' 을 부여잡기보다는 오히려 분명한 듯 보이는 가면을 벗겨 그 이면을 보이고자 하는 노력이 필요한 시점 아닌가." (『한겨레』, 2000년 2월 22일)

곳은 대학원이었다. 92년 후반기 인하대 국어국문학과에 석사 과정으로 입학하고, 96년 1학기에는 같은 학교에 박사 과정으로 들어간다.

"사실 나는 객관 세계에서 있어도 되고 없어도 되는 그런 위치에 있었지. 그런 점에서 보자면 현실에 눈을 감았다고 할 수 있겠는데, 방황과 우회라고나 할까. 84년에 장가를 잘 가서 부인 덕분에 소시민 계층에게 주어지는 풍요의 찌꺼기를 향유할 수 있었어. 하지만, 편안했던 것은 아니야. 풍요로운 생활을 하면서도 머리 속으로는 늘 다른 생각으로 꽉 차 있었으니 일종의 분열 상태였던 셈이지. 물론 90년대 어려운 환경 속을 박박 기면서 살아나간 사람들 앞에서는 아무런 할 말이 없지만, 그 끊임없는 긴장 상태를 글쎄 어떻게 표현할 수 있을까."

아마 이 대목에서 우리 나라 지식인들에게서 나타나는 혼란의 극단을 볼 수 있을 성싶다. 우리 나라의 지식인들은 의식의 밑바닥으로부터 실천적인 면모를 함유하고 있다. 서구인들은 책임을 '알지만', 우리 나라의 지식인들은 책임을 '느끼기' 때문이다. '느낀다'는 것은 이미 알고 실천하는 주체다(여기서 '주체'라는 표현도 서양의 개념과 일치하지 않음을 명기해 둔다). 아니, 지식을 습득하는 일이 이미 알고 실천할 방향을 내장하고 있다니, 그것은 바로 전통 속에서 태어나고 자라나는 우리의 삶을 통해 해명이 가능하다. 우리의 전통 중 상당 부분은 유교적 세계관에 기대고 있다. 유교적 세계관의 특징을 투박하게나마 정리하자면 '본과 보기의 구조'를 통해 표현할 수 있지 않을까. 하나의 본을 정해놓고 그를 보고 닮고자 노력하는 모습이야 공자, 주자에 대한 무수한 주석서를 보면 확인할 수 있다. 지금 음식점만 보더라도 무수한 '원조' 경쟁이 벌어지고 있지 않은가. 벗어나면 이단(異端)일 뿐이다. 그러고 보면 전통(傳統)이란 말 자체부터 하나의 본을 정해놓고 따라가는 과정이다. 전통이란 통(統)을 전해주는 과정이다. 즉, 집에는 가묘가 있고, 학교에는 문묘가 있고, 왕궁에는 종묘가 있어서 신주단지(統)를 전해주는 것이 우리의 전통이었다. 그러니 전통을 "신주(神主)단지 모시듯" 하는 것이야 당연한 일이겠다.

그런데, 외부로부터 강제된 근대화는 우리네 물질적 조건을 완전히 뒤바꿔 놓았다. 물질적 조건은 괘종시계의 추처럼 좌에서 우로, 우에서 좌로 똑딱똑딱 잘도 바뀌더라도 뿌리깊은 의식은 지연되는 법이다. 물질적 조건을 따라잡기 위해 우리의 지식인들이 보인 모습은 서구이론에의 경도였다. 본(本)의 자리에 서구이론을 가져다 놓고 이를 현실화하고자 하지만, 민중들의 변화는 상당히 더딜 뿐이다. 이론이 먼저 바뀌어야 하는 것일까 현실이 먼저 바뀌어야 하는 것일까. 무거운 현실 앞에서 가벼운 이론이 깨져나가는 모습은 누차 보아오던 모습 아닌가. 물론 이론이 가볍다고 그 이론을 주창하는 사람의 의식이 가볍다는 것은 아니다. 오히려 가벼운 이론에 모든 것을 걸었던 이들의 의식일수록 치열하게 전개된다. 마치 우리가 늘상 버릇처럼 "질서 의식을 회복하자"고 주장하는 것처럼 말이다. 언제 우리가 회복해야 할 만큼 질서 의식을 가져본 적이 있던가. 그럼에도 "질서 의식을 회복하자"는 주장이 희화되어야 하는 것은 아니다.[1]

이론과 현실의 괴리, 앎과 실천의 괴리는 시선의 방향을 내면으로 돌리게 한다. 김명인이 "90년대 '개별자로서의 윤리'로 돌아갔다"고 밝히는 장면은 이와 일치한다. 그럼에도 불구하고 김명인이 현실로부터 내면으로 망명했다고 단언할 수 있을까. 침묵이 때로는 비겁함으로 나타나지만, 때로는 스스로를 방어하는 치열함의 증표일 수 있다. 1999년 그가 들고 나온 〈다시 비평을 시작하며〉는 그의 침묵이 회피가 아니라 모색의 과정이었음을 보여준다. 다음은 90년대 횡행했던 비평의 경향에 대한 그의 비판이다.

　　90년대의 비평을 한 걸음 비켜서서 지켜보면서 가장 뚜렷하게 남는 인상은 그 파편화 혹은 쇄말화(瑣末化)에 관한 것이다. 80년대가 그러했던 것처럼 90년대에도 많은 비평가들이 등장했고 많은 비평물들이 예상외로 줄어들지 않은 각종의 문학매체 및 주변매체에 나름대로의 '상

---

1) 이러한 입장은 한국항공대 최봉영 교수의 작업에 기댄 것임을 밝힌다.

품성'을 내보이며 발표되었다. 하지만 내가 그로부터 느낀 것은 풍성함이 아니라 갈증이었다. '변화'를 내포하지 않는 미시적 '해석'의 다원화와 세련화-이것을 나는 쇄말주의(trivialism)라 부르지 않을 수 없다. 아무리 문제적인 탐색도, 아무리 독창적인 발견도 그것이 전체 속에서 어떤 의미와 연관을 갖는가에 대한 비판을 동반하지 않으면 그저 흩어진 구슬일 뿐이다.

"나는 이제 우리의 '민족문학'에 감히 작별을 고하고자 한다"

기실 김명인이 비판하는 90년대 비평의 한계는 그리 새롭지 않다. 여러 평자들도 지적한 바 있으며, 좀더 멀리 간다면 루카치가 '환멸의 낭만주의'를 비판하는 방식도 여기에 그대로 포개진다.

"영혼과 현실 사이의 불일치성은 영혼이 삶의 운명보다 더 넓고 더 크기 때문에 생겨나게 된다. 이로부터 결정적인 구조적 차이점이 생겨난다. 즉 여기에서는 삶을 마주 대하고 있는 추상적 선험성, 즉 행동 속에서 스스로를 실현하려고 하고 그렇기 때문에 외부세계와 갈등을 일으키는 상황이 문제가 되는 것이 아니라, 크든 작든 간에 그 자체 속에서 어느 정도 완결되고 내용적으로 충만한 순전히 내면적인 현실이 되는 문제가 되고 있는 것이다. 그리고 이 경우의 내면적 현실은, 외부적 현실과 경쟁하게 되고, 또 자발적인 자기 신뢰 속에서 자기 자신을 단 하나의 진정한 현실, 즉 세계의 본질이라고 간주함으로써 매우 풍부한 자신의 독자적인 삶을 갖게 된다."(『소설의 이론』)

그럼에도 불구하고 김명인의 발언은 주목을 기울일 만하다. 이론을 통한 현실의 재구성이 아니며, 당위적인 차원의 비판으로 폄하하기에는 체험의 절실함이 녹아 있기 때문이다. 그는 "고백하건대, 김수영과 임화 이 두 정신과의 격렬한 만남을 통해 나는 내 정신의 밑바닥에 도달했고 비로소 몸을 일으킬 수 있었다"고 밝히고 있다. 대체 그는 김수영에게서, 임화에게서 무엇을 발견했던 것일까.

"김수영은 급진적 자유주의자이지 마르크스주의자는 아니었지. 그러니 그는 교의(敎義)가 없이 40년대 후반부터 60년대까지 스스로의 윤리 감각에 기대어 자신의 문학과 삶을 펼쳐나갔어. 호소할 데라고 오직 자기 자신밖에는 없었다고 할까. 홀로 고독하게 세계와 맞서면서 전체를 들어올리고자 했던 거야. 거기에 비한다면 나의 방향은 김수영과 반대였지. 교의로부터 일탈하고 세련된 지배블럭의 지배 형태에 대응할 나름의 방식을 모색해야만 했으니까. 세계상을 만들어 내기 힘든 상황에서 물음은 어쩔 수 없이 나 자신에게로 몰아세우게 되더라구. 여기에서 시작할 수밖에 없구나라는 정점에서 김수영을 발견했던 거지.

반면, 1930년대 이후 임화는 내가 처한 상황과 비슷하다고 생각했어. 이념과 연대와 조직에서 비켜난 인간이 역사의 전 하중을 개별자로서 감당할 수 있을까 알고 싶었지. 그런데 임화는 점차적인 '파시스트'를 닮아가더라고. 파시즘의 내면화 경향이 30년대 후반에 벌써 시를 통해 나타나기 시작할 정도로 말이야. 그런 점에서 임화는 나에게 있어 반면교사라고 말할 수 있겠네."

1995년 『실천문학』 여름호에 실린 〈세 개의 답변〉에는 김수영의 영향이 다분히 나타난다. 『실천문학』측에서 제기하는 세 개의 설문에 대해 답변을 하면서 김명인은 충격적인 선언을 하고 있다. "나는 이제 우리의 '민족문학'에 감히 작별을 고하고자 한다. 이제 '민족문학'은 끝이다. 깃발을 내림은 물론 문도 닫아야 한다." 그 근거로 제시하는 논리는 바로 김수영이 스스로를 치열하게 곧추세웠던 논리에 잇닿아 있다.

"민족문학은 오늘날 우리 삶의 총체성을 다 끌어안기에는 이제 너무 낡았다. 지금 우리가 일상의 삶에서 늘 만나고 그러면서 우리를 위협해 들어오는 적, 혹은 적대성에 맞설 상대자는 아무리 생각해도 더 이상 '민족'은 아니다. 물론 '민중'도 아니다. 그 적이 미국도 아니고, 일본도 아니고, 독점자본도 김영삼도 아니기 때문에 그렇다. 경우에 따라선 미안하지만 '민족'도 '민중'도 적이 될 수 있기 때문에 그렇다. 극단적으로 말하면 '너'도 '나'도 '우리'도 치명적인 적일 수 있기 때문이다."

선언이 너무 단호하지 않은가. 더구나 사회과학의 영역에서 발생하는 문제를 인문학의 치열성으로 치환하여 넘어서고자 하는 것은 아닐까. 물론 여기서 사회과학과 인문학의 착종(錯綜) 가능성을 발견할 수도 있다.

월간 『말』 2000년 7월호에서 김명인이 내보인 성공회대 김동춘 교수와의 의식적 친밀성은 그것을 보여준다. 김동춘 교수가 사회과학의 한계를 넘어서기 위해 인문학적 요소의 도입을 주장하듯이, 인문학 역시 그 한계를 넘어서기 위해 사회과학의 요소를 도입해야 하는 것은 당연하다. 인간이란 어차피 모여 사는 존재이며, 모여 삶은 위계(位階)를 형성하는 법 아니던가. 이를 무시한 인문학은 현실에서 발을 뗀 고담준론(高談峻論)에 머무를 뿐이다.

　　적대성의 편재(遍在)만을 일방적으로 주장하는 것은 그게 없다고 얘기하는 것이나 마찬가지이지. 경제적 측면, 문화적 측면에서 나타나는 문제를 분명히 인식하고 있어. 하지만, 신자유주의가 전면화되면서 분명한 적-아의 대결은 이미 낡은 것으로 전락하지 않았나. 그렇기 때문에 전통적인 이분법에 근거하여 '민족문학'을 파악할 수는 없게 되었어. 자, '민족문학'으로 이러한 현실을 담아내고 전망을 구축할 수 있을까. '민족문학'을 부여잡기보다는 오히려 분명한 듯 보이는 가면을 벗겨 그 이면을 보이고자 하는 노력이 필요한 시점 아닌가. 지성이 빈곤할 때는

"세상엔 싸구려 이야기꾼 너무 많아"

인터뷰 10년만에 비평집낸 문학평론가 김명인 씨

"문학이란 나와 세계와의 갈등 형상화 하는 것
세계는 빼고 나만 천착한 90년대 문학은 오류"

"역사와 일상을, 삶의 공공적 성격과 사적 성격을, 전체와 부분을 이어주는 매개를 찾아내는 일이 탐색의 서사양식으로서 소설이 할 일이라면 그 매개의 발견은 곧 정치의 회복이고 진정 해방적인 정치의식을 구축해 나가는 일이 된다."(『문화일보』, 2000년 4월 21일)

적대성에 압도되는 경향이 나타나지. 이것을 경계하고자 그 글을 다소 강경하게 써 내려간 측면도 있어.

그렇다면, 도대체 어떻게 하자는 것인가. 접근하기 가장 쉬운 방법은 『조선일보』 문제에 대한 입장을 묻는 것이다. 동인문학상에 대한 황석영의 입장 표명 이후 『조선일보』 문제가 현실에 대한 문인들의 입장을 판단하는 리트머스 시험지로 작용하고 있기 때문이다. 현실의 가면을 벗겨내고자 하는 노력의 일환으로 『조선일보』에 대한 반대의 태도를 묻는 것만큼 필요한 것이 뭐가 있을까.

『조선일보』 문제가 전투적 자유주의자들만의 몫인가

"아직까지 내가 『조선일보』에 글을 기고하거나 인터뷰한 적은 한 번도 없지. 안 한다기보다는 『조선일보』에서 요청하지 않았으니까. 『조선일보』에서 먼저 피하지 않았겠어? 내 경력을 잘 알고 있을 텐데 말이야. 사실 한 번 청탁이 오기는 했어. 요번 4월이었지, 아마. 이문열의 『아가』가 논쟁되었을 때니까. 뭐 그때는 정말 시간이 없어서 사양했어. 그런데 김광일 기자는 우회해서 거절하는 것으로 판단하는 것 같던데 그건 아니었어. 나름의 입장 정리는 이때부터 시작했지.

사실 그 전에는 조선이나 중앙이나 동아나 다 매일반이라고 생각했거든. 굳이 기고한다면 『한겨레』 정도를 빼놓고 다 마찬가지 아닌가 하고 생각했으니까. 그때부터 『아웃사이더』, 『말』 등을 보면서 정리하기 시작했어. 90년대 좌파의 특징이라면 살롱화된 경향을 꼽을 수 있지 않을까. 책은 계속 보니까 이론적 세련성이야 날로 더해 가지. 그런데 그것은 관념적 과격성 속에서만 유효하기에 실천성을 담지하지는 못하고 있잖아? 이게 좌파의 살롱화이지 뭐. 이렇게 하여 결국 남는 것은 허망한 자기 확인에 머무를 뿐이지. 이런 '살롱화된 좌파의 현실'을 어떻게 극복할 것인가를 생각해 보니 『조선일보』라는 대상이 타당한 것 같더라구. 지식과 일상적 실천의 매개로 설정하는 것이 말이야.

『조선일보』에 대한 반대 입장의 표명을 통한 운동의 개진은 좌파의 역할이라고 생각해. 어떻게 보면 '자유주의자'들이 이를 들고 나오는 것은 살롱화한 좌파에 대한 도전이지. 그러니 이를 강준만 등 몇 사람의 '전투적 자유주의자'에게만 맡기는 것은 안 된다고 판단하고 있어. 하지만, '안티조선' 운동은 전략적 투쟁의 한 부분일 뿐이며, 이러한 운동은 노동 현장의 문제에 대한 투쟁이나 반미·국보법 투쟁과 함께 진행되어야 한다는 점을 잊지 말아야지. 마침 '동인문학상'의 문제가 불거졌으니까 입장을 적극적으로 표명하게 되었어. 이제 그것은 일상의 문제가 아니라 문학계 전반의 문제로 떠오르지 않았나."

김명인의 이러한 견해는 2000년 8월 7일자『한겨레』를 통해 분명히 드러났다. 이것과 더불어 확인해야 할 것은 80년대를 어떻게 품고 살아갈 것인가에 대한 입장이다. 어차피 그는 "약간의 과장이 허락된다면 내 생애에 정말로 살았다고 할 수 있었던 시간은 1980년대였다. 그 앞의 시간은 그 전사(前史)였고 그 뒤의 시간은 단지 그 연장에 지나지 않는다"고 밝히지 않았는가.

어쩌면 그에게서 이러한 입장을 확인하고 싶은 것은 필자의 주관적 자세에서 파생하는 것인지도 모른다. 80년대를 두고 김명인의 입장을 확인하는 대타항에는 백낙청이 이미 존재하고 있기 때문이다. 백낙청은 불의 시대를 이해득실에 따라 담담하게 계산할 수 있는 능력을 보이고 있고, 필자는 이를 부정적으로 평가하는 편이다.

> 80년대의 양상은 달랐다. 5·17 내란과 광주학살의 충격이 워낙 컸기 때문에 감각 위주나 탈이념적인 세대론이 설 자리는 별로 없었다. 물론 그때도 연속 무크『우리 세대의 문학』같은 시도가 없었던 것은 아니나 언론의 주목을 계속 받기에는 역부족이었다. 세대론은 오히려 '민족문학 진영' 내부에서 조직·이념상의 주도권을 노린 급진적 소장세대의 도전으로 거센 힘을 발휘했다. 이에 대한 거대매체들의 반응은 복합적이었는바, 한편으로는 그 또한 잡식성의 상업주의가 취급을 마다할 품목이 아니었지만, 다른 한편 언론사 자체로서는 대대적인 전파를 용인할 수 없는 논의였다. 그 결과 80년대의 세대론은 상업주의에 의한 활용이 없지는 않았으나, 상업주의의 전면화를 견제하면서 민족문학 담론의 대중화에 기여하기도 했다. 동시에 편협한 '진영' 담론의 형성에도 일조했으며, 줄곧 '소시민적 민족문학론'으로 공격받은 좀더 유연한 민

족문학론으로서는 자기쇄신을 위한 값진 자극도 얻었지만 몹시도 고달
픈 연대가 되었던 것 또한 사실이다.

'민중적 민족문학' '민주주의 민족문학' '노동해방문학' '민족해방문
학' 등 다양한 이름으로 제기된 80년대의 세대론적 성격을 겸한 급진운
동론은 90년대가 몇해 안 가서 거의 파산상태에 이르렀다. 직접적인 원
인은 1989~1991년 사이에 소련·동구 '현실사회주의'의 몰락을 가져
온 지정학적 대변화의 충격이었지만, 87년 6월항쟁 이후 민족문학의 새
로운 과제에 부응하지 못한 내부적 요건이 더 결정적이었달 수 있다.[2]

결과론에 입각하여 치열한 정신을 단지 권력욕으로만 폄하하는 백낙
청에 대해 김명인은 불편한 심기를 이렇게 드러낸다.

당시 그러한 입장을 표방했던 사람들이 80년대 운동의 정점에서 살았
고, 거기에서 드러난 치열한 정신이야 의심의 여지가 없지 않나. 이에
비해 백낙청 선생은 관조하는 입장이었잖아. 백 선생의 자리는 최전선
이 아니었다는 말이지. 예컨대 우리가 열 걸음 나아가면 마지못해 서너
걸음 따라 나서는 정도라고 봐야 하지 않을까. 그래, 최전선에서 싸우다
가 부상당해 오면 후방에서 '거 봐라, 내가 뭐라 그랬나'라고 말하는 것
이 온당한 태도인가.

지금 아도르노적 평가가 루카치적 평가보다 현실 설명력이 더욱 우월
하다고 해서 80년대에서도 그랬던 것은 아니지. 그리고 그러한 식으로
70, 80, 90년대 내내 소급해서 옳았다는 식으로 말할 수도 없는 것이고
말이야. 또한, 급진적인 민족문학론이 있었기에 지금 백 선생의 세련된
언술이 가능해졌다고 봐야 하는 것 아닐까. 그러면 80년대 나타났던 급
진적인 민족문학론과 소시민적 민족문학론 사이의 긴장 관계를 적극적

2) 백낙청, 〈2000년대의 한국문학을 위한 단상〉, 『창작과 비평』, 2000년 봄.

으로 얘기할 수도 있는 것이지.

비록 80년대의 경험은 실패로 끝났지만, 소중한 경험이라고 생각해. 만약 우리 문학이 활력을 회복한다면 80년대에 생성된 정신, 격렬한 유토피아 지향의 정신 말이야, 이것과 만날 거라고 생각해. 그런 점에서 80년대의 치열한 체험이 2000년대의 비평에 예전과는 다른 방식으로 재생될 거야. 나 역시 이를 지향하고 있어.

미학적 과제, 정치적 과제

요즘 그는 조심스럽게 계몽비평의 가능성을 모색하고 있는 것처럼 보인다. 이것은 이미 〈다시 비평을 시작하며〉에서 타진해 보던 자세이다. "나는 감히 묻는다. 계몽비평의 복권은 가능한가. 그리고 대답한다. 그것은 가능성의 문제가 아니라 의지의 문제라고." 『실천문학』 2000년 봄호에 발표한 〈비극적 세계 인식의 회복을 위하여〉를 보면, 그것은 '비극적 세계의 인식 확보'와 '정치의 회복'으로 모아지고 있다.

비극적 세계 인식은 근대문학의 숙명이지. 돌아갈 곳이 없는 상태에서 세계와 적대적 불화에 빠질 수밖에 없는 것이 근대문학의 정신 아닌가. 그러니 그 매개로써 '문제적 개인'이 나타나게 되는 것이지. 지금 우리 소설에서는 비극적 세계 인식을 체화하는 인물상을 발견하는 것이 중요하다고 봐. 부딪쳐 나가는 세계의 내용이라든가 전망의 제시는 그다음에 부각될 문제겠지. 또한 인간과 세계의 갈등은 정치적인 문제로 귀결되기 때문에 이에 대한 고민이 필요한 것이겠고, 결국 이 세계는 어떻게 작동하는가에 대한 고민과 맞닿아 있다고도 보면 돼. 그런 점에서 현재 팽배해 있는 정치적 무관심의 작동 역시 고도의 정치적 작업의 결과인 셈이지. '난 정치는 몰라'라는 입장 표명도 역시 정치적 진술 아니겠나. '난 글만 쓰면 돼'라는 작가는 자격 미달의 작가에 불과해. 물론 80년대의 작가들처럼 운동이론을 연역적으로 현실에 적용시키려는 것도 문제이겠지만 말이야.

〈비극적 세계 인식의 회복을 위하여〉를 통해 "소설의 미학적 과제란 곧 정치적 과제이기도 하다"고 주장하고 있는 김명인은 1954년 강원도 도계에서 태어났다. 줄곧 사란 곳은 시울이며, 서울대 국어국문학과 및 인하대 대학원 국어국문학과 석사·박사 과정을 마쳤다. 현재 계간 『황해문학』 편집주간을 맡고 있으며, 인하대와 인천대에 출강한다. 저서로는 평론집 『희망의 문학』(풀빛, 1990), 『불을 찾아서』(소명출판, 2000), 기행문집 『잠들지 못하는 희망』(학고재, 1997)을 상재했다.

그는 소설의 역할을 이렇게 말하고 있다.

"인간이 자기 실현의 통로와 전망을 개척해나가는 목적의식적 행동이 가장 집중적이고 조직적으로 이루어지는 정치 행위라고 할 수 있다. 우리가 흔히 말하는 현실정치란 이런 원론적 행위의 정치행위가 속화되고 관습화된 것일 뿐이지 그 본질에서 정치는 신성하고 엄숙한 것이다. 역사와 일상을, 삶의 공공적 성격과 사적 성격을, 전체와 부분을 이어주는 매개를 찾아내는 일이 탐색의 서사양식으로서 소설이 할 일이라면 그 매개의 발견은 곧 정치의 회복이고 진정 해방적인 정치의식을 구축해 나가는 일이 된다."

김명인이 돌아온 자리는 바로 이 지점이며, 여기에서부터 그의 세계는 확장되기 시작한다. 앞으로 그의 이력에 어떠한 것이 더 첨가될지는 모르겠지만, 이 정도면 현실에 대한 그의 발언이 날카롭게 지속될 것이란 믿음은 충분하지 않은가. 그리고 '비록 정치적 민주화가 이루어졌다고 할지라도 마르크스가 자본주의 사회에 던진 궁극적 물음과 비판은 여전히 설득력이 있을 터인데, 목소리를 높이던 비평가들은 어디로 갔는지 보이질 않는다"는 김영건의 비판에도 충분한 대답이 되지 않았을까.[3] 🔲

---

3) 엄격히 말하자면 90년대 내내 문학권 내에서 여전히 예전의 입장을 고수해 온 평론가는 많다. 그러니 김영건이 굳이 "보이지 않는다"고 떠들 필요는 애초부터 없던 일이었다. "객관세계는 변하지 않았지만 그 객관세계를 인식하는 주체의 인식틀이 변한 것이다. 그러나 '변한 것은 없다'는 당시의 강변은 기실 주체의 인식틀의 변화를 타매하는 발언이었다. 즉 정말로 객관세계가 변함없이 여일함을 자신있게 입증하는 발언이 아니라 과거의 인식틀을 그대로 유지할 것을 요구하는 발언이었던 것이다"라는 김명인의 입장이 오히려 주목할 만한 가치가 있기에 다소 유보적으로 그를 상대한 것뿐이다.

|김|학|철|

"희망은 주어지는 게 아니라 만들어 가는 겁니다"

"세상을 타의에 의해 떠나야 했던 열사들의 명예회복은 동시대인들의 몫이기도 하다."

김 학 철

"희망은 주어지는 게 아니라
만들어 가는 겁니다"[1]

장윤선 | 월간 『참여사회』 기자 |

낮게 드리워진 하늘은 한바탕 큰비를 퍼부을 태세로 잔뜩 인상을 쓰고 있었다. 후둑 후두둑 ······. 나뭇잎이 뻥뻥 뚫릴 것 같은 굵은 빗줄기는 천둥 번개와 함께 이내 서울을 집어삼킬 듯 땅으로 내리꽂힌다. 마치 억울한 죽임을 당한 원혼들이 오랫동안 묻어두었던 울분을 한시에 토해내듯, 성난 비는 서울을 적시고 있었다.

민족민주열사·희생자 추모(기념)단체 연대회의(이하 연대회의) 산하 의문사진상규명위원회 위원장, 김학철(43세). 그를 만나러 가던 8월 초순의 오후, 서울은 그렇게 비가 내리고 있었다. 서교동 주택가에 자리잡은 한 인쇄소의 지하 사무실. 두꺼운 철문을 열자 컴퓨터 앞에 앉아 있던 김학철 씨가 머쓱하게 바라본다. 여기까지 찾아오느라 너무 헤맸다는 기자의 수다에는 아랑곳하지 않고, 미소조차 머금지 않은 채 그는

---

1) 현재 민족민주열사 추모단체 연대회의 산하 의문사진상규명위원회 위원장으로 활동하고 있다.

지긋이 묻는다.

"차 한잔하시겠습니까?"

너스레를 중단하지 않을 수 없는 분위기가 돼 버렸다. 인스턴트커피에 설탕과 크림을 듬뿍 탄 작은 찻잔을 손에 쥐고 조용히 그와 얘기 나눌 수 있는 옆방으로 갔다. 방 귀퉁이에서 작업하던 한 여성활동가에게 양해를 구하자 그녀는 조용히 나가버렸고, 널따란 독방에서 단독으로 그와 2시간 30분의 마라톤 인터뷰를 진행할 수 있게 됐다. '원칙주의자', '꼴통 …….' 그를 아는 몇몇 사회운동가들에게 전화를 걸어 사전 취재한 결과 그에게 붙여지는 동일한 수식이었다. 30대의 한 남성 인권운동가는 그에 대해 이렇게 말한다.

"대단한 사람이지, 원칙주의자야. 원칙이 정해지면 한치의 양보도 없지. 보기 드문 훌륭한 운동가라고 생각하지만, 같이 일하기는 좀 피곤해. 왜냐고? 일체의 타협이 없으니 같이 일하는 옆 사람들이 얼마나 힘들겠냐."

또다른 30대 중반의 여성 인권운동가의 말을 들어보자.

"글쎄, 멀리서만 봐와서 ……; 어쨌든 아무도 크게 관심 갖지 않는 의문사 부분을 끌어안고 꾸준히 활동하고 있는 걸 보면 대단한 운동가가 아닐까요? 이제는 기억조차 가물가물해진 민주화운동 의문사 문제에 누가 관심을 갖고 활동하고 있습니까? 안 그렇게 생각하세요?"

구호만으로는 열사의 넋 달랠 수 없다

잘 웃지 않는 남자. 마흔 셋에 흑발보다 백발이 더 많고, 깡마른 체구에 항상 긴장감을 늦추지 않는 날카로운 눈매. 겉으로만 관찰해 보아도 그는 범상한 인물은 아니었다. 넉넉한 어머니의 품보다는 고뇌하는 지식인의 인상이 훨씬 더 잘 어울리는 그에게 처음으로 던진 질문은 왜 의문사 진상규명운동에 이토록 매달리고 있는가였다.

열사, 의문사 …… 사람들이 가끔 '구호' 차원에서는 그분들을 떠올리지만 실제로는 그분들의 넋을 달래기 위해 특별히 노력하지 않는 것 같아요. 하지만 곰곰 생각해보세요. 생시에 그분들이 당했을 고통을 ……. 가장 외롭고, 절망적인, 어떤 절체절명의 공포가 드리운 채의 죽음. 전 가끔 제가 그 자리에 있었다면 나는 어땠을까 그런 생각을 해봅니다. 스스로 선택한 죽음이나 타인에 의해 죽임을 당한거나 모두 다 고통스런 죽음의 과정이지만, 저는 타인에 의해 죽임을 당한 것이 더 큰 공포가 있다고 생각해요. 살 수 있었는데 죽임을 당한 것이니까요. 아무도 모르게 자신의 생명이 끝날 수 있다는 공포는 그 무서움의 도가니에 빠져보지 않은 사람은 잘 모를 것 같아요. 사실, 고문을 당하면서 인간적으로 얼마나 갈등이 컸겠습니까? 차라리 고문자들이 시키는 대로 간첩이 돼라, 했을 때 간첩이 됐다면 죽지는 않았겠죠. 동료를 팔아라, 했을 때 동료를 팔았다면 그렇게 죽임을 당하지 않았을 거예요. 그런데도 그분들은 스스로의 신념을 버리지 않고, 차라리 한줌의 재가 되기로 했던 거예요. 그런 그분들을 생각하면 단순히 구호로만 '의문사 진상규명 하라!'고 외칠 수 없어요. 그분들이 있었기에 오늘의 민주화가 우리에게 있는 것 아닙니까?

김학철 씨가 70~80년대 민주화운동을 하다 감옥에 갇혀 모진 고문을 당했거나 의문의 죽임을 당한 열사들의 혼을 달래야 한다고 얘기하는 동안 내내 머리가 쭈뼛쭈뼛 서고 전율을 느끼지 않을 수 없었다. 마치 열사의 혼이 그에게 다가와 씻김굿을 청하는 것 같기도 했다.

"의문사를 당한 열사들의 가족 또한 오랜 세월이 흘렀어도 현재의 삶

왜곡된 현대사를 바로잡는 데 가장 의미 있는 일: "그 당시 세상을 타의에 의해 떠나야 했던 열
사들의 명예회복은 동시대인들의 몫이기도 하다고 생각하거든요. 그런데 이번 투쟁은 당시 동시
대인들이 함께 하지 못했어요."(『대한매일』, 1999년 12월 29일)

이 평온하지 못해요. 부모님들은 자식을 먼저 보낸 슬픔에다 심지어 그
자식이 어떻게 죽었는지조차 알 수 없으니 그 한을 어떻게 풀 수 있겠
습니까. 그저 가슴에 묻고 사는 수밖에 ……. 어떤 부모님들은 그렇게
죽임을 당한 자식을 따라 당신의 명을 재촉한 분들도 계십니다."

1987년 9월 서울대 서양사학과 최우혁 씨는 학생운동에 적극적이었
다. 그 당시 그의 어머니는 적극적으로 학생운동에 참여하고 있는 자식

에게 무슨 변이 생기지 않을까 노심초사하다 군에 입대를 시켰다. 그러던 어느 날 최우혁 씨는 군대에서 싸늘한 주검으로 변해 그의 어머니 앞에 당도해 있었던 것.

"어머니는 늘 자식의 죽음에 대해 죄책감을 갖고 계셨던 거예요. '내가 군대에만 보내지 않았어도 우리 우혁이는 죽지 않았을 것이다' …… 그런 괴로움을 이기지 못하고 어머니는 실어증에 걸리기도 하고, 심각한 정신공황상태에 빠져 계셨던 거죠. 그러다 그만 당산철교 밑으로 당신의 몸을 내던지고 말았어요. 이뿐 아니에요. 87년 6월항쟁 당시 시위진압 훈련 중 한 중대장이 이이동 열사에게 물었대요. '6월항쟁에 대해 어떻게 생각하느냐?' 곧바로 '정당한 민주화운동이다' 라고 말했다가 그 자리에서 폭행당하고, 끌려가 총소리가 났는데 그 후 이이동 열사는 자살한 것처럼 꾸며져 발견됐죠. 이처럼 억울한 일을 당하고 나서 이이동 열사의 아버님은 여기저기 탄원서도 내고, 진정서도 내고 많은 사람들을 쫓아다니며 억울한 죽음의 누명을 벗겨달라고 노력했지만 결국 귀기울여주는 이가 없었던 거예요. 끝내 아버님은 아들의 죽음에 대해 진상규명 해달라는 유서를 남긴 후 농약을 마시고 음독자살을 했어요."

422일 간의 국회 천막농성

부패한 사체로 발견돼 끔찍한 사진 한 장으로 가슴속에 기억되는 조선대 교지 편집장 이철규 열사, 1989년 중앙대 총학생회장으로 거문도에서 변사체로 발견된 이내창 열사 ……. 멀쩡하게 살아 활동하던 사람이 어느 날 갑자기 주검으로 변해 사람들 앞에 나타날 때, 그 어떤 사람들도 그 죽음에 대해 납득할 수 없다. 참을 수 없는 분노와 한. 한평생 자식을 먼저 보낸 슬픔을 안고 사는 열사의 가족들과 추모연대회의는 민족민주 열사들의 명예회복·보상과 의문사 진상규명법 제정을 위해 국회 앞 천막농성을 벌였다.

422일간의 천막농성. 고령에 몸 성한 곳이 드문 노인들은 여의도 강바람이 살갗을 에이는 강추위와 한여름 땀띠 나는 무더위를 천막 안에서 1년을 넘도록 보낸 것이다. 정말 힘들고 어려웠던 13개월간의 투쟁. 그는 참 어려웠던 투쟁이었다고 회고한다.

"법안이 통과 될 듯 될 듯하다 안 되고 하니까 그때마다 좌절하던 부모님들의 모습을 뵙는 게 가장 힘들었던 것 같아요. 긴 기간 동안 농성했다는 어려움보다 '뭔가 된다' 하는 기대심리가 상실감으로 돌아올 때의 좌절이 더욱 견디기 힘들었던 것 같아요. 저는 개인적으로 그 당시 세상을 타의에 의해 떠나야 했던 열사들의 명예회복은 동시대인들의 몫이기도 하다고 생각하거든요. 그런데 이번 투쟁은 당시 동시대인들이 함께 하지 못했어요. 제 바람은 열사 부모님들은 편안히 계시고, 동시대인들과 젊은 사람들이 조직돼서 이 투쟁에 앞장섰더라면 더 좋았을 텐데 하는 생각이지요."

김학철 씨는 열사 추모사업과 의문사 진상규명은 왜곡된 현대사를 바로잡는 데 가장 의미 있는 일이라고 주장한다. 그러나 많은 운동단체들은 현안 중심의 활동을 펼치다보니 실제 과거사 청산과 밀접한 관련이 있는 이 문제에 대해서는 간과하고 있는 것 아닌가 하는 아쉬움이 남는다고 전한다.

1999년 12월 29일 '민주화운동 관련자 명예회복 및 보상에 관한 특별법'과 '의문사 진상규명에 관한 특별법'이 국회에서 통과됐다. 13개월여 기간 동안의 지난한 투쟁을 통해 얻은 산물이지만 만족스럽지는 못했다. 하지만 다음날인 12월 30일 해단식을 갖고 국회 앞 천막을 걷어냈다. 그는 이런 장대한 투쟁의 과정 중 가장 안타까웠던 장면을 떠올린다.

"가장 가슴아팠던 건 1999년 6월 명예회복법과 달리 의문사 진상규명법은 국회에 법안으로 상정조차 되지 못했어요. 여당이 국가인권위원회 산하로 이 법을 끼워 넣으려 해서 검토해 보니까 내용이 너무 형편 없는 거예요. 그래서 전면 거부하고, 국민회의 당사 점거농성을 벌였는데, 이때 항의의 한 표시로 삭발식을 거행했어요. 이젠 아무 걱정 없이 편안히 사실 연세가 되신 분들의 백발이 성이성이 수북히 쌓이는데, 정말 너무 가슴이 아팠습니다. 자식 잃은 것도 큰 슬픔인데, 이렇게까지 해야 하는 상황이 너무 괴로웠어요."

꾸준한 투쟁 끝에 '의문사 진상규명에 관한 특별법'이 통과됐고, 법에 따라 의문사 진상규명위원회 위원들이 위촉되면 대통령직속기구로 위원회 활동을 할 수 있게 된다. 아마도 그는 위원회 소속 의문사 조사관으로 참여하게 될 것 같다고. 현재 민주화운동 과정에서 자살하거나 사고사(기관에 끌려가 죽임을 당하고 기관에 의해 은폐된 죽음)로 알려진 열사들은 총 45명. 마흔 다섯 열사들의 죽음의 진실을 밝혀내는 게 그의 임무. 그러나 상당한 어려움이 있다고 그는 고백한다. 1973년 의문사를 당한 최종길 교수만 하더라도 실제 많은 증거자료가 없어지거나 왜곡된 채 남아 있어 이를 뒤집는 진실을 밝혀내는 게 여간 어려운 일이 아니다. 따라서 그는 늘 긴장하며 하나하나의 증거들을 채집해가고 있다. 치밀한 준비로 한 꺼풀씩 벗겨나가야 제대로 된 진상규명을 할 수 있을 것 같다는 게 그의 생각이다.

1년이면 잘린 손가락이 몇 가마니씩

그가 지금은 이처럼 민족민주 열사들의 의문사 문제에 집중하고 있지만, 실제 그는 노동운동가였다. 1980년 군 입대 후 사고로 허리를 다쳐

디스크 수술을 받고 상병으로 제대한 그는 80년 서울의 봄을 겪으면서 노동운동을 해야겠다고 생각했다. 제대 후 처음으로 선택했던 일은 지하철 공사장의 인부.

"디스크 수술 이후 육체가 얼마나 따라올 수 있는지 시험해보고 싶었어요. 4호선 삼각지 지하철 공사 인부로 일했는데 일이 상당히 힘들더라고요. 넷째 손가락 크기가 세배 이상으로 붓도록 일했더니 더 이상 일을 하면 안 되는 수준으로까지 됐더라구요. 그래서 그만두고, 새문안교회에서 교회운동을 했어요. 그때는 교회에서 조직된 사회운동이 많았거든요. 그런데 교회 안에서 활동하는 것이 너무나 안일하다는 생각이 드는 거예요. 이렇게 편하게 살면 안 된다는 생각이 들었어요. 또 계속 노동운동을 하고 싶어서 몇몇 마찌꼬바를 돌아다니면서 용접, 프레스를 배우고 취직하려고 생각했죠."

네 군데 원서를 넣었단다. 나머지는 다 떨어지고 유일하게 합격한 곳이 인천의 경동산업. 당시 경동산업은 산재가 너무 많아 한 달이면 몇 가마니의 잘린 손가락이 공장 밖으로 나온다는 곳이었다. 직원들 대부분이 손가락 한두 개씩은 없어 손가락이 다섯 개 있는 것보다 한두 개쯤 빠진 게 오히려 더 자연스러웠던 공장이라고.

"3천7백 명의 직원, 프레스 5백 대, 연마기 5백 대 ……. 큰 공장이었죠. 사실은 거기도 위장취업이라고 못 들어갈 뻔했어요. 그런데 경동산업 인사과에 있던 한 후배가 절 알아보고 넣어준 거예요. 군대에서 제가 빵을 사줬다나요? 전 기억도 못하는데 군대에서 그 친구가 힘들어 할 때 제가 작은 도움을 준 모양이에요. 그래서 그 친구가 알아서 '빽'을 쓴 거죠. 경동산업은 압력솥 등의 주방기기, 칼·포크 등의 양식기 등을 주로 생산하던 공장이었어요. 하루일당 3천 원. 월급이 아마 잔업 안 하면 10만 원쯤 됐을 거예요. 그러니까 다들 애들 학비 대면서 먹고 살려면 거의 철야를 해야 돼요. 제가 있었을 때만해도 3명이 과로사로

숨졌는데, 대부분 애들 등록금 내는 시즌이었죠. …… 전 그 친구의 도움으로 일당 6천 원을 받고, 한 달이면 20만 원 정도 받을 수 있는 데서 일했어요. 그만큼 노동강도도 세고, 다치기도 많이 다치는 부서였어요. 근 1년간 하루도 피를 안보는 날이 없었으니까.”

50바늘을 꿰매야 하는 상처. 허벅지가 10센티가 찢어지고, 팔뚝과 종아리도 성할 날이 없었던 나날들. 하루는 허벅지가 찢겨 병원으로 실려 가는데 차 시트에 피가 묻는다고 비닐 깔고 앉으라 해서 그렇게 병원에 간 적도 있고 치료받고 돌아오는 길은 언제나 버스를 타야만 했단다. 기름때 절은 작업복에 홍건한 피. 버스 안에서 그를 보던 많은 사람들이 다들 옆으로 피하고 그 근처에 오지 않더란다. 그렇게 지독하고 열악한 노동조건에서 일했지만 지금 생각하면 그때가 오히려 가장 재미있고, 그리운 시절이라고 회상한다. 열심히 일했고, 많은 사람들을 만났으며, 야간에는 동료 노동자들과 근로기준법을 공부하면서 당면한 현실에 대해 하나하나 알아 가는 기쁨이 있었기 때문이다.

"손금 봐줄게!"

웬만한 학생운동 출신은, 길면 한 달 짧으면 일 주일, 경동산업을 거쳐갔는데 그 중에는 지금 국회의원이 된 김근태 씨를 비롯 수많은 운동가들이 있다고. 1985년 경동산업에 민주노조를 결성하려 한다는 사실을 알아차린 회사측 사람들은 미리 조작해 '어용노조' 설립신고서를 내고 신고필증을 받는다. 따라서 그토록 원했던 민주노조의 깃발은 꽂지 못했다. 1986년 입사한 김학철 씨는 민주노조 건설을 위해 일하겠다고 다짐했다.

"사주팔자 보는 걸 공부해서 '너 언제 장가가겠다' 하는 손금도 봐주고, 좀 괜찮은 인물에게는 '넌 남들 앞에서 연설하고 살 팔자다'라고 말했더니 그게 소문이 퍼져 가지고 여기저기서 손금 봐달라고 밀려드는 거예요. 그러면서 술도 한잔 같이 하고, 마음 속 깊은 얘기도 나누고. 정말 친하게 지냈죠. 그렇게 조직된 친구들과 87년 4월 '어용노조 물러가고 민주노조 설립하자'는 내용의 투쟁을 벌일 계획이었어요. 4월 23일 식당에서 동을 뜨자고 약속하고 조직된 23명이 모였는데, 전 회사에서 낌새를 알아차렸는지 4월 21일 '위장취업'으로 해고시키더라구요. 어쨌든 그 친구들은 23일 역사적인 식당투쟁을 감행한 거예요. 식당에 줄서서 밥 먹는 직원들 앞에서 우리 친구들이 식탁 위로 올라가 구호를 외치고 유인물을 뿌리며 외쳤던 거죠. 어용노조 물러가라! 그랬더니 어느새 구사대들이 몰려와서 식칼을 휘두르고 식판을 던지고, 난투극이 벌어진 거예요. 대부분 직원들은 어용노조 사람들이 직원들을 위해 아무것도 한 게 없기 때문에 우리편이었어요. 박수치면서 우리를 응원했죠. 그런데 밖에 경찰들은 이미 우리를 잡아가려고 대기하고 있었고, 하나둘씩 밖으로 끌려나와 연행됐지요. 황당한 건 우리의 투쟁에는 아랑곳하지 않고, 꿋꿋이 앉아서 밥을 먹던 한 친구는 아무것도 하지 않았는데도 연행됐어요. 식당에 계속 가만히 앉아 밥을 먹는 게 수상쩍다는 이유로 말이죠. 결국 그 친구를 포함해 24명이 '사칙위반'으로 해고됐고, 복직투쟁을 벌이기 시작한 거죠."

그는 매일 매일 회사 앞 길바닥에 스프레이로 노동 탄압하지 말라고 쓰고, 통근버스 앞에서 직원들에게 유인물을 나눠주며 부당해고의 진실과 투쟁의 정당성을 알렸단다. 그를 알아보는 직원들은 그에게 껌, 사탕, 드링크류를 손에 쥐어주며 힘내라고 위로도 해주었다. 함께 해고된 23명의 노동자들과 함께 친목회 '디딤돌'을 만들어 민주노조 건설을 위한 활동을 펼쳤다. 그의 투쟁이 강고해지면 강고해질수록 사측은 그에게 로비를 해왔다. '영업소에 2년만 갔다오면 복직시켜주겠다', '1억

"살아남은 자로서의 마음의 빚 때문에 언제든 추모사업은 해야 한다고 생각했지만 언제나 노동운동으로 돌아가야 한다고 생각했어요."(사진: 필자)

원을 줄 테니 출근투쟁하지 말아라', '특약점을 차려주겠다 ……'. '하지만 절대로 공장 안으로 들어오는 것은 안 된다' 는 것. 이러한 사측의 제의를 번번이 거부하면서 그가 회사측에 요구한 조건은 이런 것이었다. 해고됐던 모든 친구들과 함께 공장 안으로 복직시켜라 …….

조합원들의 분신 사건

1987년 7·8·9 노동자 대투쟁을 계기로 시대도 많이 바뀌었고, 회사도 많이 바뀌었다. 87년 노동자 대투쟁 속에서 열심히 활동했던 대부분의 친구들은 모두 복직됐다. 하지만 회사는 그를 받아들이지 않았다. 여전히 회사측은 그를 노조의 주동자 혹은 배후조종자로 여겨 그에 대해 곱지 않은 시선을 갖고 있었기 때문이다. 그러던 89년 조합원 두 명이 분신하는 사건이 일어난다.

"9월에 민주노조 쟁취를 위해 대의원선거에 나가기로 했던 조합원이 있었는데 휴가 가는 날 정문 앞에서 꽹과리를 쳤다고 징계위원회에 회부된 거예요. 관례상 징계회부면 곧 해고거든요. 그래서 징계철회를 위해 복지관(말이 복지관이지 그저 옷 갈아입고 샤워실이 있는 수준의)에서 농성을 하고 있었어요. 당시 담당 노무이사와 협상하던 중 옥상까지 올라가 실랑이를 벌이다 그만 그렇게 된 거예요. 그때 노무이사도 같이 죽었어요. 그도 참 엄청난 사람이었죠. 그 시절에, 작업장 곳곳에 CCTV를 설치하고 직원들을 관리하려 했던 사람이니까. 87년 노동자 대투쟁 때 제일 먼저 직원들이 깨부순 게 바로 그 무인카메라였어요. 꼭 그 일이 계기는 아니었지만 열사들에 대한 마음의 빚이 늘 있었지요."

경동산업 해고 후 그는 인천지역해고노동자협의회 선전부장으로 일하기 시작했다. 이런 활동 중에 한 조직사건에 연루되면서 수배 당했다가 해제 기운이 있던 1993년 무렵 그는 10개월간 유가협 활동을 했고, 96년부터는 추모연대회의에서 상근했다. 그러면서도, 그는 경동산업 출근투쟁을 놓지 않았다.

새벽 5시에 인천으로 가서 7시에 출근투쟁을 하고, 서울로 다시 돌아와서 유가협 실무 일을 하고, 경동산업 노조에서 중요한 모임이 있으면 반드시 참석했다. 그러다 경동산업에도 민주노조가 건설됐고, 회사와

정상적인 임단협을 할 수 있게 되자 경동산업 노조는 이제 그들에게 맡겨도 된다는 안도감이 생긴 것. 그래서 그는 예전부터 마음의 빚을 갖고 있었던 열사추모사업에 열중하게 됐다.

살아남은 자로서의 마음의 빚 때문에 언제든 추모사업은 해야 한다고 생각했지만 언제나 노동운동으로 돌아가야 한다고 생각했어요. 그런데 말이에요. 얼마 전 제가 함께 일하는 연대회의 실무자들과 술 한잔하면서 엉엉 울었는데, 왜 그랬냐면요. 1998년 11년 만에 복직판정을 받았거든요. 그런데 이제는 돌아갈 경동산업이 없어졌어요. 경동산업이 파산하고 법정관리에 들어갔기 때문이죠. 이게 얼마나 슬픈 일입니까?

채 감추지 못한 아쉬움이 얼굴에 번진다. 말끝을 흐리며 커피 한 모금을 목안으로 깊게 삼키는 그는 마치 커피 한 모금처럼 과거 왕성한 투쟁력으로 동지들과 함께 했던 그 함성 속으로 다시 빨려 들어가고 있는 듯했다.

사회운동을 포기할 수 없는 이유

1990년 그는 세진음향의 해고노동자였던 부인을 만나 결혼했고, 슬하에 열 살짜리 아들 형기를 두고 있다. 일명 나무꾼과 선녀. 김학철 씨 부부를 두고 인천지역 노동운동가들이 붙인 별호이다. 총각시절 해고돼 한번도 정상적인 직장에 복무한 적이 없는 남편과 사는 여자의 마음은 어떤 것일까?

"우리 색시요? 제가 그 동안 활동한 것에 대해 단 한번도 후회해본 적은 없어요. 다만 아내, 아이, 부모님께는 굉장히 미안해요. 우리 색시는 남들처럼 일찍 들어와 저녁 먹고, 어디 가자고, 돈 벌어와라 하지 않아요. 그 점이 정말 고마워요. 지금은 환경직 공무원으로 일하고 있는데, 아마도 우리 색시가 있었기 때문에 제가 오늘까지 활동할 수 있는 게 아닌가 싶어요. 물론 저도 일용직 노동현장을 다니며 꾸준히 밥벌이는 했습니다!"

가끔 아들 형기는 뉴스를 보다 시위장면이 나오면 "아빠, 친구 나왔다!"하고 웃는단다. "오늘 저기 갔었어?" 그렇게 아들이 물을 때마다 아버지의 삶을 그렇게 이해하고 있구나 싶기도 해 피시식 웃음이 난다고.

교회운동까지 합하면 20년. 스무 해를 운동가로 살아오면서 가끔은 지쳐 '에라 모르겠다' 할 수도 있을 것 같다. 때로는 사회운동이란 것에 넌덜머리가 난다며 훌쩍 떠나 전혀 새로운 일을 계획하고 싶은 유혹이 들기도 할 것 같은데, 김학철 씨는 어떨까.

"단 한번도 운동을 그만둬야 한다고 생각하지 않았어요. 그럴 수 없었던 게 경동산업의 경우, 제가 민주노조건설운동을 포기하면 이후에 다른 동료들이 당할 고통이 너무 크다는 것을 알기 때문이었죠. 대부분 아저씨, 아줌마들이었는데 그들을 버리고 제 안락을 추구할 수는 없었어요. 특히나 경동산업 노동자들과는 눈빛으로 서로의 마음을 읽는 사이였기 때문에 운동을 포기하고 다른 일을 할 수 없었어요. 또 그들로부터 너무나 큰사랑을 받았어요. 항상 빈손으로 출근투쟁하러 가면 돌아올 땐 주머니가 두둑해져 왔어요. '정'이랄까. 그때는 이렇게 살다 죽어도 괜찮겠다는 생각을 할 정도였으니까요."

한번도 자신이 빛나는 자리엔 서보지 않은 사람. 자기를 드러내고 과시하며 가식으로 자신을 포장하지 않는 사람. 그런 운동가가 바로 김학철 씨가 아닐까 싶다. 아직도 형광등 없이는 어둡기만한 지하 사무실에서 불을 밝히고 몇몇 젊은 활동가들과 함께 억울하게 스러져간 열사들의 죽음을 파일로 정리하며 긴장을 놓지 않는다. 그가 후배 운동가들에게 하고픈 얘기는 뭘까.

"길게 보고 운동하라고 말하고 싶습니다. 현상을 좇지 말고, 본질을 바꾸는 일에 복무했으면 해요. 상대가 제기하는 문제를 우리가 받으려 하지 말고, 우리가 제기한 걸 상대가 받을 수 있도록 운동을 계획했으면 해요. 주체적으로 문제를 찾고 그것을 해결할 수 있는 혜안을 가질 수 있었으면 좋겠고 ……."

그는 만일 자신이 사회운동을 하지 않았다면 뭘 했겠냐는 질문에 대해 "좋은 세상 오면 제주도에 가서 택시운전을 하며 신혼부부들에게 이런저런 얘기를 들려주고 싶다"며 수줍게 웃는다. 운동을 얘기할 때는 언제나 날카롭고 비범한 기운이 감돌던 그이지만, 생활을 얘기할 때는 언제나 쑥스러워한다. 힘들면 소주 한 잔 기울이며 한숨쉰다는 그는 중학시절부터 죽을 때 스스로 부끄럽지 않게 살고 싶다는 좌우명을 세우고 지금껏 그렇게 살고 있다고 말한다.

평생운동은 당연지사고, 의문사 진상규명운동 이후 다음에 무슨 운동을 하겠냐고 물었다. 그는 당장 이렇게 말한다. "두 번째 마음의 빚인 옥중 사망 장기수들에 대한 일"이라고.

"장기수 선생님들도 의문사를 당한 열사들처럼 생각만으로도 가슴이 아픈 분들입니다. 다음 제가 해야 할 일이라고 생각해요. 그 다음엔 다시 노동운동으로 돌아가야죠. 후훗. 경동산업도 한 3년이면 민주노조 건설될 줄 알았는데, 그게 10년 걸렸고 ……. 애당초 저는 공장에 노조 만들고, 민주노조가 활성화되면 더 열악한 조건에 시달리고 있는 노동 형제들을 찾아 계속 활동할 생각이었어요. 이렇게 50대가 되어야 그때 운동에 자신감이 생기지 않을까 생각했거든요. 후후훗."

마지막 순간까지 포기하지 않아 사람들을 힘들게 하고 있다는 걸 잘 알고 있는 김학철 씨. 그가 마지막으로 하고 싶은 얘기는 "희망은 주어지는 게 아니라 만들어 가는 것"이었다.

"사람들은 이제 노동현장에 희망이 사라졌다고 합니다. 하지만 저는 그렇지 않다고 생각해요. 희망은 주어지는 게 아니라 만들어 가는 거잖아요. 정말 어렵고 힘들 때 열사의 심정을 한번 생각해봅시다. 그럼 아주 문제가 쉽게 해결될 거예요. 나를 앞세우는 운동은 운동이 아닙니다. 자기를 희생시켜 동료를 살리고, 민주화의 꽃을 피워낸 열사의 마음으로 살아간다면 괜한 감투싸움이나 감정싸움은 없을 거예요. 열사의 정신으로 세상을 바라봅시다. 마음이 한결 편안해지지 않습니까?

| 김 | 동 | 춘 |

남북정상회담,
하지만 넘어야 할 큰 산이 있다

**"진실"하고 "현실을 아파하는 마음"으로 한국 사회의 문맥을 읽어내는
사회과학자**

사진 / 황의선

김 동 춘

남북정상회담,
하지만 넘어야 할 큰 산이 있다

이강민 | 자유기고가 |

이 인터뷰에 관해 『시사인물사전』측이 전해온 취지에는 두 가지가 담겨 있었다. 하나는 '그간 언론매체들로부터 비교적 외면받아 온 인물'을 해보자는 거였고, 다른 하나는 '개혁적인 목소리를 인터뷰 형식을 통해 내보자' 라는 것이었다. 그러한 취지와 아울러 해당 코너가 '지식인' 이라고 들었을 때, 먼저 스치듯 떠오르는 사람이 바로 김동춘 교수(성공회대 사회과학부)였다. 마침 얼마 전 『근대의 그늘』(당대)과 『전쟁과 사회』(돌베개) 등 저서 두 권을 출간한 참이기도 했다.

'소장 사회학자' 로, 참여연대 정책위원장으로, 계간 『경제와사회』편집장으로, 그리고 강연자와 집필가로 하루하루가 바쁜 김 교수를 만나기로 한 건 8월 3일. 서울 안국동 '느티나무' 까페에서, 막 '한국전쟁 전후 민간인 학살사건 헌법소원 제출 기자회견' 참석을 마친 김 교수를 만날 수 있었다.

남북정상회담과 '넘어야 할 큰 산'

이강민: 안녕하세요. 이 인터뷰가 실리는 책이 『시사인물사전』인 만큼, 시사적 문제에 대한 질문이 주가 될 것 같습니다. 시사적인 주제라고 한다면, 역시 무엇보다 지난 6월의 남북정상회담과 그에 잇따른 일련의 남북관계 변화를 꼽지 않을 수 없을 듯합니다. 이 역사적인 만남에 대해 일관된 햇볕정책의 성과라는 평가도 있고, 일각에서는 '남북한 지배계급간의 담합'이라는 비판도 있습니다. 선생님은 어떻게 보십니까.

김동춘: 햇볕론의 성과인 측면도 있지만, 주한미군 철수와 같은 문제까지 양보하면서 북한이 저렇게 나온 것은 김정일 정권의 상대적인 안정화와 북한의 절박한 위기의식이 맞물린 것이다, 저는 이렇게 봅니다. 오히려 정상회담 성사에 있어서 주동적인 측면은 남한에 있다기보다는 강경한 입장을 약간 후퇴한 북한 쪽에 있는 게 아닌가 합니다.

'지배계급간의 연합'이라는 건 지나친 계급주의적 설명이라고 봐요. 물론 일종의 정치적 타협인 것은 분명하고, 남한의 경우 내부의 경제적이고 사회적인 파행을 덮어버리는 측면, 북한의 경우 경제라든가 인권의 측면을 덮어버리고 돌파하려는 측면이 있는 건 사실입니다. 하지만 그것보다는 성과 자체를 높이 평가하는 게 타당하다고 봅니다.

문제는 있지만, 결국은 남북한의 상호 위상강화로 가는 길이지요. 지금까지의 적대적 상호의존 상황은 남북한의 상호파괴로 가는 과정이었던 반면에 말입니다. 단적인 예를 들자면, 정상회담 이후 김정일 위원장을 각국 수뇌들이 다 만나려고 하지 않습니까. 최근의 남북한 화해국면을 보면, 분단의 희생자와 수혜자가 누구였는지가 아주 극명하게 드러나고 있습니다. 미국 올브라이트 장관이 한국에 와서 쐐기를 박는 모습이라든지, 푸틴이 급거 북한을 방문하는 거라든지, 일본이 화들짝 놀라는 모습이라든지, 요 한두 달 사이의 국제정세 변화를 보면, 그간 50년 동안의 상황이 누구에게 가장 이득을 가져다주었고, 누구에게 고통을 주었던 것인가를 보여주고 있는 것 같습니다. 남북한 피해대중의 희생을 언급하지 않고 진행되는 것은 사실이지만, 정치적인 야합의 차원으로 보는 건 소아병적인 생각이 아닐까 싶습니다.

이강민: '첫 단추를 꿰는 사건'으로서의 성과가 있었다는 말씀이신데, 하지만 앞으로의 전망이 낙관적이지만은 않을 듯한데요.

김동춘: 북한에서 이산가족 문제를 튼 것은 굉장히 큰 양보인데요. 남한에서는 이걸 인도적인 문제로 보지만 북한에서는 체제문제이기 때문에, 이것이 더 큰 개방으로 나아가게 되는 것은 북한 쪽에게 상당한 부담이 될 수밖에 없죠. 아마도 내부 군부강경파나 보수세력들이 불만을 표시하겠죠. 김정일 정권으로도 지금 호랑이 등에 올라탄 셈이니까 쉽지 않을 겁니다.

남한에서도 마찬가지로 정상회담 이후 언론의 태도를 보면, 보수세력의 위기의식이 표출되고 있는데, 김대중 정권이 약간의 실수라도 하게 되면 그러한 위기의식이 본격적으로 부상해서 반동적인 흐름으로 나타날 것 같고요. 한번은 치러야 할, 아주 높은 산이 결국은 국가보안법 문제, 미군 문제, SOFA 문제 등이죠. SOFA 문제는 비교적 국민의 공감이 있으니까 오히려 쉬운 문제인데, 미군 문제나 전쟁범죄 문제 같은 경우는 그걸 전면적으로 드러내면 대한민국의 기득권 세력 전체가 흔들리는, 최후의 보루 같은 문제이기 때문에 쉽게 양보할 것 같진 않습니다. 한번 정도는 새로운 형태의 '보수세력의 광풍'이 불지 않겠느냐, 저는 이렇게 우려하고 있어요, 사실. 차기정권에 누가 되느냐에 따라서도 달라지겠고 ......

이강민: '광풍'이라고 표현하시니 서늘하네요. 그래도 지금은, 노근리나 매향리, 미군의 독극물 한강 방류, SOFA 문제 등등을 봤을 때, 신문이나 TV를 보더라도 예전에 비해선 미국에 대해 비판적인 이야기

"정상회담 이후 언론의 태도를 보면, 보수세력의 위기의식이 표출되고 있는데, 김대중 정권이 약간의 실수라도 하게 되면 그러한 위기의식이 본격적으로 부상해서 반동적인 흐름으로 나타날 것 같고요." (『경향신문』, 2000년 6월 15일)

들이 흘러나오고 있는 편인 것 같고요. 이제 한국에서도 주된 지배논리가 냉전주의적 · 군사주의적 논리에서 자본주의적 · 산업주의적 논리로 옮겨가는 것 아닌가 하는 말도 있습니다만.

김동춘: 광풍이 될지 어떨지 잘 알 수 없지만, 위에서 말한 것처럼 SOFA 문제 같은 경우 어쩌면 오히려 결정적인 문제가 아닐 수도 있다고 봐요. 하지만 이제까지 50년 분단체제를 지탱시켜온 기둥이었던 친

미·반공 이데올로기 자체가 도전받는 것에 대해선 쉽게 양보를 하지 않을 것이라고 봅니다.

이철승 씨 같은 사람은 '건국 이념이 무너지고 있다'고 말하고 있는데요. 그 동안 남한 사회를 정당화했던, (물론 거기에는 이승만의 단독정부론에서부터 박정희의 경제성장론·안보논리까지 포함되는 것이지만) 기본적으로 친자본주의가 반공주의와 결합한 형태의 논리들인데요. '막판의 보루'는 '그럼 우리가 북한식 통일을 했어야 했단 말인가'라는 거겠지요. 거기까지 나가지 않는 상황이라면, '미국 중심의 분단상황 유지는 불가피했던 것'이라고 하면서 그 동안 여러 가지 문제가 있었지만 그건 건드릴 수 없는 것으로 고집하는 걸 텐데 ……. 비단 전쟁을 겪은 70대만이 아니라 50대 이상 이 사회 기득권 세력들이 그런 생각을 갖고 있는 거죠.

만약 국가보안법이 철폐가 된다면, 전형적인 자본주의 사회의 자유주의 이데올로기가 반공주의를 대체하게 될 터인데요. 하지만 독일의 신나치 망령이나 일본에서 우익세력의 지속적인 집권에서 볼 수 있듯이, 서구적인 형태의 자유주의로 쉽게 대체될 것 같지는 않고, 극우의 목소리는 계속 강력한 힘을 발휘하게 되지 않겠는가, 이렇게 봐요.

반환점을 돈 김대중 정권

이강민: 예전에 어디선가 말씀하시길, 김영삼 정권에 대해 역사적 의의를 부여할 수 있다면 그것은 군부의 정치적 퇴출, 즉 '하나회'를 중심으로 한 군부정치세력을 정치권에서 몰아낸 것일 거라고 하면서, 그와 비교해서 김대중 정권에 있어서는 극우 헤게모니를 퇴출시킬 수 있다면 그것이 역사적 의의로 기록될 것이라고 말씀하신 게 기억납니다.

그럴 수 있는 가능성은 얼마나 있다고 봅니까?

김동춘: 그게 중앙권력의 문제도 있고 지방권력의 문제도 있는데요. 지방권력이라는 게 결국은 지역의 토호, 지방자치단체의 장, 지방의회 의원 그리고 지방언론 등이 유착된 것인데, 그 지배구조는 아직도 강고하게 남아 있습니다. 이를테면 옛날에 군사독재에 기생했던 세력이 이권을 받아가지고 땅을 사서 거대한 자본가가 되고, 다시 그들이 그 돈을 가지고 지역사회의 여론을 좌우하면서, 지방의원이나 자치단체장, 그리고 국회의원까지를 재생산하는 시스템이 확고하게 정착되어 있는 건데 그 고리를 끊어내기가 쉽지 않지요. 과거와 같은 원시적인 극우주의가 아니라 친자본의 논리로 변해가지고 그게 지역사회의 지배구조에 착근되어 있는 겁니다.

그리고 중앙 차원에서 본다면, 국회의원도 문제지만, 행정부 쪽에서 보면 재경부 패권주의를 들 수 있지요. 군사독재하 경제정책의 핵심 브레인들이 여전히 버티고 있으면서 복지문제라든지에 대해 철저하게 부정적인 태도를 취하고 있고, 예산배분 과정에서도 복지·교육·사회·문화와 같은 부분들은 완전히 무시하고 있습니다. 이런 행정부분의 '마피아'들이 아직도 군사독재시절의 그 마인드를 가지고 정책을 펴고 있는 거죠. 또, 언론권력의 상층부도 마찬가지고요.

말하자면 처음에는 총구로 시작했지만, 이후로는 그 총구의 힘을 바탕으로 해서 재산을 확보하고 그것으로 자신의 지배를 확고히 하는 과정이 죽 정착이 되어 온 건데, 그 권력의 핵심에는 역시 여전히 극우세력이 있는 거고요. 우리 사회에서 계급구조상 숫자로는 몇 % 되지 않지만, 그 핵심세력들이 문화적·물적 자산과 자원들을 다 통제하고 있는 구조란 말이죠. 그래서 어떻게 보면, 이미 극우세력이라는 게 다 자본주의세력으로 정착돼 있는 거죠. 제가 DJ 정부의 극우세력 청산을 이야기한 것은, 그래서 그 전체를 의미한다기보다도 그 중에서 아주 핵심적인 부분들, 예를 들면 안기부·국방부·재경부 같은 곳들, 그리고 국회에서 JP 같은 사람들을 퇴출시키면서 그 조직을 변화시킬 수 있느냐 하는 문제인 거죠, 사실은.

아까도 기자회견장에서 노근리 사건 터뜨렸던 AP 기자를 잠깐 만났는데, 미국은 어쨌든 단일한 목소리가 존재하는 것이 아니라 의회·행정부·여론 등이 계속 좌충우돌하면서 가는 사회인데, 한국은 일사분란하게 움직이는 사회라 빈틈이 없다는 거죠. 누구도, 행정부처라든지 정치가라든지 하는 사람들 누구도 거기에 대해 다른 목소리를 낼 수 없는 사회가 우리 사회입니다. 제가 말하는 의미에서 극우세력 제거란 것은, 바로 그러한, 다른 목소리가 나올 수 있는 정도의 사회로의 변화를 이야기하는 겁니다. 물론 그것도 분명히 자본주의 사회일 테지만, 적어도 예를 들면 『조선일보』식의 논리가 더 이상 먹히지 않는 상황, 최장집 교수 사건 같은 것을 더 이상 일으킬 수 없는 정도의 상황이라고 보면 되겠습니다. 그 핵심은 역시 국가보안법 폐지 문제가 아닌가 합니다.

이강민: 언론 이야기가 잠시 나왔는데, 그건 나중에 다시 질문을 드리겠습니다. 이번 8월 말로 김대중 정권 임기가 정확히 반절이 지나갑니다. 반절이 남았다고는 하지만 선거를 감안하면 그렇지도 못한데요. 아까 말씀하신 청산작업이 임기 내에 얼마나 가능할 것으로 전망이 되는지요?

김동춘: 별로 밝지 않죠. 이번에 날치기한 것도 그렇지만, 국회에서 다수의석을 갖지 못하고 한나라당에게 사사건건 발목이 잡혀 있는 상황이기 때문에, DJ가 설사 개혁적인 조치를 취할 의도를 가지고 있다 하더라도 그것을 그대로 관철시키기는 힘들 거라고 보죠. 그리고 올해가 지나고 내년 정도가 되면 권력누수 현상이 일어나면서, 차기 대권을 둘러싼 갈등과 물밑 움직임들이 있게 되고, 그것이 선거 직전의 이합집산으로 나타나게 될 터인데, 그건 그때 가서는 일사분란한 개혁을 추진하

기는 어렵게 된다는 걸 말하는 거죠. 그렇게 보면 올해 정도가 사실상 DJ가 권력을 가지는 마지막 시기인 건데, 극우보수세력의 뇌관을 제거하기는 쉽지 않다고 봐요. 국가보안법 같은 경우에도 폐지보다는 제7조 같은 독소조항 개정 정도로 갈 가능성이 크다고 봅니다.

이강민: 금방 "DJ가 설사 개혁적인 조처를 취할 의도를 가지고 있더라도"라는 표현을 쓰셨는데, DJ가 그런 의도는 많이 가지고 있다고 보십니까?(웃음)

김동춘: 현재 정치권에 있는 사람들 중에서 DJ가 상대적으로는 가장 개혁적인 인물이라고 봐요, 저는. 그러나 DJ가 원래도 좌파가 아니었고 이념적인 성향이 '중도우'에 가까운 사람이었는데, 그마저도 집권을 위해서 계속 후퇴해왔기 때문에, 지금 봐선 '중도우'보다도 더 오른쪽으로 간 것 같아요. 그런데 그랬음에도 불구하고, 물론 젊은 의원들 몇 사람 있긴 하지만, 현재 정치권 내에서는 그래도 DJ가 개혁적이지 않나 그렇게 봅니다. 그러나 그 개혁적이라는 게, 예를 들어 신자유주의 같은 문제에 대해서 반대 입장을 취하는 거냐, 그렇지는 않죠. 기본적으로 자유주의 입장을 취하고 있고 자본주의 체제를 옹호하죠. 개혁적인 게 있다면 북한문제나 남북관계 같은 분야인데, 경제적인 부분에서는 형편없이 망가질 가능성, YS 정권 말기와 비슷하게 갈 가능성도 배제할 수 없다고 봅니다.

민간인 학살 속에 담겨진 '건국의 비밀'

이강민: 선생님이 얼마전 내신 책(『전쟁과 사회』, 돌베개)도 한국전쟁에 관한 것이구요. 아까 참석하신 기자회견도 한국전쟁과 관련된 것이었던 것 같은데, 어떤 거였지요?

김동춘: 민간인 학살과 관련된 기자회견이었는데요. 50년이 지나고 있는데도 이 문제가 아직 해결이 안 되고 있어요. 우선 인도적인 관점에서, 같은 하늘 아래 살고 있는 사람들에게 그런 비극적인 일이 있었는데 이걸 그냥 모른 체 넘어간다는 건 말이 안 되는 거죠. 그걸 용납하고 가는 사회가 과연 제대로 지탱될 수 있는 사회인가, 법이든 규범이든 도덕이든 혹은 정치든 제대로 되어 있다고 할 수 있겠는가, 라는 겁니다. 올 봄부터 심포지엄도 하고 유족회도 조직을 하고 해서, 9월 7일 전국 단위의 범국민위원회를 발족시키려고 지금 진행 중에 있어요.

아직까지는 일반 국민들이 이런 사실들을 너무 모르고 있지요. 그 동안 완전히 은폐해 왔기 때문이에요. 그리고 언론에서 이 문제를 아주 노골적이고 의도적으로, 거론하지 않고 있습니다. 제가 오죽 답답했으면, 작년에 노근리 사건 터졌을 때 신문에 투고까지 했어요. 웬만해선 투고를 한 적이 없는데요. 처음엔 『중앙일보』에 이것 좀 실어줄 수 있겠느냐고 하니까 반응이 시원찮아요. 그래서 다음에 『동아일보』에 실어줄 수 있겠느냐 하니까 게재해 주겠다고 하더라고요. 그래서 '외부기고' 형태로 〈노근리 뿐이랴 …〉라는 제목의 글이 들어간 적이 있는데, 그런 형태의 마지못한 것이라면 몰라도 한국 언론이 자체 취재는 안 한다고요. AP통신 나온 거 받아 적으면 적었지, 절대로 자체적인 취재는 안 해요. 『동아일보』, 『중앙일보』, 『조선일보』 이른바 '빅 쓰리'가 다 그래요. 이게 한국 언론의 속성이에요. 침묵의 카르텔이죠. 이런 부분이 바꾸어져야 합니다.

이 문제는 우리 사회의 민주화에 굉장히 중요한 문제, 아니 결정적인 문제라고까지 할 수 있어요. 왜냐면, 민간인 학살 문제에는 대한민국이라는 국가의 탄생 비밀이 담겨져 있거든요. 그렇다고 제가 대한민국을 붕괴시키려고 이러는 건 아니에요(웃음). 하지만 이 문제를 잡고 흔들면, 지금 우리 사회의 여러 모습들, 이를테면 제가 관심을 가지고 있는 노동계급의 형성 문제라든지, 시민사회의 문제라든지 그 뿌리가 어디에서 왔는가가 환하게 드러나게 되는 사안이에요. 동시에 무엇이 우리 사회 기득권 세력을 지탱시키고 있는가를 보여줄 수 있는 사안이에요. 우리 사회가 제대로 서기 위해서는 이 문제가 반드시 정리되고 넘어가야 합니다. 역사적인 문제가 아니라 현재적인 문제이고, 인권의 문제이고, 여성차별의 문제이기도 하고, 외국인 노동자 차별의 문제이기도 하고, 우리 사회의 약자에 대한 왕따의 문제이기도 하고, 군사주의적 억압에 대한 민중의 복종과 수동성의 역사도 여기서부터 나온 것이고, 행정권력·공권력의 남용도 그 기원이 여기에 있기 때문에, 이 문제가 굉장히 중요하다고 보고 있어요, 연구자의 입장에서.

이강민: 현재와의 관련성을 좀더 구체적으로 말씀해주신다면.

김동춘: 민주화, 인권, 그리고 평화의 문제가 될 수 있어요. 결국 왜 우리가 분단이 되었는가, 왜 그렇게 서로 적대를 하게 되었는가 그 원인을 들춰내야 평화도 이야기할 수 있는 거니까요.

우리 사회에서는 아직도 '좌익은 죽여도 된다'는 논리가 통용되고 있어요. 그 논리가 사회적으로 뒤집어져야만, 그리고 정부가 그 논리를 공식적으로 후퇴시켜야만, 그래서 좌익이라고 하더라도 함부로 죽여서는 안 된다는 것으로 바뀌어야만, 지금 민간인에게 가해지는 국가의 폭력을 막을 수가 있는 겁니다.

지난번 롯데호텔 진압 같은 경우도 보면, 노동자들을 전부 다 꿇어앉히고, 머리 이렇게 팍 숙이게 하고, 땅바닥에 엎드리게 만들고 이러는데, 그건 정말 야만적인 겁니다. 그걸 보고서도 사람들이 아무 문제의식이 없다면 그거 잘못된 거죠. 노동자들이 문제가 있다면 법적으로 따지면 되는 것이지, 범법사실이 확인되지도 않은 사람들에게 무릎을 꿇게 한다는 건 야만적인 사회에서나 있는 겁니다. 이런 것도 아까 말한 문제들이 정리되지 않아서라고 봐요.

韓國戰 '민간인 학살' 연구성과 집약

성공회대 김동춘교수 '전쟁과 사회' 펴내

한국전쟁 발발 50년을 맞은 올해 학계가 새로 마련한 담론이 '민간인 학살'이다. 전쟁의 원인과 책임, 국제 역학관계 등 이데올로기적 시각에서 벗어나 비로소 인간에게 초점을 맞춘 것이다.

그리고 '민간인 학살' 담론화의 중심에는 늘 김동춘 성공회대 사회과학부 교수가 있었다. 그는 이를 주제로 내건 최초의 심포지엄 '전쟁과 인권 ─학살의 세기를 넘어서'(6월21일)에서 주제발표한 것을 비롯해 계간 '역사비평'과 '통일시론' 여름호 등에 관련 원고를 실었다.

하지만 그의 연구성과가 집약된 논문은 역시 최근 나온 책 '전쟁과 사회'이다(돌베개, 1만3,000원).

징을 통해 해방 이후 국가 건설을 둘러싼 남북한의 정치적 갈등과 전쟁의 연관성을 해석한다.

이어 '학살'에서는 국가가 전투를 수행하는 과정에서 '적'으로 돌변하거나 '적'의 잠재적 지지세력이 될 수 있는 주민들을 어떻게 취급했는지를 따진다. 특히 학살의 개념과 유형을 비교고찰해 사

전쟁 과정 피란 - 점령 - 학살 관점으로 구분

학살 개념·유형 비교, 정치사회학적 접근

김교수는 책 첫머리부터 '왜 남한에서만 6·25라고 부르는가'라고 문제 제기에 나선다. 6·25라는 명칭에는 전쟁의 책임이 북한에 있고, 그러므로 북한은 우리에게 철저히 응징의 대상이라는 '광신적인 반공주의'가 깔려 있다는 주장이다.

"지난해 서해교전 당시 확인된 것처럼 남북한 사이에 긴장이 발생하면 한국의 언론과 지식인사회는 이성을 상실한다"고 꼬집은 김교수는, "그런 대결이 상호 파멸을 가져올지라도 일단 응징해야 한다는 호전적인 주장이 압도하는 현실이 정말 무서운 것"이라고 강조한다.

본격적으로 전쟁을 해부하면서 김교수는 그 진행과정을 피난─점령─학살이라는 새로운 관점으로 구분한다.

'피난'에서는 국가와 이승만 당시 대통령, 지배층, 민중이 각각 전쟁을 어떻게 맞이하고 대처했는지를 살핌으로써 전쟁의 성격을 분석한다.

'점령'에서는 인민군의 남한 점령과 민중동원 과

실 발굴 차원이 아닌, 학살에 대한 정치사회학적 접근을 시도한다.

김교수는 "한국전쟁 과정에서 민중이 당한 비참함과 인간 존엄성의 훼손은 오늘날 사회에 잔존한 야만의 흔적들, 즉 극우 반공주의의 광기, 소외계층의 궁핍과 사회적 배제 등의 현상과 같은 뿌리를 갖고 있다"고 결론짓는다. 따라서 한국전쟁을 해석할 때 국가중심적 사고에서 벗어나 민족중심적 시각을 회복해야 하며, 더 나아가 민족 문제를 사회구성원의 차별, 고통과 희생의 차원에서 접근해야 한다고 강조한다.

이 책은 한국전쟁이 민중에게 무엇을 남기고 오늘날까지 한국사회에 어떤 영향을 미치는지에 초점을 맞춘 정치사회학적 연구서이다. 기존의 연구물과 전혀 다른 시각과 방법론으로 쓴 이 논문은 대결의 시대를 넘어 화해와 상생의 장으로 막혔던 분단의 역사에 새로운 자양으로써 작용하리라 기대된다.

＊이용훈기자 yywi@kdaily.com

"민간인 학살 문제에는 대한민국이라는 국가의 탄생 비밀이 담겨져 있거든요. …… 남북간에 군사적인 충돌이나 외국과의 전쟁 비슷한 상황에 돌입한다면, 50년 전 6·25 때 있었던 일들이 똑같이 곧바로 진행될 걸로 봅니다." (『대한매일』, 2000년 6월 26일)

그리고 남북간에 군사적인 충돌이나 외국과의 전쟁 비슷한 상황에 돌입한다면, 50년 전 6·25 때 있었던 일들이 똑같이 곧바로 진행될 걸로 봅니다. 계엄령이 선포되고, 우리같이 좀 뻐딱한 사람들 체포·예비구금할 것이고, 민간인들 행동 통제할 것이고 …… 이런 조치들이 똑같이

반복될 것입니다. 전시·준전시 상황에서 인권이란 존재하지 않죠. 사람의 목숨이 그야말로 파리목숨이 되고, 개돼지만큼도 취급받지 못할 겁니다.

『조선일보』 거부 지식인 선언

이강민: 앞에서 언론에 대한 이야기도 잠깐 나왔었는데, 이제 그 부분에 관해 질문을 드릴까 합니다. 최근 소설가 황석영 씨의 동인문학상 (조선일보사 주관) 후보 거부 파문도 있었고요, 엊그제 신문에 보니 김동민 교수 등이 '『조선일보』를 거부하는 지식인 선언'을 준비하고 있고 선생님도 거기 동참한다는 기사가 났던데요. (인터뷰 이후인 8월 7일 그와 관련된 기자회견이 있었다. -필자 주)

김동춘: 아, 저도 서명하기로 했어요. 저 개인적 소신으로는, '『조선일보』에 기고나 집필을 거부하는 지식인 ○○인 선언' 같은 거 했으면 좋겠다는 생각은 예전부터 가지고 있었어요. 그것이 『조선일보』에게 실제로 충격을 줄지 안 줄지는 모르겠지만, 그래도 상징적으로 우리 사회에서 이러이러한 사람들이, 최근 황석영 씨처럼, 액션을 취한다는 것이 아직도 『조선일보』에 대해 기대를 가지고 있는 사람들, 그리고 『조선일보』의 성격이 어떠한 것인지를 잘 모르는 적어도 30~40% 이상의 독자들에게는 약간의 충격을 줄 수 있다고 봅니다. 제일 좋은 방법은 불매운동을 통해서 『조선일보』의 힘을 약화시키는 것이지만, 그런 방법이 바로 현실적으로는 어려우니까, 우리로선 전통적으로 지식인들이 해왔던 이런 방식으로라도 해야되지 않는가 하는 생각이죠.

이강민: '30~40% 독자'라고 하셨는데, 나머지 독자는 『조선일보』의 성격을 알면서도 본다는 의미입니까?

김동춘: 제가 『인물과 사상』에서 봤던가? 30~40% 독자들은 예전부터 봤으니까 그냥 보는, 타성적인 독자라고 …… 강준만 씨 글에서 본 것 같은데요.

그런데 『조선일보』는 특히 농촌에서 많이 봐요. 지방의 작은 도시나 농촌 지역에서는 판매망 자체가, 다른 신문들 예를 들어 『한겨레』 같은 건 들어갈 수가 없게 돼 있어요. 읍단위 이하의 경우에는 『한겨레』를 보고 싶어도 볼 수가 없어요. 즉, 그 판매망 구조라는 게 독자들의 선택과는 무관하게 돼 있는 거고, 과거의 군사정권시절 때부터 그렇게 내려온 거죠. 이걸 소비자의 논리로 접근해서는 안 되는 이유가 거기에 있어요. 이번에 이문열 씨 인터뷰를 보니까 '사람들이 많이 보는데 어쩌란 말이냐' 이런 식으로 이야기하던데 그건 터무니없는 소리예요. 시장자본주의가 관철되는 나라처럼 우리 사회의 소비자들이 그것을 의식적으로 선택한다? 이건 말도 안 되는 논리죠. 실제로는 그렇지 않아요. 그 연결망이라는 건 다 군사독재가 구축해 놓은 행정망과 조직과 토대 위에서 형성되고 커나가고 있는 것이란 말이죠.

아까 말한 30%가 아닌 독자들은, 뭐 그렇다고 해서 『조선일보』의 극우반공주의 이념을 지지한다기보다도 '정보지'로서의 기능을 주로 생각하는 측면이 있겠죠. 전철 안에서 보면, 『조선일보』를 보는 사람들이 대개 20대 아니면 50대 이상이더라고요. 20대의 경우에는 보통 이념적인 문제는 관심이 없으니까. 나름대로 신문을 잘 만들고 또 다양하고 섹시한 기사들도(웃음) 많이 넣고 하니까 어필하는 측면이 있는 거겠죠. 독자들 구성 중에는, 물론 정말 보수적인 이념을 갖고 있는 사람도 분명히 있을 테고, 또 상업적인 이유로서 자기에게 많은 정보를 제공해 주니까 보는 사람도 있을 테고, 타성적으로 그냥 보는 사람도 있을 테고요.

그런 점에서 저는 강준만 씨가 이야기하는 반조선일보 논의에 동조를 하면서도 약간은 생각을 달리하는 게, 『조선일보』를 보는 모든 사람을 적으로 몰아서는 안 된다는 거죠. 정치가 우리 사회의 축소판이듯이, 『조선일보』도 우리 사회의 축소판입니다. 『조선일보』를 보는 상당수 사람들은 위에 말한 그러그러한 이유로 보는 거거든요. 그런 사람들에게 약간의 생각할 기회를 준다는 차원에서 지식인들이 이러한 액션을 취한다는 건 좋지 않느냐, 그렇게 보는 거죠.

『조선일보』가 1등 신문인 한 민주화는 어려워

이강민: 이문열 씨는 자기 소설책이 가장 많이 팔렸다니까 '가장 많이 팔리는 게 베스트다' 이런 생각을 해서 그러는 거 아닐까요(웃음). 강준만 교수가 『조선일보』 보는 모든 사람을 적으로 보는지는 잘 모르겠는데, 어쨌든 선생님은 반조선일보 운동이 한국 사회 개혁이나 공론장의 왜곡 시정 측면에서 큰 의미가 있다는 데에는 공감하시는 거네요?

김동춘: 그럼요. 그 생각에는 전 동조해요. 『조선일보』가 현재와 같이 '1등신문'으로 남아 있는 한, 한국 사회의 민주화는 어렵다, 이렇게 생각합니다. 또 노동자들의 정치세력화도 어렵습니다. 노동운동 쪽에서도 이것에 대해 문제의식을 좀 가져야된다고 봐요. 당하기는 맨날 당하면서도 언론개혁 문제에 큰 관심을 기울이지 않으니 답답한 일이죠. 노동운동은 대중운동인 거고, 대중이 움직여야 되는 거거든요. 민주노총 50만, 한국노총 100만 중 10만 명만 움직여도(틀림없이 『조선일보』 독자 10만 넘을 겁니다) 『조선일보』는 겁을 낼 겁니다. 독자가 5만 명만 떨어져도, 내부에서 싸움이 일어나고 밑에 있는 다소 개혁적인 젊은 기자들이 더 강하게 목소리를 낼 거라고요.

이강민: 이왕 이 이야기가 나왔으니 하나만 더 질문하겠습니다. 강준

"『조선일보』가 현재와 같이 '1등신문'으로 남아 있는 한 …… 노동자들의 정치세력화도 어렵습니다. 노동운동 쪽에서도 이것에 대해 문제의식을 좀 가져야된다고 봐요. 당하기는 맨날 당하면서도 언론개혁 문제에 큰 관심을 기울이지 않으니 답답한 일이죠."(사진: 황의선)

만 교수의 논리에 비판적인 사람들 일각에서는 각 신문의 차이가 그렇게 심각한 게 아니다, 어쨌든 매체를 통해 좋은 메시지를 전달하면 되는 것 아닌가 이런 말도 하지 않습니까.

김동춘: 강준만 씨가 모든 잣대를 『조선일보』에 기고를 하느냐 안 하느냐에 두고, 한 번 글을 실으면 나쁜 사람이다, 그런 근본주의적 생각을 하는데, 그건 좀 올바르지 않다고 봐요. 아까 말한 것처럼 아무 생각 없이 『조선일보』를 보는 사람들도 많은데, 그들 앞에서 『조선일보』를 마구 욕해대는 것은 과거 80년대식 운동권의 논리랑 비슷한 것 같아요. 『조선일보』에 대한 판단을, 모든 정치적 판단의 잣대로 보는 것은 또 하나의 근본주의로 보이기 때문에, 그 점은 전 찬성하지 않아요.

하지만 진보적 지식인들이 『조선일보』에 기고를 하는 경우, 『조선일보』를 통해 영향력을 발휘하게 된다기보다는, 그것을 싣는 과정에서 오히려 스스로의 내부규율과 자기검열을 통해 자신이 길들여지게 될 가능성이 많고, 또『조선일보』를 객관성 있는 신문인 양 포장해줌으로써 그 신문을 더욱더 발전시켜주는 효과를 가져온다고 보죠. 적어도 '빨갱이 사냥'이나 하고 최장집 파동을 일으킨 장본인인 그러한 극우매체에 진보적인 인사가 기고한다는 건 있을 수 없는 일이죠.

'양다리 걸치기'에 대해

이강민: 이제 선생님 개인에 관련된 부분들을 좀 질문해 보겠습니다. 얼마 전『전쟁과 사회』를 내셨는데, 원래 한국전쟁 관련된 저서를 두 권으로 낸다고 하지 않으셨던가요?

김동춘: 그게 방향이 좀 수정되었어요. 책 서문에서 밝힌 것처럼, 원래는 '한국전쟁의 영향'을 다룬 책으로 두 권을 쓰려고 했어요. 그런데 전쟁 이후의 영향을 이야기하기 이전에, 한국전쟁 시기 당시의 사회적 측면을 다룬 연구가 너무 없어서, 그 책을 쓰게 된 거죠. 그러니까 기존 계획대로라면 그 두 권 이전의 것이죠.

이강민: 그럼, 다시 두 권을 더 내시게 되는 건가요?

김동춘: 지금은 보류 상황이에요. 조금 지친 것도 있고 ……. 지금처럼 이렇게 급변하는 정세 속에서 옛날 이야기를 자꾸 해야 하는가 회의도 들고, 이 책을 통해서 제가 하고 싶은 이야기를 어느 정도 했다고 보기 때문에, 그걸 계속 다룰 것인가는 좀더 쉬면서 생각해봐야겠어요.

이강민: '옛날 이야기를 자꾸 한다'라는 말씀을 하셔서서 하는 소리입니다만, 선생님의 작업이 역사학자와 비교할 때 차이는 뭔가요. 아니, 진부한 질문이겠지만, 선생님은 역사학자입니까, 사회학자입니까.

김동춘: 그야 사회학자죠. 역사학자는 아니죠, 분명히, 제가 이런 작업을 한 것은, 거기서부터 출발을 해야 오늘의 한국 사회가 보인다고 생각하기 때문인데, 그것이 기본적 작업이라고 생각해서 한 거거든요. 다른 역사학자들이나 사회학자들이 그 작업을 해놨다면 제가 할 필요가 없었을 거예요.

역사를 통해서 현실을 말한다는 건데, 제 딜레마는 이런 겁니다. 아무래도 지금의 문제를 다루는 것이 좀더 실천적인 요구에 부응하는 것인데, 역사를 통해 현실에 대해 말한다는 건 좀 우회적인 거란 말이죠. 만약에 지금 시민운동이나 노동운동에 제 역할이 필요 없다면, 실천가들이 많아서 그걸 다 할 수 있다면, 저는 이런 작업을 좀더 천착해서 2부작, 3부작으로 했을 거예요. 그런데 사회운동 진영에서 내 역할이 어느 정도 있단 말이에요. 거기서 지금 제가 어디에 우선권을 둘 것인가 하는 문제가 걸리는 거죠. 어차피 시간이라는 게 무한정 있는 것도 아니고 선택을 해야 하기 마련인데요.

이강민: 여기서 무식한 질문 하나 더 하겠습니다. 선생님은 실천운동가입니까, 연구자입니까.

김동춘: 연구자죠. 운동가는 아니에요. 저는 연구자에 더 아이덴티파이(identify)되어 있는 사람이고, 할 수만 있다면 연구자로서의 본분에 충실하고 싶은 생각이에요. 그러나 상황이라는 게 자기가 하고 싶은 대로만 되는 게 아니니까 ……

이를테면 70~80년대라는 시대는 학문이 불가능한 상황이었기 때문에, 학자가 될 수 있는 훌륭한 소질을 많이 가지고 있던 사람이 다 운동가가 되었고, 내 주변에도 보면 그런 사람들 많이 볼 수 있어요. 더 거슬러 올라가면 해방정국 때도 마찬가지고요.

정치가 기본이 되어 있지 않는 상황에서 학문은 존재하지 않아요. 정치가 70~80년대 같은 상황이라면 학문은 존재할 수가 없는 거예요. 학자가 자기가 쓰고 싶은 말을 쓸 수 없는데 무슨 놈의 학문이 가능하겠느냐는 거죠. 특히 사회과학이라면. 그런 상황에서는 응당 역사를 바로 잡는 일, 혹은 학문과 사상의 자유를 부르짖는 일이 논문 쓰는 것보다 더 중요한 일이고, 그것이 역사를 앞당기는 일임과 동시에 학자라면 당연히 그 일부터 해야 되는 거죠. 자기 존립의 문제니까. 그런 상황에서 학자가 된다는 것은, 사회현상과는 전혀 관련이 없는 순수자연과학자라면 몰라도, 문제를 회피하는 경우에만 가능한 거죠.

그렇게 보면 저 같은 경우, 아직 학자가 학문의 영역에만 머물 수 없는 현실이라고 보기 때문에, 결국은 '양다리 걸치고' 있는 거죠. 할 수만 있다면 학자로서의 역할을 충실히 하고 싶은 생각입니다. 지금은 그뿐만 아니라 언론에 기고하는 칼럼니스트 역할도 해야 돼요. 그것도 사실 계속 에너지를 소모하는 거 아닌가 하는 회의도 들지만, 제 글을 읽고 생각이 변하는 사람이 실제 있기 때문에, 안 할 수가 없다고 합리화하기도 합니다만.

민주노총 위원장이 구타를 당했는데도 왜 노동자들은 분노하지 않는가

이강민: 지금이 '학문이 불가능한 시대'인가 아닌가는 보는 사람마다 다르게 볼 수 있을 것 같은데요.

김동춘: 아, 제가 이야기한 정치는 좀 넓은 의미의 정치예요. 예를 들면, 박사학위 논문을 쓰는 학생이 자기 지도교수와 충돌했을 때 그 교수가 입장을 강요하고 학생이 논문을 포기해야 하는 분위기라면 아직도 '정치의 시대'인 거죠. 연구자가 자기 의견을 정확하고 솔직하고 객관적으로 표현할 수 있고, 또 모든 자료를 볼 수 있는 그런 상황이어야 되는 거죠. 그건 물론 아주 이상적인 가정일 뿐일지도 모르겠어요.

하지만 지금 상황이 적어도 80년대에 비해서는 훨씬 더, 학자가 자기의 임무를 그대로 수행할 수 있는 상황인 것만은 틀림없다고 봐요. 그러나 미시정치랄까 학문정치의 영역에서 보면, 아직도 굉장히 많은 훌륭한 젊은 학자들이 대학에 진입하지 못하고 있고, 결국은 좌절하고 있는 게 현실입니다. 이런 것이 개선되지 않는다면, '줄서기'가 계속 강요되는 거고, 교수들 있는 곳에서 손바닥 비비고, 잘 보여야 되고, 방긋방긋 웃어야 된단 말이에요(웃음). 아직도 그런 문제는 있지요.

이강민: 그런 의미로 '정치의 시대'를 규정한다면, 당분간이 아니라 무척이나 상당기간 그 시대를 벗어나긴 어려울 것 같은데요.

김동춘: 그렇게 봐도 좋아요. 어쨌든, 어떻게 보면 저 같은 경우는 이미 학자로서 존립할 수 있는 조건은 되었다고 봐요. 지금 젊은 세대들이 보면, 여전히 사회참여를 해야 한다고 강조하는 제 이야기가 과도한 것으로 보일 수도 있겠죠.

이강민: 어쨌든 지금 선생님은 실천운동에 개입하고 있는 상황인데, 사회에 참여한다고 할 때도 여러 가지 유형이 있을 것입니다. 선생님은 참여연대를 처음 결성할 때부터 많이 관여했고, 지금은 정책위원장을 맡고 계신데, 다른 단체가 아닌 이러한 '시민단체'를 선택한 건 어떤 이유에서입니까?

김동춘: 우리 사회의 '미완의 민주화' 때문이라고 말하고 싶어요. 계급사회 이전에 존재하는 시민사회의 문제가 있다고 보는 겁니다. 민주화의 문제가 좀더 완결적으로 해결되어야만, 우리 사회에서 노동계급의 주체적 형성이나 노동운동이 본격적으로 이뤄질 수 있다, 그런 판단이 저에게 있는 거죠. 예를 들면, 이렇게 보면 돼요. 왜 단병호 위원장이 머리를 깎았는데 민주노총 50만 조합원은 들고일어나지 않는가, 단병호 위원장이 경찰에게 구타를 당했는데 50만 조합원은 무얼 하는가, 그런 질문을 던져본다고 했을 때, 그 문제가 노동계급의 문제냐, 시민사회의

문제냐는 거예요. 저는 그 문제가 노동자들의 계급의식 부족 문제 이전에 시민사회의 문제라고 보는 거죠. 민주노총 위원장이 구타를 당했는데도 분노하지 않는 조합원은 '노동자'라고 할 수가 없는 거죠. 노동자들은 우리 사회에서 보통의 국민이고 시민이다, 저의 답은 그겁니다. 노동자들이 스스로 계급적 분노를 느낄 수 없도록 가로막고 있는 민주화의 문제가 존재한다는 거죠.

참여연대에 대해 '신자유주의의 하위 파트너'라는 극단적인 비판도 있는데, 제가 보기에는 참여연대가 체제 유지에 기능하는 측면보다는 핵심기득권세력을 위협하는 측면이 아직은 더 많다고 봐요. 참여연대와 같은 운동이 더 활성화될수록 노동운동이 성장하기에 더 유리한 환경이 조성될 거라고 봅니다.

사실 그 동안 참여연대에서 열심히 활동한 건 아니에요. 참여연대의 핵심적인 간사들과 만난 것이 93년경이었고, 같이 틀잡는 일에도 관여하기는 했지만, 그 이후로는 개인적으로 제가 대학에 자리잡지도 못하고 곤곤한 신세를 면치 못하고 있어서 전면에 나설 수 없는 처지였습니다. 그래서 그 동안 활동을 열심히 못하고, 안 하고 그랬어요. 어쨌든 그런 것에 대한 책임감도 좀 있죠.

그리고 민주노총이나 노동운동의 경우에는, 제가 가서 할 수 있는 역할이 별로 없어요. 우리 나라 노동운동은 아직까지 기업별 노조운동의 패턴을 가지고 있기 때문에, 제가 이론적인 입장이나 소신을 정책적으로 펼 수 있는 조건이 안 돼 있다는 거죠. 한국노총이든 민주노총이든. 이게 제 변명처럼 들릴지 모르겠는데, 왜 민주노총 같은 쪽에 노동연구자들이 제대로 개입되고 있지 않은가 하는 이유도 되는 겁니다. 연구자들 중에 누가 민주노총 쪽의 이데올로그로 활동하고 있는가? 안 보이잖아요. 아직은 연구자의 입지가 없는 거죠. 왜 그러냐면 아직까지 노조운동이 임투 중심으로 가고 있는데 거기서는 할 역할이 없기 때문이죠.

인문학 데이트
열린 지성과의 대화

4. 김 동 춘 대담:박청미/서울대 사회학과 대학원

김동춘이 말하는 김동춘
이런 것들이 날 고생시켰지만

" **우리는 아직
근대를 완성못해** "

**민족주의 뒤두고
한국사회 제대로 이해 어렵다**

"계급사회 이전에 존재하는 시민사회의 문제가 있다. 민주화의 문제가 좀더 완결적으로 해결되어야만, 우리 사회에서 노동계급의 주체적 형성이나 노동운동이 본격적으로 이뤄질 수 있다."
(『한겨레』, 2000년 6월 2일)

노동운동 측과 연구자 양쪽에 이유가 다 있다고 봅니다.

이강민: 이야기가 나왔으니까, 그렇다면, 민주노동당은 어떻습니까. 예전에 강령 기초작업에도 참여하신 걸로 아는데요.

김동춘: 민주노동당도 약간은 비슷한 상황이에요. 민주노동당도 저 같은 사람이 가서 소신을 펼 수 있는 조건은 안 돼 있는 거죠.

이강민: 그렇다면, 장차 앞으로 조건과 기반이 좀 된다 그러면 적극적으로 참여할 생각도 있으신 건가요? 지식인의 독립성과 당파성을 어떻게 볼 건가와도 관련된 문제일 듯한데요.

김동춘: 그건 생각해 봐야겠어요. 저는 가능하면 독립적인 연구자로

남고 싶은 생각이에요. 제가 무당파성을 주장하는 것은 아니지만, 연구자의 힘은 독립성과 자기 목소리에서 나오는 것인데, 당의 입장이 자신과 배치될 경우 목소리를 죽여야 되는 문제에 봉착을 하게 되는 거죠. 저로선 내 나름대로의 학자 입장을 견지하는 게 더 바람직하지 않느냐 하는 생각을 가지고 있어요.

이강민: 이상 말씀 잘 들었습니다. 바쁘신데 인터뷰에 응해주셔서 감사드립니다.

녹음기를 끄고: 글쓰기에 대하여

'공식적인' 인터뷰를 마치고, 점심식사로 냉면을 같이 들게 되었다. 좀더 편안하게 여러 이야기를 더 나누게 되었는데 그 중에는 글쓰기에 대한 것도 있었다. 녹음기를 끈 뒤 나눈 대화였으나, 김 교수의 글쓰기를 이해하는 데 도움도 되고 혼자만 듣기엔 아쉽다는 생각에 노트필기에 의존한 것을 옮긴다. 글쓰기에 관한 이야기가 원래 '본문' 대신 이렇게 '추신'에 밀려날 만큼 덜 중요한 것은 아닐 것이지만.

이강민: 선생님 글에 대한 팬들이 아주 많은 것 같습니다. (7월에 참여연대 강좌를 했는데 김 교수의 강연에 등록한 30~40명 중 상당수가 '선생님 팬이기 때문에 왔다'는 말을 했다. 그 중 4~5명은 '꼭 찍어서' 강준만 교수의 소개를 보고 관심을 가지게 되었다는 말도 했다.)

김동춘: 하하. 그거 이상한 현상 아닌가? 그걸 어떻게 설명해야 하나요?

이강민: 사회학적으로 설명해야죠(웃음).

김동춘: 저같이 80년대적 인물이 지금까지 살아 있다는 게 기적 같은

일 아닌가요? '구시대적 인물'이 말예요. 하하. 그렇지 않은가?

이강민: 젊은 사람들에게 공감을 불러일으킨다는 이야긴데요. 선생님 글은 내용적 측면도 그렇지만, 그것과 결합된 글 스타일면에서도 차별성이 있는 것 같아요. 예전 『창작과비평』에 쓴 글을 보니 "특히 한국의 사회과학이 긴 호흡을 갖고서 이 문제(동아시아 정세변화와 근대 문제)를 바라보기 위해서는 역시 문학과 역사로부터 여러가지 감각을 배워야 하리라 생각되고 ……"란 부분이 있던데, 선생님 스스로가 그러한 역사적인 것, 문학(문화)적인 것들을 사회학적 상상력에 잘 결합시키는 측면이 있는 것 같습니다.

김동춘: 요새 홈페이지 개편 작업을 하는데, 자원봉사해주는 친구들이 예전에 젊었을 때 쓴 것도 좀 찾아보래요. 지금 너무 딱딱한데, 그런 거 올려놓으면 재밌지 않겠느냐고. 그래서 80년대 초중반 같은 때 쓴 걸 좀 찾아보니까, 물론 공개적으로 출간된 적은 없는 것들인데, '이문열론' 같은 일종의 문학평론이나 동양사상 독후감 같은 것도 있더라고요. 본격적으로 사회학 논문을 쓰기 전에 읽었던 그런 책들이 좀 밑천이 된 건지도 모르죠. 그런데 나만 아니라 우리 때는, 80년대 학번하고 좀 다른 게, 인문주의적인 전통의 영향이 많이 있었어요. 운동권 학생들, 사회과학 쪽 학생도 김우창 선생이나 고은, 김치수 이런 분들의 글은 1학년 때 다 읽는 분위기였죠. 80년대식 기준으로 보면, 독서의 경향과 폭이 확고한 맑시스트는 아니었지만, 반면에 다양한 형태의 한국 역사, 문학, 철학 같은 책들을 접했던 측면이 있는 거죠.

이강민: 그러고보면, 저희 같은 90년대 학번은 확고한 것도 없고 다양한 것도 없으니 어디서 밑천을 찾아야할지 ……(웃음). 글쓰기를 할 때 선생님 나름대로 염두에 두는 지침이나 계명(誡命) 같은 게 있나요?

김동춘: 그런 게 있죠. 다산 정약용 선생이 '글은 이렇게 써야 한다'고 한 게 있는데, 그것의 '현대판 버전'이랄까 ……. 최고의 글은 사람

들에게 감동을 주는 글이다, 그러려면 우선 글이 진실해야 하고, 현실을 아파하는 마음이 담겨야 한다, 진실하지 않은 글은 화려해 보일지 모르지만 사람들에게 감동을 줄 수 없다 …… 그런 거죠. 다산의 글 중에 장애인의 슬픔이나 여인의 혹독한 시집살이 같은 것에 대해 가슴 아파하는 글이 있어요. 다산이 여성주의자라고 할 수는 없겠지만, 당시 어떤 유학자도 그런 글을 쓴 사람은 없어요. 그만큼 다산 자신이 불우하고 비참한 처지를 겪어서 그런 게 더 잘 보였을 수도 있지만, 어쨌든 그러한 사람들의 아픔을 자신이 받아들이려고 하는 마음이 글에 담겨져 있을 때, 그게 감동을 준단 말이죠. 저는 논문도 마찬가지라고 봐요. 우리가 쓰는 논문은 서양 학문의 글쓰기를 그대로 받아들인 건데, 우리 인문학적 전통과는 달리, 아주 드라이한 것만 남게 된 거죠. 『American Journal of Sociology』(미국사회학회의 학술지) 이런 거 보면 아무도 읽지 않는 글들이죠. 학자들만 읽죠. 저는, 아무도 읽지 않는 글을 뭐하러 쓰는 건가 이런 생각이 아직도 한편으로 있어요.

이강민: 그러한 것이 글을 쓰는 마음가짐과 관련되는 것이라면, 방법론적인 측면에선 어떤 생각을 가지고 있으신지?

김동춘: 조망이 지나치게 앞서나가면 좀 공허하죠. 분석에 초점을 맞추되 여러 가지 전망을 같이 모색하는 쪽으로 글을 씁니다. 정책대안 제시 같은 것에는 좀 거부감이 있어요. 그보다는, 전반적 구조에 대한 분석이 전제된 위에서의 약간의 전망이랄까 ……. '문제'와 '주의'라는 게 대립되는 두 가지 사항인데, '문제'는 사실을 규명하는 거고 '주의'는 이론을 내세우는 거죠. 그걸 조화시켜서, 문제를 제시하되 실증주의에 빠지지는 않는 것이 중요하다고 봅니다.

이강민: 사회과학적인 글에 글쓴이의 감정을 드러내는 것에는 어떤가요? 책 서문에 "굴곡으로 얼룩진 한국 현대사를 연구하는 데는 역시 '냉정함'이 견지될 수 없었다"는 표현도 쓰셨던데요.

김동춘: 억제를 하려고 노력은 하죠. 하지만 무시하지도 않아요. 사회과학 논문이라고 해서 너무 드라이하게 하는 것보다는 ……. 제 나름대로 적절하게 하려고 하죠.

이강민: 그 동안에 논문 말고도 많은 글을 쓰셨는데, 그걸 묶어서 출간할 계획은 없나요?

김동춘: 그렇잖아도 이야기하는 출판사가 있어요. 칼럼하고 에세이 합쳐 지금 두 권 분량은 되는데 ……. 그런데 전 약간의 저항감이 있어요.

이강민: 어느 책 뒤 「연보」에서 읽은 걸 생각하면, 그런 저항감이 이해가 갈 듯 합니다. 아직 나이가 많은 것도 아니고 또 사적 자아를 드러내는 글에 익숙하지 않다는 말씀 …….

김동춘: 맞아요. 그런데 계몽적인 역할을 생각하면 그런 칼럼집도 필요하다는 생각이 들기도 해요. 예를 들어 논문을 읽지 않거나 읽을 수 없는 사람들에게는, 그러한 책이 사회현상에 대해 생각할 거리를 제공해줄 수 있는 거니까. 한데 학자의 입장에서 보면 외도인 거고. 여러분 생각은 어떤가요?

황의선: (사진을 찍어주기 위해 합석해 있다가) 홈페이지에 한번 올려서 반응을 보시는 건 어때요?

김동춘: 하하, 그래볼까…….

김동춘 교수

김동춘 교수. 그는 스스로 "한국의 사회과학도 중에서는 다소 유별나게 한국 근현대사에 관심을 ……"이라고 표현한 부분이 있는데, 그가 '유별난 점'은 그러한 관심분야의 소재(所在)만이 아닐 것이다. 그의 연구작업 자체가 전반적으로 '한국의 사회과학도 중에서 유별나다'고 할 수 있을 것이다.

사회과학 이론에 폭넓은 현대사 연구를 접맥, 내용을 풍부화시키고 동시에 이론적 재단을 경계하는 점도 그렇고, 가족주의·민족주의·분단체제·과잉교육열 등 우리 사회를 규정하는 '특수성'과 '독특함'(서구 학문에서는 으레 '주변적·잔여적 범주'로 밀려날법한)에 대해 꾸준히 천착하고 있다는 점에서도 그렇다.

그렇게 된 이유에 대해서 그는 이러저러한 자리에서 많은 언급을 남겨놓은 바 있다. "우리 사회는 …… 개인 혹은 '경제인(=욕망 추구적 인간)'의 관점으로서 설명되지 않은 많은 특징들을 가지고 있다. 기업의 조직, 소비와 저축, 정당과 선거, 노사 갈등, 교육문제, '북한적 현상', 기독교 현상 등 많은 사회현상은 이러한 서구 사회과학의 이론·개념·인간관으로서는 만족스럽게 설명되지 않는 영역들이다." "한국의 노동 현실·노사관계·노동정치의 특성은 자본주의적인 산업화가 본격화되기 이전의 한국 사회의 가족·계급의 동학을 알지 못하고서는 만족스럽게 해명되지 않는다는 사실을 새삼 피부로 느껴야했다." "한국의 경제, 정치, 사회, 문화, 심리 어느 영역도 '한국이 자본주의다'라는 보편규정만으로는 매우 제한된 설명밖에 제공할 수 없다" 등등.

물론 논리적으로 보면 이에 대해 '특수주의'에 빠질 위험을 지적할 수는 있겠으나, 적어도 작금의 한국 사회과학에 대해서라면 그러한 지적이 한참 더 나온다고 해서 지나쳐 보이지는 않을 것 같다. 올해 '한국의 근대성과 민족주의' '우리에게 한국전쟁은 무엇이었나?'라는 부제를 각각 단 두 권의 저서를 낸 김 교수는 지금은 '교육과 노동의 연관'에 대한 주제에 관심이 많다고 하면서, 앞으로는 박사과정 전공이기도 했던 '노동문제'로 다시 돌아갈 생각이라고 한다.

어느 문학인에 대한 글에서 본 표현을 빗대어 말해본다면, 이렇게 이야기할 수 있지 않을까. '사회과학 교수로서 그보다 더 서구 이론에 대해 정통한 사람도 있을 수 있을 것이다. 또 사회운동가로서 그보다 더 급진적인 주장을 하는 사람도 있을 것이다. 하지만 사회학자로서 한국 사회의 문맥을 읽어내는' 측면에서라면 그는 누구에게도 상석을 양보하지 않을 것이다' 라고. 🔳

약력

1959년 경북 영주 출생

1982년 서울대 지리교육과 졸업(77학번)

1984년 서울대 사회학과 석사과정 졸업(논문:『4 · 19의 발생배경에 관한 사회학적 고찰』)

1993년 서울대 사회학과 박사과정 졸업(논문:『한국노동자의 사회적 고립』)

1997년 성공회대 사회과학부 교수(현)

현재 계간『경제와사회』편집장, 계간『역사비평』편집위원, 참여연대 정책위원장 등.

저서

『1960년대의 사회운동』(까치, 1991, 박태순 씨와 공저)

『한국사회노동자연구』(역사비평, 1995, 박사학위논문)

『한국사회과학의 새로운 모색』(창작과비평, 1997)

『분단과 한국사회』(역사비평, 1997)

『근대의 그늘: 한국의 근대성과 민족주의』(당대, 2000)

『전쟁과 사회: 우리에게 한국전쟁은 무엇이었나?』(돌베개, 2000)

홈페이지

http://green.skhu.ac.kr/~dckim/

| 최 | 문 | 순 |

언론노동자들에 의한 언론개혁

언론산별노조를 목전에 끌어당긴 언론노동자

언론노동자들에 의한 언론개혁

김동민 | 한일대 교수 |

　전국언론노동조합연맹 위원장 최문순을 대하면 언제나 마음이 편하다. 항상 웃음을 잃지 않을 뿐 아니라 화를 낼 줄 모른다. 그가 인상을 쓰고 역정을 냈다는 말을 들어본 적이 없다. 그는 그렇게 부드러운 남자다. 그의 심성이 이러하기에 그의 평소의 이미지와, 파업투쟁을 주도하다 해직이 되고 MBC 뉴스 카메라 출동에서 날카로운 고발정신을 보여주는 모습과 연계시키기는 쉽지 않다. 요즈음은 롯데호텔의 유혈진압에 항의하는 민주노총의 서울역 천막농성장에서 살다시피 하고 있다.

　최문순은 1956년 2월 4일 강원도 춘천군 신동면 정족리 364번지에서 태어났다. 춘천고와 강원대를 졸업한 후 서울대학교 대학원에서 영문학 석사학위를 받은 학구파이기도 하다. 1984년 12월 MBC 보도국 기자로 입사한 후 93년 12월 9일 MBC 노조 사무국장을 거쳐 95년에는 6대 노조 위원장으로 활약하게 된다. 뒤에 자세히 살펴보게 될 강성구 사장 퇴진을 요구하는 파업투쟁을 주도한 죄(?)로 해직을 당한 후 방송개혁국 민회의 사무처장을 1년 간 지내다 97년에 복직되었다. 이후 98년 9월 언론노련 위원장으로 당선되기까지 그가 보여준 '카메라 출동'에서의 활약상은 많은 시청자들이 인상 깊게 보았을 것이다.

그가 노조활동에 발을 디딘 이후의 삶은 파란만장했다고 할 수 있다. 전형적인 투사의 족적이었다. 그러나 그를 대해본 사람들은 그의 소탈함과 친화력에 반해버린다. 한번 맡은 일에 대해서는 철저하게 책임을 지는 성격이라 그가 있는 곳엔 모든 일이 순탄하게 진행된다. 그래서 그가 복직이 된다고 했을 때, 방송개혁국민회의에서는 복직저지투쟁위원회를 만들자는 말까지 나왔다. 사실 방송개혁국민회의에서 그의 주도로 추진되던 국민주방송의 꿈은 그의 복직 후 물거품처럼 사라져버렸다. 공식적으로 주량은 소주 1병으로 되어 있지만 한번 마셨다 하면 한없이 마신다. 당연히 그의 아내 이순우와 두 딸 해린, 예린은 남편과 아빠를 방송민주화운동과 술에 빼앗긴 데 대해 불만이 많다. 그럼에도 불구하고 그는 지금 언론노련 위원장으로서 신문개혁의 의지를 불태우고 있다.

최문순은 1996년 6월 13일 MBC 강성구 사장 퇴진투쟁을 주도한 일로 해고된 후 이듬해 5월 2일 복직되었다. 파업 당시의 상황으로 거슬러 올라가 본다. 4·13 총선을 앞두고 MBC와 KBS 사장의 임기가 만료되었는데, 정부는 강성구 사장과 홍두표 사장을 연임시켜 편파방송으로 선거에 유리한 환경을 조성하려 했다. 특히 최 위원장은 문민정부의 황태자 김현철이 강 사장과 홍 사장의 충성심을 이용해 대선까지 염두에 둔 구상을 실현에 옮기려는 것으로 파악하고 있었다. 즉 강 사장의 퇴진투쟁 파업은 김현철에 대한 도전의 성격을 가지고 있었다는 설명이다.

마침 노조위원장의 임기도 만료되어 정찬형 프로듀서가 새 위원장으로 선임되었지만, 최문순은 이 투쟁을 자신이 해결해야 한다는 뜻에서 비상대책위원회를 구성하여 공동위원장으로서 파업투쟁을 이끌었다. 파업 첫날인 3월 14일 열린 집회에서 비대위는 "이번 파업이 어차피 불법인 만큼 일체의 교섭이나 타협, 절충지점은 있을 수 없다"고 밝히고 "궁극적으로 유일한 목표는 강성구 사장의 퇴임 및 임명취소 뿐"이며 "이 같은 요구가 관철될 때까지 끝까지 싸울 것"이라고 천명하였다. 소탈함과 부드러움의 대명사와도 같은 최문순의 이처럼 불같은 투지는 도대체 어디서 나오는 것일까? 당시 투쟁일지 중에서 최 위원장과 관련된 부분을 정리해보면 다음과 같다.

1995년	8월 30일	비상대의원회의 강 사장 퇴진투쟁 결의
	9월 25일	최문순 위원장 징계위원회 회부
		- 사장퇴진결의 주도, 사장퇴진운동 전개, 불공정 뉴스 항의
	9월 27일	최문순 위원장 정직 3개월
	9월 30일	조합, 회사의 징계 무효 선언
	10월 4일	각 부문별 비상총회
		- 집행부에 강력투쟁 요구
		- 보도부문, 위원장 징계철회 요구
	10월 9일	최문순 위원장, 박정근 사무국장 "방송독립요구" 단식돌입
		- 공정보도, 광고제도개혁, 사장퇴진, 방송악법 철회와 징계철회
	10월 13일	최문순 위원장 정직 해제
	10월 20일	강 사장 사의 표명
	11월 23일	강 사장 사의 철회
1996년	3월 13일	방송문화진흥회 이사회 및 MBC 주주총회 사장 연임 결정

문화방송노조연합 비상총회 개최

- 전면 파업 결의(투표율 95%, 찬성률 80.8%)

3월 14일　05시부로 서울 MBC 전면파업 돌입

4월 4일　비대위, 방문진과 협상결과 발표-파업철회, 방문

진 책임하에 강 사장 퇴진, 조합원 총회에서 파업철회

찬반토론

4월 6일　05시부로 파업철회, 업무복귀

6월 3일　기술, 보도부문 비상총회

최문순 전 위원장 해고방침에 항의하는 보도부문 76명

사표결의

6월 13일　1차비대위원 징계

최문순:해고/박정근:정직6개월/권문혁, 권영만:정직3개

월/윤병채, 김종규: 정직1개월

보도부문 비상총회 - 사표제출 결의

6월 15일　강성구 씨 사퇴

　이와 같이 최문순 위원장의 희생적인 투쟁의 결과 강 사장은 사장 재임 39개월, 퇴진투쟁 10개월 만에 MBC를 떠났다. 최문순은 1997년 3월에 간행된 『 96 MBC 노동조합 파업투쟁백서』에서 당시를 다음과 같이 회고하였다. 이 글을 쓸 때 그는 해직 상태에서 국민주방송의 성사를 위해 백방으로 뛰어다닐 때였다.

　MBC 노동조합의 파업은 소위 문민시대에 있은 최초의 본격적인, 그리고 인사권을 통한 방송통제라는 본질과 핵심에 대한 문제제기였습니다. 더 구체적으로는 '대통령 아들'과 그 하수인들에 대한 거부였습니다. 그만큼 매우 힘겨운 저항이었습니다. 날씨도 추웠고, 청와대의 결정

"MBC 노동조합의 파업은 소위 문민시대에 있은
최초의 본격적인, 그리고 인사권을 통한 방송통제
라는 본질과 핵심에 대한 문제제기였습니다. 더
구체적으로는 '대통령 아들'과 그 하수인들에 대
한 거부였습니다."

(『미디어오늘』, 1996년 10월 23일)

에 직접 문제를 제기하게 된 사안 자체의 무게도 몹시 부담스러웠습니
다. 보수화되고 개인주의화한 사회 분위기도 우리들에게는 심리적인 위
축을 가져다주었습니다. 무엇보다도 장래에 대한 불안감이 우리 모두에
게 제일 큰 적으로 버티고 있습니다.

■ 96년 파업 당시의 상황과 해직 이후 복직까지의 경과에 대한 지금의 심경을 좀 듣고 싶습니다.

- 저희가 파업을 했던 것이 96년 3월 14일입니다. 김영삼 정권이 출범하면서 양 방송사 사장(KBS 홍두표, MBC 강성구)을 임명했는데 3년 임기가 만료되자 김영삼 정권이 차기 정권의 재창출을 도모한다는 차원에서 양사(社) 사장의 재임을 밀실에서 결정을 했는데 그 실체가 김현철이었습니다. 나중에 박경식이라는 사람이 폭로를 해서 세상에 알려졌는데 우리는 그걸 그 전부터 알고 있었죠.

KBS 이사회에서 사장 선출 투표를 하기로 했는데 투표도 하기 전 홍두표 사장 6표, 그리고 지금 현재 한림대에 계시는 유재천 선생은 2표 등 그런 말들이 투표하기 전날에 흘러 나왔어요. 결국 홍두표 사장이 선출되었죠.

그리고 나서 며칠 뒤 MBC 사장단 투표가 있었는데 그것 역시 강성구 6표, 괜히 양사(社)의 후보 물망에 올라 망신만 당한 유재천 선생 3표 등 투표도 하기 전에 그런 말들이 흘러 나왔습니다. 근데 저희는 특히 방송사 사장 선임과정에 김현철이가 개입되었다는 사실에 분노했죠. 그 당시 김현철이가 YTN 사장 선출과정에도 개입되어 있었고 하여튼 저희는 강성구는 안 된다고 했어요.

강성구 사장은 MBC 최초의 공채출신 사장이지만, 김영삼 정권이 이미 정권을 재창출하기 위해서 구상한 구도에 간택되었던 사람이죠. 그래서 우린 강성구 사장은 안 된다고 하며 파업을 했던 겁니다. 그래서 3월 14일부터 23일간 파업을 했었지요.

■ 그 파업으로 인해 최 위원장께서 구속이 되었던가요?

- 구속되지는 않았고 징역 8개월에 집행유예 2년 선고를 받았습니다. 그리고 1년 동안 해고상태로 지냈습니다.

■ 해고기간 동안에 방송개혁국민회의 사무처장을 맡았는데, 그때 국

민의 방송이란 걸 추진했지요? 지금 어떻게 되었습니까?

- 그때 국민의 방송을 하게 된 이유는 국민의 방송을 따야겠다는 이유도 있지만 채널 2번 AFKN이 방송을 중단하면서 채널이 비게 되었고, 이 채널을 확보하기 위해 삼성에서 로비를 하려고 한다는 얘기가 많이 오갔습니다.

그래서 안 되겠다 싶어 재벌방송의 출현도 저지할 겸 진정한 국민의 의사를 대변하고 건전한 오락을 제공하는 방송을 만들어야겠다는 취지에서 추진했던 거지요. 당시 야당의 대통령 후보였던 DJ가 선거공약을 하면서 도와주겠다고 했습니다. 그때 잘했으면 채널 확보를 할 수 있었는데 제가 그 와중에 복직이 되는 바람에 중도에 손을 놓고 말았습니다. 끝까지 책임지지 못한 것이 상당히 아쉽습니다.

최문순 위원장은 기자로서 상도 많이 받았다. MBC 창사 30주년 공로상(1991)을 비롯해서 한국기자협회에서 주는 이 달의 기자상 4회 수상(1992~1993), 제3회 방송보도상(1992), 한국방송대상 우수작품상(1993), 방송문화진흥 대상(1993), 제3회 한국언론학회 언론상 방송부문 공로상(1993), 안종필 자유언론상(1996), 한국방송대상 보도기자상(1998) 등이다. 보도기자상을 받은 최문순 기자를 인터뷰한 98년 9월 4일자 『한겨레』 기사를 옮겨본다.

동료들은 그를 '돌아온 칼잡이'라고 부른다. 최문순(42) 기자가 문화방송 『뉴스데스크』의 카메라 출동에서 보여준 '솜씨'는 별명이 결코 빈 말이 아님을 보여준다.

지난 3월 이후 '노름판 국회의원 회관' '원주교도소 비리' '전남 광양 한려대, 광주예술대 비리' '영아 밀매' '농어촌 구조조정자금 착복' 등

그가 취재·보도한 아이템에는 제목만으로도 날카로움을 전한다. 그리고 방송협회는 3일 그에게 한국방송대상 보도기자상을 안겨줬다. 교도소 안에서 필로폰이 밀매되고 인권이 유린되는 현장을 고발한 원주교도소 비리 편은 교도관 3명 구속으로 이어졌다. 또 한려대와 광주예술대는 방송 이후 대학사상 처음 폐쇄 조처를 당하는 등 그가 만든 카메라 출동은 큰 사회적 파장을 던졌다.

"다시 카메라 출동을 하게 되면서 선정성과 시청률에 매몰되지 말고 구조적인 비리와 권력의 폐해를 파헤치는 정통 시사 프로그램을 부활시켜보자는 생각이 있었습니다. 이번 상이 이런 뜻을 인정해준 것으로 받아들이고 싶습니다."

■ 일반인들이 최 위원장을 생각한다면 우선 '카메라 출동'을 떠올릴 것 같습니다. 기억에 남는 일들이 많을 것 같습니다.
- 하나하나 하기가 다 어려운 것들이었는데 특별히 뭐라 말씀드리기가 좀 그렇습니다.
■ 카메라 출동을 어느 정도 맡았습니까?
- 두 번입니다. 노조에 가기 전에 2년(1991~1993) 맡았다가 해고되었고, 복직한 후 2년 있었습니다. 통상 제가 카메라 출동을 한 기간은 3년인 것 같습니다.
■ 3년이면 아이템도 상당히 많을 텐데 한려대나 서남대 취재했을 때의 일을 회고 좀 해주시지요?
- 한려대나 서남대 같은 경우는 우리 나라 족벌체제의 전형적인 문제점을 가지고 있는 대학들입니다. 당초 목욕탕을 경영해 돈을 번 사람이 고등학교를 만들어서 그 학교 등록금을 빼서 다른 고등학교를 설립하고 또 그 학교의 등록금을 빼서 대학을 만들고, 그런 식으로 계속 돌려가는 과정이었습니다. 최근까지도 그 문제가 해결되지 않

"모든 문제(여성, 환경 등)의 길목에 서 있는 것이 언론이기 때문에 이것이 가장 핵심적인 문제인데 …… 지금은 아무래도 신문개혁에 초점을 맞추어야 할 것입니다."
(『한겨레』, 1998년 9월 24일)

은 것으로 알고 있습니다. 사학재단의 전통적인 모순이 축적된 그런 대학이었습니다.

■ 사학재단의 문제이기도 하고 교육부하고도 관련되어 있지 않습니까?

- 우리 나라 관료 공무원들이 대단히 보수적이고 유착되어 있지만 특

히 그 중에서도 가장 부패한 데가 교육부입니다. 제가 교육부 문제는 여러 차례 취재해 보았는데 특히 인상 깊었던 것은 경주에 경주관광대학이라고 있습니다. 김일윤이라고 현직 국회의원이 설립자인데 그 양반도 그때 돈을 많이 횡령해서 그 내용을 제가 카메라 출동에서 취재해 결국 그 사람이 구속되었죠.

김영삼 정권이 정치를 잘 못해서 그렇게 말했는지 모르겠는데, 이번 총선 때 무소속으로 출마해 정치적 탄압을 받았다고 해서 당선되더라구요. 그 양반이 현재 문광위 소속 위원으로 있다고 합니다. 하여튼 사학재단의 족벌체제에 관해서 경주대를 비롯 두세 번 보도한 것 같습니다.

■ 경주관광대학은 현재 종합대학으로 승격되었지요?

- 예 그렇습니다. 그때도 관료들이 뻔히 다 알면서도 전부 유착되어 있는 관계로 어렵지 않게 승격되었죠. 제가 취재하면서 느낀 것인데 교육부 사람들은 전부 다 뜯어고치지 않으면 안 된다고 확신하고 있습니다.

■ 그때 교육부 관계자와도 인터뷰를 해보았나요?

- 그때 감사하려고 내려간 사람이 있었는데 그 분이 엉터리 감사를 해 나중에 문제가 되니까 저한테 찾아와 제발 보도하지 말라고 통사정을 하더라구요. 그래도 보도는 했는데 나중에 보니까 그 분이 승진을 했더라구요. 나 참 웃겨서 ……

■ 카메라 출동 아이템을 잡을 때 최 위원장님 나름대로 기준이 있을 거라고 생각하는데?

- 카메라 출동은 시민들이 만드는 방송이라고 생각하면 됩니다. 여러 가지 경로가 있지만 대개 시민들의 제보를 우선적으로 채택합니다. 기존 제도권 구조인 경찰이나 검찰이나 교육부에서 해결되지 않은 것들이 이리저리 돌아서 저희 카메라 출동으로 오게 되는데 제일

큰 선정 기준은 기본적인 인권에 관한 것입니다. 원주교도소 사건 같은 것 …… 그 다음에 비리 등 그런 몇 가지 우선 순위를 정한 다음 선정을 했습니다.

■방송으로 보도되고 시정되는 것도 없지 않아 있었겠죠?

- 대개는 시정이 되었죠. 지금은 없어졌지만, 전에는 총리실에 카메라 출동 전담반이 있어서 보도가 되면 즉시 가서 시정을 했습니다. 그때가 1994년도, 지금은 개통되었는데 지하철 분당선이 시공을 엉터리로 한 것이 있었습니다. 제가 보도한 것을 보고 총리가 직접 가서 공사를 중단시키고 재시공을 했습니다. 그리고 지금 경부고속 철도 구미안 터널이라고 있는데 그것 역시 엉터리 시공을 해 총리가 가서 공사를 중단하고 재시공을 하였습니다. 카메라 출동에서 보도된 내용은 대부분 시정 조치되었지요.

■그만큼 방송의 영향력이 크다는 것을 알 수 있는데 지금도 카메라 출동이 보도되고 있잖아요. 지금은 내용이 조금은 달라진 것 같은데요?

- 지금은 옛날보다 황당한 일이 적잖아요. 제대로 이야기하자면 카메라 출동 같은 프로그램이 없는 것이 좋은 세상이죠. 지금도 소재는 있긴 하지만 옛날 군사정권 시절처럼 황당한 일은 없는 것 같더라구요.

시민의 제보, 인권, 비리 등등. 이것이 기자 최문순이 카메라 출동에서 다루는 주요 아이템이자 우선 순위에 두는 것들이다. 말이야 누구나 그렇게 할 수 있지만 우리는 그의 말뿐이 아닌 실천을 이미 확인한 터다.

그가 언노련 위원장 임기를 마치고 다시 현장에 복귀해 카메라 출동을 맡는다면 시청자들은 '돌아온 칼잡이' 속편을 기대해도 좋을 것이다. 그의 진단과는 달리 아직도 황당한 일들이 적지 않게 발생하고 있으니 말이다. 이제 마지막으로 언론운동가로서의 그의 견해를 들어보기로 하자.

■시민운동진영과도 긴밀한 관계를 유지하면서 민언련에서 주최하는 언론학교 등에서 꾸준히 강의도 하셨잖아요? 수강생들의 평가도 좋고 상당히 인기도 있었다고 하던데 …….

- 현직 기자가 와서 "언론에서 보도한 것이 거짓말일 가능성이 높다" 이런 얘기를 사례를 들어 얘기하니까 그것이 아마 신선하게 들리는 것 같아요. 사례, 현장이야기를 하니까 ……. 우리 나라 사람들은 언론에 대해 신뢰감을 너무 많이 갖는 느낌이 들어요. 첫째로는 우리 나라 언론이 이렇게 이 정도 경제 수준에서 이렇게 많은 문제를 …….

우리 나라보다 후진국인 말레이시아나 태국 같은 나라에서도 언론들이 우리처럼 문제를 일으키는 일이 없답니다. 언론에 관한 한 우리는 굉장히 후진국인 셈입니다.

■그만큼 언론은 주요한 그리고 우선적인 개혁의 대상이 되어야 할 것 같은데 앞으로 언론개혁이 어떻게 진전되어야 한다고 생각하십니까?

- 지금 말씀하신 대로 마지막 생명이고 또 이게 안 되면 나머지 개혁은 의미가 없다고 봅니다. 모든 문제(여성, 환경 등)의 길목에 서 있는 것이 언론이기 때문에 이것이 가장 핵심적인 문제인데, 그러면서도 제일 어렵고, 언론을 비판하는 것이기 때문에 보도도 잘 안해주고, 그러다 보니까 언론운동단체들의 경우에는 회원숫자도 늘어나지 않고, 그런데 지금은 아무래도 신문개혁에 초점을 맞추어야 할 것입니다. 올해 가을 정도부터 신문개혁 문제에 역량을 집중해

야 되지 않나 싶습니다.

■ 신문개혁을 한다고 하면 신문사 노조들이 쉽게 움직이지 않을 것 같은데요?

- 애로사항이 있습니다. 예를 들면 『조선일보』에 소속되어 있는 기자들이 『조선일보』를 공격하면 자기하고 『조선일보』를 동일시하는 경향이 있습니다. 그래서 그 사고방식을 깨기 위해서 우리 언론인은 이 나라의 정책, 보편적인 이익을 대변하는 대변인이지 『조선일보』의 종업원이 아니다는 의식을 가질 필요가 있습니다. 이게 기업별 노조의 한계인데, 그래서 언론산별노조로의 전환을 추진하고 있습니다.

■ 진척이 잘 되고 있습니까?

- 예, 순탄하게 진행이 잘 되고 있습니다. KBS, YTN, 『한겨레』, 『경향신문』, 『국민일보』, 『대한매일』, 『스포츠조선』, 『부산일보』, 『일요신문』 등 여러 언론사에서 거의 90% 이상의 압도적인 찬성으로 산별노조로의 전환을 가결시키고 있습니다.
9월 말이면 언론산별노조인 전국미디어언론노조가 탄생할 것입니다.

■ 산별노조가 되면 언노련은 어떻게 됩니까?

- 산별노조에 합류하지 않은 단위노조와 조합원들이 있기 때문에 당분간은 남아 있게 될 겁니다.

■ 어쨌거나 일복이 터졌습니다. 가족들은 불만이 많을 텐데요?

- (웃으면서)가족들도 파업을 하죠. 며칠 전에 집사람이 파업 선언을 해서 고생 좀 했죠.

언노련 위원장으로서의 그의 임기는 금년 말로 마치게 된다. 재선임될지, 현장으로 돌아갈지 지금은 속단할 수 없다. 그가 어떤 자리에 있든지 그가 하는 일은 우리 사회를 맑고 밝고 건강한 사회로 만드는 일이 되리라는 점만은 분명하다. 그리고 그가 뛰는 만큼 우리 사회는 보다 더 나아지리라고 확신한다. █

| 김 | 동 | 훈 |

학벌 없는 사회를 꿈꾸며

"나는 꿈을 꿉니다. 우리의 교육이 변혁되기를, 그를 위한 혁명이 일어
나기를 꿈꿉니다."

김 동 훈

학벌 없는 사회를 꿈꾸며

김동훈 | 국민대 법대 교수 |

편집자 주: 김동훈은 1959년 서울에서 태어났다. 경희대학교 법대 재학시절 14회 외무고등고시에 합격해 외무부 사무관으로 근무했다. 그후 공부가 자신의 소질에 맞는 것 같다는 생각 끝에 직장을 그만두고 서울대학교 법과대학원에서 석사학위를 취득했다. 독일 쾰른대학에서 법학 박사학위를 받았으며 1989년부터 국민대학교 법대 교수로 재직 중이다.

1999년 『대학이 망해야 나라가 산다』를 펴냈다. 이 책에서 그는 '대학 망국론'과 '대학 해체론'을 주장해 큰 파문을 불러일으켰다. 그에 의하면 한국 사회는 여전히 봉건적 신분사회이다. 신분사회 이데올로기를 끊임없이 확대 재생산하는 것은 대학이다. 대학 졸업장은 이제 한 사람의 사회적 신분을 보장하는 계급 증명서로 전락했다. 전쟁보다 더 참혹한 입시경쟁으로 매년 온 나라가 한바탕 홍역을 앓는 것도 모두 대한민국이 학벌을 중시하는 학벌주의 공화국이기 때문이다. 요컨대 지금의 대학은 한국 사회를 학벌 위주의 신분사회로 재편성하는 이데올로기를 확대 재생산하는 '공장'에 불과하다는 것이다. 그가 서울대에 날카로운 메스를 들이미는 이유도 한국 사회의 전 영역에서 행해지는 서울대 독점의 폐해를 극복하지 않고서 학벌주의 사회가 해체되지 않는다고 생각하기 때문이다.

그런 면에서 여기에 실린 〈학벌 없는 사회를 꿈꾸며〉는 『대학이 망해야 나라가 산다』와 맥이 닿아 있다 할 것이다. 원고청탁을 받아들여 글을 주신 김동훈 교수께 감사드린다.

한 번의 외도가 불러온 사회적 파장

운좋게도 젊은 나이에 전임교수가 되어 매일 연구실이나 지키며 전공 분야인 민법 강의와 연구에 빠져서 보내던 단조로운 내 일상에 약간의 긴장이 조성된 것은 지난해 11월부터였다. 1999년 11월 초에 내 이름으로 된 칼럼집이 나왔는데 책의 제목이 도발적으로 『대학이 망해야 나라가 산다』(바다출판사)였다. 사실 나는 책을 내면서도 큰맘 먹고 외도(?)를 해보는 건데 아무도 관심을 가져주지 않으면 어떡하나 하는 생각도 있었는데 의외로 반향이 있었다. 무려 8개 중앙일간지에서 책의 서평이나 인터뷰를 실어주었고 특히 『조선일보』는 지면의 반을 할애하는 소개기사를 써주었고, 아마 그것이 홍보에 결정적인 역할을 한 것 같다. 그 이후로 두세 달 동안 각종 인터뷰와 방송출연, 강연 등으로 정신을 못 차릴 지경이었고, 쏟아지는 원고청탁을 거절하지 못하고 다 응하느라 매우 힘들면서도 한편으로는 신바람도 났다. 이제 언론에서는 조용해졌지만 원고청탁은 지금도 끊이지 않고 이어지고 있다. 그 중 특히 기억나는 것은 교육부의 직원 70여 명을 모아놓고 대학의 개혁에 관해 특강을 한 일, 어느 대학의 총장이 내 책을 출판사에서 몇백 권 구입해서 신년하례식에 직원들에게 나누어주었다는 일 등이다.

그러나 언론과 방송에 알려지는 것이 가져다주는 스트레스 외에도 책에 대한 비판적 시각으로부터도 압력을 받았다. 어느 교수는 '망해야 할 대학에 남아 있는 이유가 뭐냐', '김 교수는 학교 그만둬도 먹고살게 있는 모양이네'라며 볼멘소리를 했고 소속학교로부터는 학교의 명예를 훼손했다고 싫은 소리를 들었고 사표 이야기까지 거론되었다. 특히 심리적으로 나를 피곤하게 했던 사건은 책의 일부 중에 방송대학을 조금 가벼이 여기는 듯한 5~6줄 정도의 한 단락이 있었는데 이것이 방송대생들의 심기를 건드렸는지, 특히 인터넷 특유의 과격성, 빠른 전이성 등의 효과를 덧입어 방송대생들의 집단항의에 매우 곤혹스런 처지에 빠지게 되었다. 방송대로 찾아가 학생간부들로부터 입에 담지 못할 모욕을 당하고 인터넷과 학보를 통해 정중한 사과문을 여러 차례 실어야 했다. 그러면서도 메일공세, 전화공세에 노이로제에 걸릴 지경까지 이르렀다.

그러나 이런 가운데도 전화나 편지를 통해 격려해주는 독자가 틈틈이 있어 힘이 되었다. 비록 책은 처음의 기세와는 달리 6천 부정도 팔리고 매기가 끊겨 중앙일간지에 대형광고를 여러 차례 때린 출판사를 섭섭하게 했지만 무엇보다 보람이 있게 된 것은 이를 통해 같은 생각과 나아가 이를 행동으로 옮겨야 한다는 것까지 뜻이 맞는 동지들을 얻게 되었다는 점이다. 몇몇 토론회 등에 참석하는 가운데 자연스레 모임을 만들게 되었는데 모임의 이름을 고심 끝에 「'학벌없는사회'를 위한 모임」이라고 정하고 지금 홈페이지를 구축 중이며(www.antihakbul.net 늦어도 9월 중에 오픈 예정) 여러 활동을 계획하고 있다. 현재 주요 운영 멤버로는 모임의 대표로 연세대학교 경제학과의 홍훈 교수와 『대학서열깨기』라는 책을 나

"학벌주의의 폐해는 모든 분야에서 공적이고 합리적인 시스템의 작동의 기반을 무너뜨려, 온 사회가 가히 패거리 공화국이라고 해야 할 정도로 패거리주의가 만연하고 있다." 당연한 결과로 학벌주의는 중등교육을 "원색적인 권력투쟁"의 장으로 전락시켰다.
(『한국일보』, 1999년 12월 17일)

와 비슷한 시기에 냈던 전북대 사범대학의 김경근 교수, 그리스도신학대학의 해직교수이고『호모 에티쿠스』라는 대중적 철학서와 철학교실 운영 등으로 잘 알려져 있는 김상봉 교수, 전교조 운영위원인 이철호 교사 그 외 여러 교사들과 학부모들이 모임에 참여하고 있다.

학벌사회가 낳은 패거리주의

사실 '학벌'이란 단어 또 그에 대한 논의는 우리 사회에서 공론화되지 않은 하나의 금기사항이었다. 적어도 지성인 사회에서 상대방이 스스로 밝히기 전에 당신 어느 대학 나왔느냐 하는 질문은 절대 피해야만 하는 질문이다. 동시에 상대방에 대한 정보 중 가장 알고 싶어하는 요소이기도 하다. 그러면서도 학벌 즉 출신대학은 한국 사회에서의 삶에 유형, 무형으로 가장 강력한 영향을 미치는 요소이다. 결국 이 실질적인 영향력과 그것이 사회적 의제가 되지 못하는 것과의 갈등은 대부분의 한국 사람을 이중적으로 사고하고 행동하도록 만들었다.

몇 가지 예를 들어보자. 하늘의 별 따기라고 하는 대학교수 그 선망의 직업에의 등장 과정이 항상 불미스런 뒷소문에서 자유롭지 못하다. 어느 교수는 술좌석에서 -왜 술좌석이어야 하는지 모르지만- 솔직하게 말한다. 한국에서 대학교수가 되는 것을 좌우하는 요소는 3가지란다. 출신대학(학부기준)의 서열, 유수 외국 대학의 박사학위 소지여부, 성별이라고 한다. 요컨대 일류대학 나와서 미국의 지명도 있는 대학에서 학위 따 온 남자는 쉽게 교수가 되지만 이 조건 중 하나라도 못 갖추면 지독한 좌절을 겪어야 한다.

지난해에는 교육부에 의해 다른 나라에서 그 유례를 찾아볼 수 없는 법 조항이 만들어졌다. 고등교육법 시행령에 동일대학 학부출신의 교수 채용 제한조항이 들어간 것이다. 즉 대학은 전공단위별로 동일학부 출신의 교수를 3분의 2이상 채용하지 못한다는 것이다. 도대체 지성의 대표라고 하는 대학교수 집단을 대상으로 하여 이러한 조항이 법조문화되었다는 것에 정말 얼굴이 화끈거려야 하겠지만 정작 이 조항이 주로 염두에 두고 있는 일부 명문대학은 영 마뜩찮은 눈치다. 특히 학벌폐쇄주의의 선봉에 서 있는 서울대는 학부 기준이 아니라 박사학위 취득지가 기준이어야 한다며 저항하고 있는 듯하다.

　그런데 이 문제에 대하여는 어찌보면 서울대니 연고대니 하는 명문대학들도 희생자가 아니겠느냐는 생각이 들기도 한다. 무슨 말인고 하니 대학이 워낙 피라미드식 서열구조가 되다보니 그 피라미드의 단계적 위치에 따라 스스로를 심리적 폐쇄성에 가둬놓게 되고 다른 선택의 가능성을 봉쇄한다는 점이다. 예컨대 서울대는 일등주의의 노예가 되어 감히 연·고대 출신을, 아무리 실력을 인정받는다 해도 자기 대학의 강단에 세울 수 없다는 심리적 족쇄에 빠져드는 것이다. 이것은 연·고대 수준에서도 마찬가지여서 그 이하 반열의 대학 출신자를 자기 대학의 강단에 세우는 것에 모욕감을 느끼는 것이다. 더구나 연·고대 사이에서도 전공에 따라 서로 우월을 내세우며 서열을 정하고 상대 대학 출신자를 뽑는다는 것은 매우 미미하다. 그러다 보니 죽으나 사나 우리 동문밖에는 선택의 여지가 없는 폐쇄회로 속에 빠져드는 것이다.

　예컨대 내 전공 분야인 법학을 보아도 그렇다. 서울법대의 34명 교수는 전원이 서울법대 출신이다. 비서울법대 출신이 서울법대 전임이 되는 것은 영원히 불가능하다. 고대법대는 23명 전임 중에 단 2명의 서울대 출신만이-그것도 원로교수급으로-있고 나머지는 다 본교 출신이다. 그 대학의 교수가 하는 얘기인즉 자기네들은 그래도 초창기에 서울대 출신을 조금 뽑아주었는데 서울대는 단 한 명도 고대 출신을 뽑아주지 않아 자기들도 이제 더 이상 서울대 출신을 뽑지 않기로 했단다. 그렇다고 연대법대나 다른 대학의 출신을 뽑는 것은 고대법대의 서열을 생각할 때 생각할 수도 없는 일이란다. 이렇게 꼭대기에서 시작된 학벌주의는 계속 도미노현상을 일으켜 웬만한 중위권 정도의 대학들도 동문교수를 반수 가까이 확보하고 있는 곳이 많고 심지어 몇몇 지방 대학들은 동문교수 비율이 70%를 넘는 곳도 있어 자체의 아성을 쌓아가고 있다. 이제는 대학들도 이 문제에 거의 둔감해져서 당연한 일로 받아들이고 있다. 학생들이라도 '선배교수는 이제 그만' 하며 데모를 일으키면 좋으련만 학생들도 자연스럽게 이런 폐쇄적 학벌주의에 동화되는 것 같다.

입시교육은 학벌주의의 산물

이처럼 학벌주의의 폐해는 모든 분야에서 공적이고 합리적인 시스템의 작동의 기반을 무너뜨려, 온 사회가 가히 패거리 공화국이라고 해야 할 정도로 패거리주의가 만연하고 있다. 이것은 지식인들에게 이중적 속성을 강요하여 이에 적절히 적응해나가고 타협하든지 아니면 정신분열증에 걸리든지 선택해야 할 판이다.

학벌주의는 나아가 우리 초중등교육 전반을 황폐화시킨다는 데에 그 심각성이 있다. 왕조시대의 글공부가 과거시험에 합격하여 입신양명하는데 있었던 것처럼 오늘날의 우리의 중등교육은 한마디로 교육의 외피를 덧입은 원색적인 권력투쟁일 뿐이다. 유치원 때부터 시작하여 서서히 강도를 높여 고등학교 3년 간에 그 절정을 이루는 무한경쟁의 대학입시에는 말 그대로 '승리 이데올로기'만이 지배한다. 가정은 이 입시전쟁의 병참기지가 되고 학교와 학원은 훈련소이며 청소년들은 일선의 소총수로서 총알받이가 되고 있다. 이 입시전쟁에 기대어 학원과 참고서류 등의 엄청난 규모의 군수산업이 버티고 있고 언론도 이를 상업적으로 이용하는 데 앞장서고 있다.

기나긴 입시경쟁을 통해 모든 의욕과 창의력이 고갈되고 반기계가 되어버려 시험치는 것 외에는 잘하는 것이 없는 저능아 집단, 승리 아니면 패배라는 결과제일주의와 목적달성을 위해서는 어떠한 수단과 방법도 동원할 수 있는 목적지상주의 등의 가치관이 체화된 괴물 같은 후속세대들을 길러내고 있다.

요즈음 대학의 고시열풍은 갈수록 극성이다. 특히 서울대생=고시생이라는 등식마저 생겨나고 있다고 한다. 이 고시열풍의 여러 원인 중의 하나로서 바로 입시교육이 책임이 있다. 도대체 자기가 무엇을 잘하는지, 무엇을 하고 싶은지도 알지 못하는 수능 고득점자인 이른바 우수한 학생들에게 제일 자신 있는 것이 입시공부의 연장인 고시공부다. 고시공부라는 것도 경쟁이 치열해짐으로써 1차시험 즉 객관식이 압도적으로 중요해졌는데 이 선다형의 '찍기' 실력이야말로 중고등학교 내내 단련하여 왔던 기능이 아닌가. 게다가 논술식도 대개 정형적인 답안작성 기술을 외우는 것이어서 주로 암기력의 테스트이다. 이러니 고시를 붙어서 무엇을 할 것인가의 계획도 없이 그저 남들이 고시공부를 하니 거기에 좋은 일이 있는 것처럼 일렬로 줄을 서서 고시공부에 매진하는 것이다. 이 시간 서울대의 중앙도서관을 가보라. 얼마나 많은 법전과 수험서가 널려 있는가를.

참으로 우리 사회에는 이 학벌에 의해 상처받은 사람들이 많다. 아직 운동을 제대로 시작하지도 않았건만 이렇게 저렇게 찾아오는 사람들은 저마다 이 학벌사회에 대한 한과 증오, 그리고 그 실질적 부당성을 토로한다. 몇 달 전에는 한 30대 초반의 젊은이가 내 책을 읽고 동감한다며 무슨 일이든 돕고 싶다고 찾아왔다. 이 분의 이력을 들어보니 고등학교 때 담임선생이 한 이런 얘기에 많은 상처를 받았다고 한다. '시내에서 나를 만나 반갑고 자신감 있게 인사하는 제자가 있었는데 그는 서울대를 갔더라. 그런데 나를 보고 피하고 주눅이 들어하는 제자는 지방대생이더라'와 같은 이야기들이다. 이 분은 입시에서 서울대를 지원하여 몇 번 실패하고 그 후 인생의 방향을 잃고 거의 좌절 속에 빠져 있었다. 이 분은 이제 우리의 모임에 열심히 참석하고 있다.

더 많은 이야기나 예화를 들 필요를 느끼지 못한다. 학벌주의는 이 학벌을 위한 전쟁에서 승리한 소수의 젊은이들에게 허황되고 왜곡된 엘

'대학카스트': 서울대의 문제를 방치하고서는 어떠한 교육개혁의 시도도 그 실효를 거둘 수 없다. 이러한 서열을 깨봐야 잃는 것은 극소수의 명문대 출신자나 그 예비후보의 기득권이요 얻는 것은 한마디로 인간해방이다. (『중앙일보』, 2000년 1월 7일)

리티즘을 심어주는 것 외에 대다수의 가능성 있고 밝은 마음으로 이 사회를 위하여 기여해야할 젊은이들을 좌절과 열등감과 패배의식으로 빠뜨린다. 나도 비명문대에서 밥을 먹고 있는 교수로서 학생들의 그런 패배감을 같이 느끼며 한없이 마음의 아픔을 느끼고 있다. 항상 얼굴에 그늘이 져 있고 왠지 자신감 없어하는 학생들을 보며 어찌할 수 없는 무력감에 차라리 학교를 떠나고 싶은 마음이 수시로 든다. 나의 대학교수직 자리라는 것이 바로 저 학생들의 희생을 딛고 있다는 생각을 지울 수 없기 때문이다.

대한민국은 서울대의 나라

우리 사회의 학벌지상주의, 이에 기초한 신분사회적 가치관의 경화현상은 더욱 기승을 부리고 있다. 아무리 사회가 다원화되니 정보화시대니 떠들어도 더욱 봉건적인 사회로 퇴화해가고 있다. 한 가지 예만 들어보자. 혹시 대형서점에 가면 '서울대'란 단어가 제목에 들어간 책들을 골라보라. 최소한 50~60권을 고를 것이다. 그 제목을 보면 더욱 가관이다. 『서울대를 꿈꾸는 초등학생의 부모가 알아야 할 50가지』, 『서울대생들은 중학교때 어떻게 공부했을까』, 『힘들어도 서울대생 아버지가 좋더라』 등등 낯간지러운 제목들이 즐비하다. 이런 책들은 대부분이 베스트셀러 반열에 들어 있다.

그 중 한 책의 제목은 『삼수, 사수를 해서라도 서울대에 가라』였는데 현직 대학교수가 쓴 책이라서 집에 사 가지고 와서 일독을 하였다. 저자는 경제학과 교수인데 핵심적인 결론의 하나는 자신이 경제학적으로 분석해볼 때 우리 사회에서 젊을 때에 다소 힘들고 늦더라도 능력만 되면 삼수, 사수를 해서라도 서울대에 가는 것이 장기적으로 훨씬 이익이라는 것이다. 첨언하기를 이러한 한국 사회의 구조가 변할 가능성은 전혀 없으므로 수험준비생들은 안심해도 좋다는 것이었다. 나는 이 분이 고도의 패러디 어법을 구사하는가 하여 긴장하고 읽었으나 그런 것은 아니고 이 분의 확신이었다.

어느덧 우리 사회에서 서울대라는 이름은 맹목적인 우상이 되었다. 서울대 프리미엄이 금전으로 환산하면 5억이니 10억이니 하는 말들이 떠돌고 작금의 교육일선의 서울대 지상주의는 거의 광신의 단계에 접어든 것이 아닌가 하는 생각이 아니들 수 없다. 학원뿐만 아니라 이제는 고등학교에서도 서울대반, 연고대반 하는 반편성이 나올 정도로 '대학 카스트'는 더욱 확고하게 굳어져가고 있으며 서울대는 그러한 카스트제도의 최상층으로서 이 땅의 청소년들과 그 가족들의 꿈의 단어가 되고 있다. 또 얼마 전에는 한 연예인이 특차로 고려대에 합격하자 인터넷상에 고등학생들의 화풀이 글이 봇물을 이루었다. 자기들은 고대 마크 하나 바라보며 죽을힘을 다 하는데 노래 하나 히트했다고 그렇게 쉽게 고대 마크를 따는 것을 용납할 수 없다는 것이었다.

더구나 이 학벌주의는 매우 조밀한 피라미드식 위계구조를 갖고 있어 세부적으로 매우 분화된 서열의식을 조장하고 있다. 최근에 입시제도가 바뀐다고 하여 멀쩡한 명문대의 학생들이 단지 서열구조하에서 조금 더 높은 순위의 전공으로 옮아가기 위하여 휴학이나 자퇴를 하고 재수학원으로 몰려들고 있다. 또한 수시로 이루어지는 편입학시험을 통해 간판을 따른 이동이 끝도 없이 연쇄적으로 이루어지고 있어 대학 사회는 늘 뒤숭숭하다. 대학교수로서 정말 눈을 돌리고 싶은 현상은 대학의 마지막 자존심까지 짓밟고 있는, 대학입시의 복수합격제의 도입으로 인한 이른바 등록금 환불제이다.

필자가 재직하는 대학만도 무려 10차에 걸친 추가합격자를 모집하였고 감사에 대비하여 추가합격 통보시의 통화내역을 전부 디스크에 담아 두었다. 학생과 학부모는 A대학 영문과와 B대학 국문과를 두고 마지막까지 어디가 서열이 높은지를 따지고 있고 학교의 은행창구는 환불자와 등록자로 혼잡스럽기 그지없다. 그 혼잡상을 보면서 나는 포커판에서 판돈을 막 긁어가려는 자에게 다른 자가 회심의 미소를 띠며 한 끗발 높은 패를 내미는 상황하고 전혀 다를 것이 없다는 생각이 든다.

그런데 이상한 것은 갈수록 경화되는 학벌지상주의에 대해 그렇게 문제의식을 가진 지식인들을 보기 힘들다는 점이다. 바로 자기 자신이 이런 학벌주의의 피해자가 될 수도 있는데도 말이다. 필자가 잘 아는 한 서울대 교수는 아들이 성적이 좋지 않아 결국 지방대에 간신히 입학하였고 결국은 이에 스트레스를 받아 아들이 가출하는 등 가정불화를 겪고 그 교수는 요즈음 교회를 열심히 나가는 신자가 되었다. 또 어느 교수는 아들의 교육, 정확히는 입시를 위하여 지방대에 근무하던 부인이 교수직을 포기하고 8학군으로 이사하여 4~5년 간 공을 들였으나 결국 명문대 진입에 실패하여 큰 시름에 잠겨 있고 이제서야 술 마시면서 학벌신화의 허구성을 깨달은 듯한 발언을 한다. 또 어느 교수는 학교 식당에서 이야기 중 큰아들이 중2인데 한 달 과외비만으로 꼬박 1백50만 원씩(서울대생의 수학 과외 50만 원, 서울대생의 영어 과외 40만 원, 기타과목의 학원 과외 30만 원, 영어회화 10만 원, 컴퓨터 10만 원, 미술학원 10만 원)을 지출한다며 3~4백만 원 남짓의 월급만으로 사는 자신의 생활의 각박함으로 인한 어려움을 호소하면서도 아들의 서울대 입학에 모든 것을 희생하겠다는 각오를 엿볼 수 있었다.

서울대 제몫 찾아주기

이처럼 학벌주의의 폐해를 온몸으로 받아내면서도 감히 현상의 개혁에 대해서는 꿈도 꾸지 못한다. 이들이 내세우는 몇 가지 불가피론 내지 옹호론의 견해를 들어본다. 첫째는 학벌형성의 기초는 곧 대학의 서열화인데 이 대학 서열화는 불가피한 현상이고 나아가서 긍정적인 기능도 한다는 것이다. 경쟁사회에서 서열화는 불가피하며 예컨대 서울대를 없앤다 해도 제2, 제3의 서울대가 생길 것이라는 주장이다. 미국에서도 매년 대학의 서열이 매겨지고 언론에 공표되는 것을 볼 수 있으며 이것이 대학간 경쟁을 자극하고 소비자에게 보다 더 정확한 정보를 제공하게 된다는 것이다.

물론 이 말도 일리가 있다. 그러나 우리 사회에서의 대학 서열화는 미국의 그것과는 본질적으로 다르다는 점을 무시하고 있다. 무엇보다 우리 사회에서는 이 서열화가 매우 경직되어 있고 거의 미신화되어 있어 직접적인 신분 내지 계급 형성의 기초가 된다는 것이다. 즉 우리 대학의 서열화의 유일한 기준은 매년 입시철에 모든 수험생 손에 건네지는 지원배치표에 나와 있는 수능점수 커트라인이다. 그런데 이 커트라

'대학이 망해야 나라가 산다'

국민대 김동훈교수 저서서 대학해체론 주장

■ 왜 망해야 하나

점수따라 배정된 '청춘의 수용소'
학벌사회 만드는 전진기지 불과
족벌경영·몸집 불리기에만 급급

■ 해체 수순은?

예·체능계는 별도의 전문학교로
법대·의대, 전문대학원으로 독립
공대는 기업체 연구소서 운영을

대입 수험생들이 대학입학 원서접수 창구 앞에 몰려 있는 장면.

'우리는 기계가 아니다' '우리를 줄세우지 말라' 는 플래카드를 내세우며 저들이 거리를 가득 메워 행진하는 날 비로소 50여 년 간 누적되어온 교육파시즘체제, 학벌독점체제, 그 위에 쌓이고 쌓인 기득권체제는 무너질 것입니다. (『경향신문』, 1999년 11월 9일)

인은 다시 기존의 고정화된 대학서열에 의하여 합리적인 근거 없이 무슨 사설학원 부설의 연구소 등에서 정해지는 순환논법에 빠져든다. 이 악순환을 깬다는 것은 거의 불가능에 가깝다. 심지어는 대학의 기획처장들이 입시철만 되면 이런 학원부설연구소에 찾아가 배치표에 자기 학교 이름을 넣어달라고 로비를 한다는 것이다.

TV 토론에 나온 포항공대 총장이 말하기를 10명이 서울공대와 포항공대에 복수합격하면 9명은 서울공대에 간다는 것이다. 포항공대의 교수진이나 시설의 우월성은 감히 서울공대와 비교하기 어려운데도 말이다. 그리고 점차로 대학의 전공은 학생들의 선택에 있어 영향력이 급속히 떨어지고 있다. TV 토론에 나온 여학생의 얘기로는 자신이 서울대의 간호학과와 고려대 공대에 복수합격했는데 결국 서울대를 택했다는 것이고 서울대란 이름이 주는 사회적 인정감을 물리칠 수 없었다고 고백한다. 결국 우리 대학의 서열화란 고정적이고 획일적인 순위관념의 확대재생산 장치라는 매우 불합리한 기능만을 하고 있을 뿐이다. 나아가 이러한 서열에는 가변성이 거의 없다. 따라서 이러한 서열을 깨봐야 잃는 것은 극소수의 명문대 출신자나 그 예비후보의 기득권이요 얻는 것은 한마디로 인간해방이다.

둘째로는 제도적 개선 가능성에 대한 무력감이다. 지난 50여 년 간 굳어진 체제, 또 각 명문대의 동문이 이 사회의 기득권층으로서 확고하게 자리잡은 상태에서 과연 변화의 기운을 일으킬 수 있겠는가 하는 회의감이다. 특히 서열화의 정점에 군림하면서 가장 특혜를 누리는 서울대에 대해서는 서울대가 워낙 하나의 보통명사가 될 정도로 우리 사회의 기득권 세력으로 뿌리내려 어찌 해볼 수 없다는 무력감이 지배하고 있다. 또한 서울대를 많은 대학 중의 한 대학으로 보기 때문에 특정대학의 거취문제를 논하는 것은 평등의 원칙에도 반하지 않는가 하는 생각이다. 말이 나온 김에 서울대 문제에 관해 부언하자면 서울대는 국립대 중에서도 다른 많은 지방소재의 국립대학과는 다른 특별한 지위를 누리는, 말하자면 중앙국립종합대학이다. 국가는 다른 국립대학과는 비교도 되지 않는 엄청난 국가예산을 쏟아 부어왔으며 국가와 일체가 되어 움직였던 과거의 내로라 하는 재벌은 다 서울대의 광활한 부지 위에 건물 몇 개씩을 지어 상납하여 이제 서울대의 그 넓은 교정은 건물을 지을 곳도 없게 되었다. 우리가 국가적으로 필요에 따라 특정기관을 없애기도 하고 새 기관을 만들기도 하듯이 서울대도 그러한 국가기관의 하나로 보아야 하며 서울대라는 중앙국립대는 적어도 현재의 시점에 있어서는 그 존재 의의가 전혀 없다고 말할 수 있다. 무엇보다 서울대의 문제를 방치하고서는 어떠한 교육개혁의 시도도 그 실효를 거둘 수 없다는 데 문제의 심각성이 있다. '서울대 제몫 찾아주기 운동'이라도 벌여야 할 것이다.

학벌 없는 사회를 꿈꾸며

아무튼 「'학벌없는사회'를 위한 모임」이 우리 사회의 뿌리 깊은 학벌주의의 타파에 작은 출발점이 되었으면 하는 바람이다. 사실 막막한 생각이 들기도 하지만 의외로 우리의 취지에 공감하는 분이 많음을 느낀다. 우리 모임의 로고를 디자인해주신 어느 디자이너분도 사례를 거절하고 흔쾌히 이 모임의 취지에 공감하고 참여하고 싶다는 뜻을 보내왔다. 우리 모임에서는 이런 이야기를 한다. 10여 년 전에 환경운동한다고 할 때 누가 관심을 가졌냐고, 그렇지만 지금 환경운동이 가장 강력한 시민운동이 되어 사회를 변화시키고 있지 않느냐고 말이다. 우리의 작은 첫걸음이 우리 일상의 안락한 가정생활까지 무한경쟁의 파멸로 몰아넣는 이 미신 같고 괴물 같은 학벌주의를 부수는 데 기여할 수 있을 것이란 확신을 가지고 있다. 무엇보다 수많은 사람들이 가진 학벌주의에 대한 한과 분을 공론화하여 끌어낸다면 그것이 엄청난 변혁의 에너지가 될 수 있다는 생각이다. 우리 모임이 할 일은 단지 그 에너지가 폭발할 수 있도록 뇌관의 역할을 하는 것이리라.

물론 이러한 목표를 위하여 구체적인 여러 제도적 가능안을 만들고 다듬어 가는 일이 중요할 것이다. 최종적으로는 국가적 차원의 정책적 결단이 필요할 것이다. 우선 상위권대학의 평준화만이라도 실현하는 길을 모색해보고 있다. 예컨대 주요 국립대학과 이에 상응하는 큰 사립대학을 아우르는 선에서 평준화를 모색해 보는 것이다. 물론 평준화를 시행하고자 할 때에는 최후적으로는 추첨제까지 염두에 두어야 할 것이다. 이것은 대학으로부터 학생들의 선발권을 박탈하는 결과를 초래하여 반발이 심하겠지만 지금의 선발권이 도대체 누구를 위한 것이며 무슨 유익을 가져오는가를 생각한다면 이 선발권을 공영화하여 선발의 자율성 대신 교육의 자율성과 경쟁력 향상에 더 집중하는 체제를 이루어 낼 수 있을 것이다.

나는 최근의 어느 글에서 나의 꿈을 이렇게 적었다. 이 꿈이 실현되
는 날을 위하여 오늘도 작은 걸음을 내 딛는다.

…… 이 교육 때문에 대한민국을 떠나고자 하는 사람들, 지금 열풍처
럼 부는 조기유학은 바로 우리 교육에 대한 파산선고입니다. 얼마나 못
났길래 자기 나라의 어린이들을 제대로 가르치지 못하여 그들을 찬바람
부는 외국 땅으로 몰아낸단 말입니까. 그 어린것들이 엄마가 보고 싶어
눈물지으면서도 그래도 '한국의 학교에는 가기 싫어요'라고 외치는 절
규를 들으면서 저는 한없는 슬픔의 나락으로 떨어지고 거기에서 다시
힘과 깨달음을 얻습니다. 이제는 이 교육이라는 이름의 광기와 집단정
신병을 치료받을 때라는 것을, 이 교육이라는 이름하에 저질러지는 파
괴적인 폭압과 학대를 거둘 때라는 것을, 이 교육이라는 이름의 무지와
자기파멸에서 구원의 길을 찾아야 할 때라는 것을 …….

나는 꿈을 꾼다. 우리의 교육이 변혁되기를, 그를 위한 혁명이 일
어나기를 꿈꿉니다. 40년 전 4·19혁명 당시 까까머리의 고등학생들이
들고일어나 저 악독했던 자유당 독재정권을 무너뜨린 것처럼, 이제 기
계가 되기를, 총알받이가 되기를 강요당하는 우리의 고등학생들이 참고
서를 불태우며 수능시험이라는 해괴한 줄세우기의 파시즘적 폭압을 거
부하며 거리로 뛰쳐나오는 것을 꿈꿉니다. '우리는 기계가 아니다' '우
리를 줄세우지 말라'라는 플래카드를 내세우며 저들이 거리를 가득 메
워 행진하는 날 비로소 50여 년 간 누적되어온 교육파시즘체제, 학벌독
점체제, 그 위에 쌓이고 쌓인 기득권체제는 무너질 것입니다. 그때에서
야 비로소 사람이 사람으로 대접받는 사회가 건설될 것입니다. 교육이
라는 이름아래 감춰진 비열하고 악랄한 권력투쟁은 비로소 그 종언을
고할 것입니다. ……

|크리스티앙 디오르| 와 |입생로랑|
Christian Dior & Yves Saint Laurent

패션은 쾌락

"사람들은 더 이상 우아해지기를 원하지 않는다. 그들은 유혹적이 되기를 바란다."

패션은 쾌락[1]

강준만

패션 브랜드의 쾌락 메시지

지아니 베르사체는 과감하고 활기차며 자극적인 의상을 통해 로큰롤이나 할리우드의 엘리트 같은 분위기를 연출한다. 발렌티노는 국제적인 비즈니스를 하는 세련된 여성에게 호소력을 발휘한다. 제프리 빈은 섬세하고 지적이며 외국 여행이 잦은 고객에게 인기가 높다. 아르마니는 일종의 '전도된 속물 근성'으로 표현되는 이미지를 가지고 있어서, 유행하는 패션보다 오히려 한 발 더 앞서 가는 여성을 암시한다. …… 도나 카란은 특히 권력을 가진 여성들에게 대단한 호소력을 발휘한다. 이 패션은 이미 성공을 이룩한 매우 바쁜 사람이라는 인상을 풍긴다. …… 그러한 전문가적인 이미지는 아제딘 알라이아의 섹시한 패션과는 지극히

---

1) 이 글은 1998년 7월에 나온 『인물과 사상 7』에 썼던 걸 수정·보완한 것입니다.

대조적이다. 남다른 몸매를 자랑하는 모델이나 연예계 여성들이 이런
옷을 입으면 더없이 젊고 섹시한 분위기를 발산할 수 있다. 랠프 로렌은
단순히 한 디자이너의 브랜드라기보다는 총체적인 생활 방식 자체를 반
영한다. …… 빌 블래스, 오스카 드 라 렌타, 아놀드 스카시를 추종하는
사람들은 그 디자이너 자신들만큼이나 유복한 삶을 영위한다. 디오르
(지안프랑코 페레), 이브 생 로랑, 지방시 등은 이들 브랜드의 옷을 사
입을 뿐만 아니라 그들과 직접적인 친분 관계를 유지하고 있는 극소수
의 제트족을 위한 의상을 만든다. …… 유명 디자이너들이 가지고 있는
고급스럽고 품위있는 이미지와는 대조적으로, 장 폴 고티에와 티에리
뮈글러 등은 록 스타와 여배우, 그리고 암흑가의 분위기를 결합시킨 사
교계의 전위 세력으로 자기 자리를 굳혔다.[2]

미국의 패션 전문기자 토비 피셔 미르킨의 주장이다. 이 주장은 모든
패션 브랜드에는 나름대로의 '메시지'가 있다는 걸 의미하는 것으로 받
아들여도 무리는 없을 것이다.[3] 그런데 그 메시지의 실체는 과연 무엇
일까? 나는 가끔 그걸 궁금해하곤 했다. 프랑스의 철학자 질 리포베츠
키의 다음과 같은 말이 가슴에 와 닿는다.

"패션은 기쁘게 해주고 놀라게 하고 기겁하게 만드는 쾌락과 동음이
의어인 쾌락들의 실천이다. 더구나 그것은 변화의 자극, 형태의 변형,
나와 다른 사람들의 자극에 의해 생산된 쾌락이기도 하다. 패션은 단순
히 사회적 구별의 징표만이 아니라 기분의 고양이고 눈에 즐거움을 주
는 것이며 차이의 쾌락이기도 하다."[4]

---

2) 토비 피셔 미르킨, 허준·안종설 옮김, 『패션속으로: 토비와 함께 떠나는 패션 여행』(새로운사람
　들, 1995), 218~220쪽.
3) 1997년 8월 '사랑의 전화'가 대학생 535명을 대상으로 조사한 바에 따르면, 학생들의 절반 가량이
　'옷을 보고 상대방의 성격을 판단한다'고 응답했다.
4) 질 리포베츠키, 이득재 옮김, 『패션의 제국』(문예출판사, 1999), 81쪽.

그렇다. 패션은 쾌락이다. 사실 어찌 생각하면 너무 싱거울 정도로 당연한 말이지만, 그 쾌락엔 의외로 많은 정치적 뜻이 담겨져 있다. 그러나 우리는 패션을 피상적으로 보길 좋아한다. 이 책의 '머리말'에서 인용한 바와 같이, "패션을 환기시키는 것은 주로 패션을 거세하고 분리시키고 사람들의 어리석음이나 사업의 타락을 개탄하기 위해서이다." 이 글은 그런 상투적 대응과는 좀 다른 이야기를 하고자 한다.

패션은 이데올로기도 무너뜨린다

"만일 죽은 후 백 년이 지나 다시 태어난다면 가장 먼저 무엇을 하겠습니까?'

"나는 제일 먼저 패션 잡지를 읽기 시작할 것입니다. 왜냐하면 그 패션 잡지 한 권으로 지난 1백 년간의 모든 것을 한 눈에 알 수 있기 때문입니다."

프랑스의 저명한 작가인 아나톨 프랑스가 기자의 질문에 그렇게 답했다고 한다. 한양대 의류학과 교수 김진구는 프랑스의 말을 인용한 뒤 패션의 의미에 대해 다음과 같이 말한다.

> 패션의 역사는 곧 인류 문명의 역사이다. 고대 문명의 태동기에서 현대에 이르기까지 패션의 역사 속에는 인류가 성취해 온 정신적 유산과 과학적 발견은 물론 당대의 사람들이 품었던 이상과 시대상, 관습, 윤리와 도덕 등이 함께 녹아 있는 것이다.[5]

---

5) 김진구, 〈추천의 글〉, J.앤더슨 블랙 · 매쥐 가랜드, 윤길준 옮김, 『세계 패션사 1』(자작아카데미, 1997), 7쪽.

"패션은 기쁘게 해주고 놀라게 하고 기겁하게 만드는 쾌락과 동음이의어인 쾌락들의 실천이다. 더구나 그것은 변화의 자극, 형태의 변형, 나와 다른 사람들의 자극에 의해 생산된 …… 차이의 쾌락이기도 하다."(『패션』, 1997년 9월 18일)

패션이 그렇게 대단한 것이란 말인가? 하긴 꼭 그렇게 거창하게 이야기하지 않더라도, 우리의 일상적 삶에서 옷으로 인한 갈등이 만만치 않다는 걸 상기한다면 놀랄 일은 아닐 것이다. 사회 체제 차원에서 패션은 이데올로기도 무너뜨릴 수 있는 힘을 가졌다고 말한다면, 아니 패션이 곧 이데올로기라고 말한다면, 지나칠까? 다음과 같은 이야기를 듣자면 지나치다고 말하긴 어려울 것 같다는 생각이 든다.

"북한에 최근 미니스커트 등 자본주의의 냄새가 물씬 풍기는 옷차림이 유행하고 있어 북한 당국이 경계를 촉구하고 나섰다. 일부 북한 처녀들 사이에 유행하고 있는 옷차림은 무릎 위로 깡충 올라간 치마(미니스커트), 어깨 너머로 길게 늘어뜨려 풀어헤친 머리, 진한 화장, 징박은 구두 등 다양하다. …… 북한 청년 전위 최근호는 이에 따라 여성들에게 자본주의적 옷차림을 금할 것을 요구하면서 '이같은 자본주의적 풍조는 자기를 낳아준 부모와 자기를 배워준 스승, 자기를 이끌어준 조직과 집단을 욕되게 하는 행위'라고 비난했다."[6]

세상에, 미니스커트 좀 입는다고 그게 부모, 스승, 국가에 대한 모독 행위라니! 그러나 우리 나라에서도 2십 수년 전만 해도 경찰이 길 가는 아가씨를 불러 세워놓고선 잣대로 무릎 위 몇 센티미터까지 치마가 올라갔는지 그걸 재는 야만적인 짓을 저질렀다는 걸 상기할 필요가 있다. 시간의 격차만 있을 뿐 다른 나라들의 경우도 크게 다르지 않다. 1965년 서구 사회에 미니스커트가 처음 등장했을 때에도 그로 인한 파문은 엄청났다. 새로운 패션에 대한 사회적 거부감이 그렇게 크다면 그 반대로 패션의 영향력과 의미가 우리가 막연히 생각하는 이상으로 크다는 데에도 동의할 수 있지 않을까?

집단주의를 강조하는 사회주의 국가나 독재국가에선 패션 그 자체가 개인주의 이데올로기 그 자체라고 하는 점을 두려워 할 것이다. 이 개인주의 이데올로기는 일종의 '쾌락의 게임'이다. 쾌락 추구와 개인주의의 관계에 대해 질 리포베츠키는 다음과 같이 말한다.

"패션은 보는 쾌락만이 아니라 보여지는 쾌락, 스스로를 다른 사람들의 시선에 드러내는 기쁨이다. 패션이 의복 전체에서 나르시시즘을 아

6) 김영식, 〈'자본주의 옷차림' 확산 비상〉, 『세계일보』, 1997년 12월 14일, 19면.

주 분명하게 창조해내지는 못하지만 매우 주목할 만한 방식으로 패션은 나르시시즘을 생산해낸다. 즉 멋내는 개인들로 하여금 그들이 스스로를 드러내고 재현시키는 방식에 더 많은 주의를 기울이도록 독려하고, 그들로 하여금 우아함, 고상함, 독창성을 찾도록 자극함으로써 나르시시즘을 그들의 영구적인 구조로 만드는 것이다. 패션과 우아함의 코드가 끝없이 변하면서 개인들은 스스로를 연구하게 되고 스스로의 목적을 위해 새로운 것을 찾게 되며 그들의 자신의 의복에 관심을 갖게 된다. 패션은 …… 나르시시즘적인 개별화의 방향표지판이 되어왔고 자아에 대한 미적인 숭배를 확대시키는 도구가 되어왔다."[7]

코코 샤넬의 '계급 없는 패션'

패션은 계급이다. 우리는 어떤 사람의 패션을 통해 그 사람의 계급을 파악한다. 사람들이 패션에 몰두하는 이유는 여러 가지가 있겠지만 그 가운데 가장 중요한 건 본인이 의식하든 의식하지 못하든 자신의 계급을 드러내고 싶거나 자신의 계급을 감추고 싶기 때문이다. 중산층이 바로 이 경계선상에 놓여 있다. 상류층은 굳이 패션을 통해 자신의 계급을 드러내야 할 필요는 없다. 고급 패션은 그들에겐 아주 자연스러운 생활의 일부일 뿐이다. 빈민층 역시 패션에 신경쓸 만큼 한가하지 않다. 그러나 중산층은 다르다. 중산층은 매우 예민하게 패션과의 투쟁을 벌인다.

패션이 계급이라면, 즉 다른 사람의 인식을 기준으로 한 계급이라면, 패션 디자이너들이 그러한 계급성에 주목하는 건 너무도 당연한 일이 아닐까? 오늘날까지도 세계 패션계의 한 주요한 흐름으로 대접받고 있

7) 질 리포베츠키, 이득재 옮김, 『패션의 제국』(문예출판사, 1999), 48쪽.

는 이른바 '샤넬 룩'은 바로 그런 계급성에 도전하여 패션의 세계에서 만큼은 모든 사람이 평등할 수 있는 그런 세계를 열어 놓았다. 물론 그게 바로 코코 샤넬[8]의 탁월한 상술이었던 것이다. 1924년 유럽을 떠들썩하게 만들었던 '샤넬 룩'에 대해 패션 연구가 J. 앤드슨 블랙과 매쥐 가랜드는 이렇게 말한다.

"그녀(코코 샤넬)는 특히 저지를 다루는 솜씨가 출중하였다. 자신이 직접 무늬를 디자인하고 색깔을 선택하여 염색한 저지를 모드에 사용하여 평범하고 실용적인 천이었던 저지를 화려한 고급 천으로 탈바꿈시켰다. …… 코코 샤넬의 새로운 디자인은 곧바로 대성공을 거두었다. 특히 대량 생산 기술에 맞는 분야였기 때문에 곧바로 대량으로 복사되었다. 이리하여 패션은 계급 없는 세계로 우뚝 다가섰다."[9]

그러나 그러한 진단을 곧이곧대로 믿으면 안 된다. 패션은 계급 없는 세계로 다가서면서도 끊임없이 계급을 만들어낸다. 대중이 패션을 추종할 때에만 계급이 사라지기 때문에 패션은 끊임없는 순환의 세계요 모순의 세계다.

청바지를 생각해보자. 그건 처음엔 실용적인 패션이었다. 그러나 오늘날 청바지를 실용적인 패션으로 생각할 사람이 얼마나 될까? 미국인이 입다 내버린 청바지를 그것도 터무니없이 비싼 돈을 주고 사 입지 못해 안달하는 사람들에게 물어보라. 청바지가 실용적인 패션인지 말이다. 청바지를 패션 사회학의 관점에서 분석한 미국 헌터대학의 커뮤니케이션 교수인 스튜어트 유웬과 엘리자베스 유웬은 이렇게 결론 내린다.

"가장 기능적이고 가장 의식(儀式)적이지 않은 청바지를 통해 패션은 역사, 약속, 변화의 복합적 세계, 끊임없는 '진리'의 포착으로 스스로를 드러낸다. 대립되는 세계들은 격렬하게 충돌한 후 패션 속으로 맞물

---

8) 샤넬에 대해선 폴 모랑, 고영일 옮김, 『코코 샤넬』(대륙, 1991)을 참고하십시오.
9) J. 앤더슨 블랙·매쥐 가랜드, 윤길준 옮김, 『세계 패션사 2』(자작아카데미, 1997), 181쪽.

패션은 계급 없는 세계로 다가서면서도 끊임없이 계급을 만들어낸다. 대중이 패션을 추종할 때에만 계급이 사라지기 때문에 패션은 끊임없는 순환의 세계요 모순의 세계. 그리고 '유혹'이 '계급'을 대체하기 시작했다. (『뉴스플러스』, 1999년 9월 16일)

려 들어간다. 사회적 갈등과 모순이 진열되고 …… 확산된다. 저항과 순응이 '패션 거울' 안에서 공존한다. …… 특정한 패션을 해석하는 우리의 능력은 우리가 패션에 대해 이해하려고 하면 우리의 혼란이 가중된다는 것을 보여준다. 패션의 본질이 바로 모순이요 혼란인 것이다."[10]

그러한 모순과 혼란 속에서도 패션의 계급 기능이 최소화되는 쪽으로

10) 스튜어트/엘리자베스 유언, 성무량 역, 〈블루진/패션/자본주의〉, 『문화과학』, 제3호(1993년 봄), 215쪽.

발전돼 왔다는 건 분명하다. '유혹'이 '계급'을 대체하기 시작했다. 물론 '유혹'을 위해선 어느 정도의 '자본'이 필요하기 때문에 '유혹'과 '계급'이 전혀 별개의 것이라고 말할 수는 없지만, 계급과는 조금 다른 차원에서 패션의 발전이 이루어진 건 분명하다. 이와 관련, 질 리포베츠키는 다음과 같이 말한다.

"의복은 점점 더 사회적 명성의 기호가 되지 않았다. 유혹이 사회적인 재현보다 우월한, 다른 것에 대한 새로운 관계가 나타나게 되었다. '사람들은 더 이상 우아해지기를 원하지 않는다. 그들은 유혹적이 되기를 바란다'(이브 생 로랑). 중요한 것은 패션이 가능한 한 가장 밀접하게 전달해주는 가장 최신의 것을 따르는 것이었다. 중요한 것은 자기 자신을 활기 차게 하고 즐겁게 해주며 놀라게 만들고 혼란스럽게 하며 젊게 보이는 것이었다."[11]

'뉴 룩'이라는 패션 혁명

"유혹이 수단으로 사용되지 않는 한 성공적인 패션은 있을 수 없다."[12] 크리스티앙 디오르[13]의 말이다. 크리스티앙 디오르는 1905년에 태어나 1957년에 사망했다. 지금도 크리스티앙 디오르와 관련된 언론 보도에

---

11) 질 리포베츠키, 이득재 옮김, 『패션의 제국』(문예출판사, 1999), 168쪽.
12) 토비 피셔 미르킨, 허준·안종설 옮김, 『패션속으로: 토비와 함께 떠나는 패션 여행』(새로운사람들, 1995), 89쪽.
13) 크리스티앙 디오르에 대해선 Pochna, Marie-France, 『Christian Dior: The Man Who Made the World Look New』(New York: Arcade Publishing, 1996)와 이 책의 번역판인 허준 역, 『크리스찬 디오르』(명진출판, 1995)를 참고하였다. 나는 크리스티앙 디오르의 영문판 전기를 산 이후에야 국내에도 그 번역본이 나와 있다는 걸 알았다. 프랑스어판은 94년에 나왔는데, 국역판은 이 프랑스어판을 패션평론가 허준 씨가 번역해 95년에 나왔으며 영문판은 96년에 나왔다. 파리 패션에 관한 한 우리가 뉴욕보다 더 빠르다는 게 괜한 소리는 아닌 것 같다. 국역판은 축약을 한 것이다.

빠지지 않고 등장하는 게 '뉴 룩'이란 단어다. 이건 한 패션 기자가 1947년에 디오르가 선보인 패션쇼가 기존의 패션계에 거의 혁명이라 해도 좋을 정도로 파격적이었다는 걸 강조하기 위해 붙인 용어이다. 도대체 어느 정도였길래? 디오르가 선보인 47년의 컬렉션 쇼에 대해 미국 패션 잡지계의 거물 베띠나 발라드는 이렇게 말했다.

"디오르의 컬렉션 쇼는 모든 사람들이 파리에 기대하던 마지막 모습이었다. 바야흐로 패션계의 나폴레옹, 알렉산더 대왕, 시저가 탄생한 것이다. 프랑스 패션계는 재도약과 새로운 충격, 그리고 방향 전환을 필요로 하고 있었다. 이제 크리스찬 디오르는 완전한 정복을 이루어 냈다."[14]

대단히 과장된 찬사이긴 하지만, 당시 파리는 물론 유럽은 2차 세계대전의 상흔에서 아직 회복되지 않았다는 걸 염두에 둘 필요가 있을 것이다. 전시 체제하에서 여성들의 옷차림이 어떠했을지는 짐작하기 어렵지 않다. 종전 후에도 그런 사회적 분위기는 지속되었을 것이다. 그런데 한 패션 디자이너가 그런 사회 분위기에 반란을 일으킨 것이다.

디오르가 선보인 '뉴 룩'은 무엇보다도 화려했다. 천을 엄청나게 많이 들인 스커트, 꼭 조이는 허리, 깊숙히 파인 가슴 등의 특징을 가진 '뉴 룩'은 순식간에 일반 서민층과 젊은이들에게까지 파고들었다. 패션 전문가 J. 앤더슨 블랙과 매쥐 가랜드는 '뉴 룩'의 구체적인 특성에 대해 다음과 같이 말한다.

"여성스러운 스타일의 이 새로운 이상형은 코르셋으로 조여맨 가는 허리와 둥글게 곡선을 살린 가슴과 엉덩이 그리고 전원용 드레스의 경우에는 땅에서 15인치나 올라온 것도 있었지만 보통은 12인치 정도 올라온 스커트로 이루어졌다. 디오르는 뛰어난 솜씨의 재단과 게피에르라 불리는 미니 코르셋에 의해 최대한 허리를 가늘게 하였을 뿐 아니라 엉덩이 앞쪽 뼈에는 패드를 넣고 소매는 둥그스름한 진동 둘레에 끼워넣

14) 마리 프랑스 포크나, 허준 옮김, 『크리스찬 디오르』(명진출판, 1995), 119쪽.

었다. …… 이렇듯 극히 여성적인 복식에는 베일을 늘어뜨린 작은 꽃무늬의 모자와 하이힐, 단추 구멍이나 손수건과 조화시킨 화려한 색깔의 장갑, 구두 및 가방과 같은 색조의 길고 가는 우산 그리고 두 개 혹은 네 개의 진주 목걸이가 첨가되었다."[15]

그렇게 한껏 차려입은 여성들이 떼거리로 거리를 누빈다고 생각해보라. 사회 분위기 자체가 확 달라질 수밖에. 크리스티앙 디오르의 전기를 쓴 마리 프랑스 포크나는 다음과 같이 말한다.

'뉴 룩'은 어떤 마력을 갖고 있기에 젊은이들까지 사로잡을 수 있었던 것일까? 뉴 룩을 입는다는 것은 과연 어떤 의미를 갖는 것이었을까? 자신의 표출이었을까? 비록 한 벌의 옷에 불과한 것이었지만 계속되는 파업 사태로 국가가 마비 상태에 빠져 있을 때 화려한 고급 의상을 입고 거리로 나선다는 것은 대단한 용기를 필요로 하는 것이었다. 뉴 룩이 그토록 큰 인기를 거둘 수 있었던 것은 바로 현실을 부정하고자 하는 프랑스인들의 욕구를 채워주었기 때문이었다. 프랑스인들은 허기진 배와 초점 없는 눈동자, 허름한 집과 세상을 난무하는 공허한 사상들, 그리고 권태로운 일상에서 벗어나길 갈망하고 있었던 것이다. 4,000만 프랑스 국민들은 건강과 사랑, 진정한 삶을 되찾고자 했던 것이다. 파리 수복 다음 날 드골 장군은 에뚜왈 광장에서 노틀담까지 이어지는 승전 기념 행진을 지시했다. 이 그지없이 무모해 보이는 행동이 바로 프랑스인들에게는 강한 애국심을 불러일으키는 데 성공적으로 작용했다. 디오르 역시 프랑스인의 가슴속에 이와 유사한 감정을 불러일으킨 것이었다.[16]

15) J. 앤더슨 블랙 · 매쥐 가랜드, 윤길준 옮김, 『세계 패션사 2』(자작아카데미, 1997), 209~210쪽.
16) 마리 프랑스 포크나, 허준 옮김, 앞의 책, 121쪽.

'꿈을 꿀 수 있는 능력'의 복원

드골과 디오르! 이 두 인물이 그런 식으로 같은 역할을 하였다는 게 흥미롭다. 비참한 현실에서 '프랑스의 영광'은 어떤 형태로든 재현될 필요가 있었던 것일까? 전시 체제하에서 여성의 옷은 남성의 옷과 마찬가지로 완전히 실용적 가치에만 국한되었으니 그런 실용적인 옷차림에서 '꿈'을 찾긴 어려웠을지도 모른다. 그러나 아무리 '꿈'일망정 그걸 갖는 데에도 빈부격차는 있기 마련이다. '뉴 룩'은 그런 갈등을 몰고 왔다.

"지금까지 어떤 유행도 뉴 룩만큼이나 사회에 큰 반향을 불러일으킨 적은 없었다. 이 새로운 유행에 불만을 품은 사람들의 분노는 대단했다. 파리 시내 한 복판에서 서로 옷을 찢어 당기며 싸우고 있는 여자들을 찍은 사진들이 신문에 실리곤 했다. 여전히 남루한 옷을 입고 있는 르빽가의 주부들은 뉴 룩풍의 드레스를 입은 여자가 지나가기만 하면 화를 참지 못했다. 그녀들은 잘 차려 입고 지나가는 여자에게 달려들어 블라우스를 움켜쥐고는 발기발기 찢어버렸다. 어이없이 봉변을 당한 가여운 여인은 거의 반 나체가 되어 그 자리를 빠져 나오곤 했다."[17]

마리 프랑스 포크나는 그런 사회적 갈등에도 불구하고 디오르의 패션은 여성의 개념을 바꾸고 '꿈을 꿀 수 있는 능력'을 복원시켰다고 주장한다. 디오르 역시 자신의 성공 이유를 그렇게 분석했다고 한다. 디오르의 말을 들어보자.

나는 하나의 움직임을 일으킨 장본인이었던 만큼 이를 분석할 책임을 갖고 있다. 뉴 룩은 무엇보다도 타인의 마음을 사로잡고자 하는 욕망을 되찾아 주는 것이었다. 사람들이 전혀 새로운 스타일이라고 격찬했던

---

17) 마리 프랑스 포크나, 허준 옮김, 『크리스찬 디오르』(명진출판, 1995), 122쪽.

것은 내가 꿈꾸어 온 패션의 자연스러운 표현일 뿐이다. 내 개인적인 취향이 우연히도 사람들이 원하던 바와 들어맞아서 하나의 슬로건처럼 되어 버렸을 뿐이다. 전쟁으로 지칠 대로 지쳐 있던 유럽은 불꽃놀이를 필요로 하고 있었던 것이었다. 크리스찬 디오르 부티크의 탄생은 이렇듯 사람들 마음 속에 싹트기 시작한 낙관주의와 문명화된 행복을 추구하는 분위기에 힘입어 이루어질 수 있었다.[18]

프랑스의 자존심을 세워준 디오르

'뉴 룩'에 대한 논쟁과 사회적 갈등이 프랑스보다는 미국에서 더 뜨겁게 일어났다는 것도 흥미롭다. 1947년 9월 디오르는 미국을 방문했다. 그가 가는 곳마다 수천 명의 시민들이 몰려들어 그를 환대했지만 여권운동 단체들은 거센 반대 운동을 전개했다.

조지아주에서는 한 여성이 버스의 자동문에 치마가 끼는 바람에 버스가 설 때까지 한 블록을 끌려가 부상을 당하는 불상사가 발생했다. 그녀는 자신의 경험을 근거로 '뉴 룩' 반대운동을 전개했다. 긴치마는 위험하며 '뉴 룩'은 남녀평등에 반대하는 음모라는 것이다. 하기야 엄청난 길이의 둘레를 갖고 있는 치마, 받침살대로 편 드레스, 문 드나들기도 힘든 커다란 모자, 진주 장식의 긴 장갑 등을 갖춘 여자가 어찌 자유로운 활동을 할 수 있을 것이며 일을 할 수 있겠는가?[19]

그러나 그런 반대 운동이 뜨거울수록 디오르의 '뉴 룩'은 더욱더 언론의 관심의 대상이 되었다. 디오르에 관한 기사는 신문의 1면을 차지했고, 그로 인한 홍보 효과는 엄청났다. 그 이전에 패션이 이처럼 언론

---

18) 마리 프랑스 포크나, 허준 옮김, 앞의 책, 123쪽.
19) 마리 프랑스 포크나, 허준 옮김, 앞의 책, 155~157쪽.

디오르가 선보인 '뉴 룩'은 무엇보다도 화려했다. 천을 엄청나게 많이 들인 스커트, 꼭 조이는 허리, 깊숙히 파인 가슴 등의 특징을 가진 '뉴 룩'은 순식간에 일반 서민층과 젊은이들에까지 파고들었다. (『Christian Dior』, Arcade Publishing:New York, 1996, p. 174)

의 큰 관심을 받지는 못했으니, 디오르는 새로운 언론 현상을 만들어낸 것이었다. 패션 잡지들이 맹활약을 하면서 패션에 관한 '소비자 교육'에 나선 것도 바로 이때였다.

그런 유별난 홍보 덕분이었는지 초기 5년 간 크리스티앙 디오르의 총매상고 가운데 50%가 미국에서 나왔다. 크리스티앙 디오르는 품목 다각화를 시도하여 1949년 양말과 향수를 선보였으며 그 이후 모자, 가방, 장갑, 보석, 넥타이, 모피 등 몸과 관련된 모든 품목으로 시장을 넓혀갔다. 1949년 말 프랑스 통산성 통계에 따르면, 크리스티앙 디오르사가 프랑스의 전체 의류 수출 물량 중 75%, 프랑스 대외 무역량의 5%를 차지하기에 이르렀다. 프랑스 정부는 디오르에게 레지옹 도뇌르 훈장을 수여했다.

"그러나 디오르가 훌륭한 기업가였는지의 여부는 프랑스인들에게 그다지 중요한 사실은 아니었다. 프랑스인들이 그를 그토록 좋아한 것은 그것과는 아무런 상관이 없었다. 그의 세계적인 명성은 프랑스의 자존심을 세워 주었던 것이다."

하긴 그게 바로 전후 프랑스인들의 심리 상태였는지도 모르겠다. 디오르는 프랑스보다는 미국에서 훨씬 더 유명했으며 더 대접을 받았다. 그런데 그런 사실이 역으로 프랑스인들의 자존심을 세워주었던 것이다.

'개인적인 고급 취향을 지켜야 한다'

크리스티앙 디오르는 '사치의 전도사'였다. 그는 세계의 움직임에 역행할망정 풍요를 지켜야 한다고 역설했다. 그는 심지어 이런 말도 했다. "우리의 문화는 사치 그 자체다. 우리는 사치를 지키기 위해 투쟁해야 한다."[20]

디오르는 1957년 10월 27일 심장마비로 사망했는데 그의 장례식 또한 사치 그 자체였다. 그의 장례식엔 2천5백 명이 참석했으며 파리 시내가 꽃으로 뒤덮이다시피 했다. 한 의원이 그러한 사치는 노동계급에 대한 모욕이라고 항의 성명을 발표할 정도였다.

사치의 가치를 옹호했던 디오르는 불멸의 이름을 남겼다. 그 이름은 이데올로기와도 무관하지 않다. 1997년 『뉴스위크』지는 디오르의 의미에 대해 다음과 같이 말했다.

> 디오르는 47년에 연 자신의 최초의 컬렉션을 통해 서구 문명에 독특한 공헌을 했다. 프랑스는 2차대전의 악몽에서 막 깨어난 참이었고 동유럽에서는 20세기 후반의 대부분을 지배하게 될 새로운 위협이 이미 형성되고 있었다. 패션은 그때까지도 군중 속에서 눈에 띄게 돌출해 보여서는 안된다든가 정해진 양의 직물만을 사용해야 된다든가 하는 전시 규범에 묶여 있었다. 이 황량하고 비낭만적인 풍토에 잘록한 허리, 풍성하게 소용돌이치는 스커트, 따라서 당연히 값비싼 디오르의 '뉴 룩'이 출현했다. 뉴욕 메트로폴리탄 미술관 리처드 마틴 관장의 말을 빌리면 그것은 '의상에 대한 모든 가능성의 구체화'였다. 동구가 집산주의라는 조직화된 대열 속으로 빠져들어갈 때 서구는 '개인적인 고급 취향은 철저히 옹호돼야 한다'는 디오르의 말에 따라 풍요와 매혹과 性을 지지했다.[21]

'입 생 로랑이 프랑스를 구했다'

크리스티앙 디오르는 갔지만 그의 이름을 딴 패션 기업 크리스티앙 디오

---

20) 마리 프랑스 포크나, 허준 옮김, 『크리스챤 디오르』(명진출판, 1995), 153쪽.
21) Jerry Adler, 〈이브 생 로랑은 패션 대중화 앞장〉, 『뉴스위크』(한국어판), 1997년 1월 15일, 77면.

르사는 살아 남았다. 크리스티앙 디오르사는 디오르의 명성을 뒤이어 갈 수석 디자이너로 디오르의 제자라 할 입 생 로랑[22]을 임명했다. 1955년 19살 때 디오르 패션 스튜디오에 취직한 입 생 로랑은 불과 입사 2년 만에 21살의 어린 나이로 그 막강한 자리를 차지하게 된 것이었다.

입 생 로랑은 1958년 1월 자신의 컬렉션 쇼를 선보였는데 대성공을 거두었다. 입 생 로랑의 전기를 쓴 저자가 그 성공의 장면을 묘사한 부분을 보면 패션쇼가 무슨 종교 의식이 아닌가 하는 생각마저 갖게 될 정도이다. 감격에 겨워 엉엉 우는 사람이 없나. 하기야 신문들까지 '입 생 로랑이 프랑스를 구했다'고 대서특필했다 하니 어느 분야에서건 세계 제1위가 되려면 그런 사회적 광기의 뒷받침이 있어야 하나 보다.

그러나 입 생 로랑은 곧 크리스티앙 디오르사와 결별하고 자신의 사업을 차렸으며 계속 성공의 길을 걸었다. 1971년 1월 파리 패션계의 또 다른 거물인 코코 샤넬이 사망하자 입 생 로랑은 파리 패션계의 독보적인 존재로 군림하게 되었다. 물론 피에르 가르뎅과 지방시가 있었지만, 가르뎅은 초콜릿에까지 가르뎅 딱지를 붙이는 등 라이센스 사업에 몰두하고 있었고 지방시는 대중성이 결여된 활동에만 치중하고 있었기 때문에 그는 그러한 권위의 진공 상태에서 자연스럽게 독보적인 인물로 부각될 수 있었던 것이다. 1997년 『뉴스위크』지는 입 생 로랑에 대해 다음과 같은 평가를 내렸다.

"생 로랑은 62년 자신의 패션 하우스를 설립한 후 패션계에서 제 몫을 톡톡히 해냈다. 4년 후 그는 파리에 처음으로 리브 고슈 부티크를 열었다. 이 부티크는 고급 의상실 가격의 몇 분의 일밖에 안되는 값싼 기성복 패션을 향해 나아가는 경향을 선도했다. 동시에 생 로랑은 고급품의 대량 생산과 名士를 내세운 대량판매의 선두에 서게 됐다. …… 오

---

22) 입 생 로랑에 대해선 Alice Rawsthorn, 『Yves Saint Laurent: A Biography』(New York: Doubleday, 1996)를 참고하였습니다.

랜 동업자이자 애인인 피에르 베르제가 운영해온 회사가 80년대에 주식을 공개하면서 생 로랑은 백만장자가 됐다. 카트린 드뇌브의 단골 디자이너라는 명예는 수십년이 흐르면서 빛을 좀 잃었지만 이브 생 로랑은 리바이 스트라우스 이후 서구 문화에 패션 개념을 형성하는 데 큰 역할을 했다."[23]

우상타파주의적 파격

입 생 로랑의 파격적인 디자인은 시대적 조류라 할 히피문화에 잘 들어맞았으며, 그 자신이 우상타파주의자이기도 했다. 그는 여성이 입어도 되는 것, 입어선 안 되는 것 하는 식으로 존재했던 패션의 기본 가정을 일거에 타파해버렸다. 여성이 바지를 입는다든가 가슴이 드러나는 상의를 입는 것 등은 입 생 로랑 이전엔 상상하기 어려웠던 것이다. 그는 모델도 다양한 인종의 모델을 고용했으며, 남녀 구분을 모호하게 하는 등 기존의 美의 개념을 재정의하는 파격을 서슴지 않았다.

입 생 로랑의 성공은 그의 친구인 팝 아티스트 앤디 워홀의 성공과 비슷한 면이 있었다. 워홀은 관객들이 기존 미술의 추상적 세계에 싫증을 내고 있을 때 미술을 대중의 곁으로 끌어들인 팝 아트로 치고 나가 성공을 거두었는데, 입 생 로랑의 경우도 60년대의 경제 성장과 영 파워의 등장 등 여성의 경제적 독립을 가능케 한 사회적 변화와 더불어 성도덕의 변화가 그의 성공을 가능케 한 배경이 되었다.

사실 앤디 워홀은 미술계뿐만 아니라 패션계에서도 중요하게 다뤄질 가치가 있는 인물이다. 워홀은 1997년 7월에 살해된 이탈리아의 패션

---

23) Jerry Adler, 〈이브 생 로랑은 패션 대중화 앞장〉, 『뉴스위크』(한국어판), 1997년 1월 15일, 77면.

디자이너 지아니 베르사체와도 매우 친한 관계를 유지했는데, 베르사체의 우주복 같은 패션이나 마릴린 먼로의 사진을 새긴 티셔츠 같은 것은 워홀로부터 영향을 받은 전형적인 팝 아트다.

어찌됐건 워홀과 관련하여 중요한 건 변화하는 시대에 대한 대중적 감각이고 입 생 로랑 역시 그런 점에서 뛰어났던 것이다. 심지어 저항의 메시지까지 상업적으로 이용할 수 있을 정도로 말이다. 1997년 『뉴스위크』지는 다음과 같이 말한 바 있다.

"그와 거의 동시대를 살았던 친구 앤디 워홀처럼 생 로랑도 시대정신에 대한 뛰어난 감각을 지니고 있었다. 짙은 잿빛의 고급 패션계에 던져진 페이즐리(정교한 무늬가 있는 부드러운 모직물) 장갑처럼 도전적이었던 그의 작품은 1960년대의 반항 정신을 구현하고 있었다. …… 68년 봄 좌익 시위 학생들이 파리의 거리로 나섰을 때 생 로랑은 가을 컬렉션에서 더플코트(후드가 달린 무릎까지 내려오는 코트)와 술이 달린 재킷을 소개함으로써 그들에게 경의를 표했다. 물론 학생들이 그 옷을 살 여유는 없었을 것이다. 그럴 여유가 있는 사람이라면 바리케이드 반대편의 시위 저지측에 있었을 것이다."[24]

입 생 로랑의 '이미지 마케팅'

입 생 로랑의 마케팅 방식도 당시로선 대단히 이단적인 요소가 강했다. 언론의 홍보에 의한 광고 효과를 얻어내는 데엔 타의 추종을 불허했다. 그는 71년 35세 때 자신의 이름이 박힌 남성용 향수 광고에 누드로 출연한 적도 있다. 물론 이 '사건'은 언론에 대대적으로 보도되었다. 이미 당시에도 그의 동성애는 공공연한 비밀이었는데, 그의 광고

24) Jerry Adler, 앞의 글.

"이브 생 로랑이 아니었다면 다른 디자이너들은 현재 요식업에 종사하고 있을지도 모른다. 이브 생 로랑은 자신의 이름을 브랜드명으로 내세운 패션 디자이너로서의 역할, 곧 명성을 백화점 매출로 재생하는 방법을 창출해냈기 때문이다."(『뉴스위크』(한국판), 1997년 1월 15일; 『YVES SAINT LAURENT』, New York: Doubleday, 1996, p. 220)

누드 사진은 70년대 동성애자들의 상징이 되었다.

입 생 로랑의 향수 이름은 모두 논란을 불러일으켜 언론에 대대적으로 보도되었다는 공통점을 갖고 있다. 향수 Paris는 파리 시의회가 반대하는 바람에, 향수 Opium은 반 마약운동 단체들과 중국계 사람들이 반대하는 바람에, 그리고 향수 Champagne은 농부들이 반대하는 바람에 모두 언론에 크게 보도되었고 그 홍보 효과 덕택에 모두 큰 성공을 거두었다. 그러나 Opium의 경우 홍보 효과가 아무래도 지나쳤던 것 같다. 『국민일보』 2000년 1월 12일자는 다음과 같이 전하고 있다.

"중국이 '아편전쟁'을 다시 벌이고 있다. 그러나 상대는 영국이 아니라 '오피엄(opium)' 상표의 향수를 생산하는 프랑스 이브생로랑. 중국 당국은 아편이라는 뜻을 가진 오피엄 향수가 청소년의 정신을 오염시킬 뿐 아니라 중국인들에게 제국주의 시대의 아편전쟁을 연상시킬 우려가 있다며 지난달 오피엄의 상표 등록을 취소하는 동시에 판매를 영구 금지시켰다. 청두(成都)시가 한 소비자의 진정에 따라 오피엄 판매를 금지시키자 이브생로랑이 이에 불복, 중앙 정부에 소를 제기하면서 촉발된 상표 분쟁이 2년만에 이브생로랑의 패배로 끝남에 따라 이 회사는 엄청난 타격을 입게 됐다. 지난 95년부터 중국 판매를 시작한 오피엄은 중국내 최고 매출을 기록중인 향수였기 때문이다. 이브생로랑측은 '오피엄 상표가 아편전쟁을 연상시킨다는 중국 당국의 해석은 너무 작위적'이라면서 '이번 결정은 중국의 세계무역기구(WTO) 가입에 따른 시장 개방 정책에 위배된다'고 강한 유감을 표시했다. 오피엄 상표는 독(毒)을 뜻하는 크리스티앙 디오르의 프아종(poison) 향수처럼 암시적인 의미를 담고 있다는 게 이브생로랑측의 설명이다. 이에 대해 중국 당국은 소비자의 항의가 빗발치고 있는데다 상표법에도 아편(오피엄)이란 상표를 사용할 수 없다고 규정돼 있어 이번 결정은 합법적이라며 이브생로랑측 주장을 일축했다."[25]

향수는 이익이 가장 많이 남는 품목이니 입 생 로랑측이 가슴 아파하는 건 당연하다. 예컨대, 79년에 나온 Opium의 경우 정가는 80달러이지만 원가는 4달러에 지나지 않는다. 포장비 6달러, 광고비 8달러, 유통 마진 40달러를 빼도 향수 1개를 팔면 22달러가 남으니 아주 괜찮은 장사다.[26]

---

25) 이홍우, 〈중, 이브생로랑과 '아편전쟁'?〉, 『국민일보』, 2000년 1월 12일, 9면.
26) 미국 '화장품계의 여왕' 에스티 로더는 Opium과 관련해 자신의 자서전에서 다음과 같이 말하고

패션 업체들이 자꾸 품목을 다각화하는 것도 바로 그런 이유와 무관하지 않다. 83년에 이르러 입 생 로랑(YSL) 품목은 수건, 볼펜·셔츠, 선글라스, 핸드백, 담배 등에 이르기까지 모두 2백 개에 이르렀다. YSL이라는 이름 자체가 프랑스적 기호와 파리적 우아함의 추상적 이미지를 불러일으키는 만큼 그건 그야말로 '이미지 판매업'이었다. 이와 관련, 『뉴스위크』지는 다음과 같이 말한다.

"패션 디자이너들을 위한 '명예의 전당'이 존재하지 않는 이유는 그곳에 이름이 오를 만한 사람 모두가 자기만이 적격자라고 생각하고 있기 때문이다. 따라서 이브 생 로랑의 위대성에 대한 주장도 주관적인 평가가 될 수밖에 없다. 그러나 캘빈 클라인과 랄프 로렌, 홀스턴이 있기 전에 이브 생 로랑이 있었다. 이브 생 로랑이 아니었다면 다른 디자이너들은 현재 요식업에 종사하고 있을지도 모른다. 이브 생 로랑은 자신의 이름을 브랜드명으로 내세운 패션 디자이너로서의 역할, 곧 명성을 백화점 매출로 재생하는 방법을 창출해냈기 때문이다."[27]

그렇게 큰 성공을 거두었지만 입 생 로랑의 인생은 결코 행복하다고 말하긴 어려울 것이다. 그는 어렸을 때부터 야위고 수줍음을 잘 타는 소년이었다. 그는 여자 같은 아이로 늘 학교에서 시달림을 받아야 했다. 그는 당시의 고통을 '심리적 고문'이라 표현했는데 이는 나중에 그가 성장해서도 잊을 수 없는 악몽이 되었다. 그는 60년 신경쇠약에 걸려 정신병원에 입원하기도 했으며 지금까지도 신경쇠약과 알콜 중독으

있다. "기묘하게도 동양적 영향이 이브 생 로랑에게 어필한 것과 거의 같은 시기에 나도 이국적인 향기에 관심을 갖기 시작했다. 〈친나바〉가 그때 탄생했다. 동양적인 영향을 받은 그 향수의 포장을 동양적인 심홍색 꽃술로 장식했다. 그 직후에 발매된 이브 생 로랑의 〈오피움〉이 상자에 꽃술을 장식한 것을 보는 것은 나로서는 매우 흥미있는 일이었다. 오피움은 온스당 100달러로 소매를 했는데, 친나바는 정확히 그 절반 값을 받았기 때문에 따라서 경쟁이 되지 않을 수밖에 없었다." 에스티 로더, 『향기를 담은 여자: 화장품계의 여왕〔에스티 로더〕의 자전적 에세이』(어문각, 1999), 156쪽.

27) Jerry Adler, 〈이브 생 로랑은 패션 대중화 앞장〉, 『뉴스위크』(한국어판), 1997년 1월 15일, 77면.

로 고통받고 있다.

그는 크리스티앙 디오르와 마찬가지로 평생 독신으로 살고 있으며 자신의 마약 경험과 자신이 동성애자임을 공개적으로 밝힌 적도 있다. 1989년엔 AIDS 감염설이 나돌기도 했다.[28] 그의 동성애 애인은 프랑스 오페라계의 거물인 피에르 베르주라는 인물이다. 지난 89년 파리 바스티유 오페라 음악감독으로 과감하게 정명훈을 발탁한 인물이기도 하다. 입 생 로랑은 나중에 베르주로부터 사랑의 배신을 당하는 아픔을 겪기도 했다.

입 생 로랑 전기의 저자인 앨리스 로쏜은 입 생 로랑이 자기 자신에게 성실하고 충실했다는 것을 높이 평가하고 있다. 영국 『파이낸셜 타임스』 파리 특파원을 지낸 로쏜은 늘 온갖 위선과 기만이 판을 치는 패션계에서 입 생 로랑이 자신의 마약 복용과 동성애를 스스로 기자에게 고백한 것에 높은 점수를 주고 있다.

패션과 언론의 유착

호된 외환 위기를 겪었거니와 여전히 그 위기로부터 자유롭지 못한 아시아가 한동안 파리 패션산업의 구세주라는 점이 입 생 로랑의 전기에서 비교적 자세히 다뤄지고 있는 것도 흥미롭다.

1990년 8월에 일어난 걸프전쟁은 파리 패션계에 큰 재앙이었다. 파리 패션산업은 비행기에 크게 의존하기 때문이다. 패션쇼가 열리면 외국, 특히 미국에서 고급 고객들이 몰려 오는데다 모델들도 이동해야 하

---

28) 앞서 언급한 바 있는 베르사체 역시 한번도 결혼하지 않았고 자신이 동성애자임을 공공연히 밝혔으며 한때 AIDS에 걸렸다는 소문이 나돌기도 했다. 패션계의 정상에 오르려면 동성애와 AIDS 감염설이 필수는 아닌지 모르겠다. 큰 일 낼 소리!

기 때문에 비행기가 테러 위협으로 뜨지 못하면 파리 패션산업은 큰 타격을 받을 수밖에 없다. 게다가 비행기 안에서의 면세 판매량도 무시 못한다.

게다가 90년대 들어서면서 패션쇼 비용이 급증했다. 꽃값과 기자들 숙식비 부담도 만만치 않다. 여기서 언론 이야기 좀 하고 넘어가자. 크리스티앙 디오르와 입 생 로랑의 전기를 쓴 저자들이 패션계 내부 사람들이라 그런지 이 책들엔 패션계와 언론의 유착에 관한 이야기가 거의 없다. 그런데 언론을 빼놓고 패션에 대해 이야기한다는 건 말이 안 된다. 패션쇼는 '미디어 이벤트'이기 때문이다. 예컨대, 97년 7월에 열린 '97 가을-겨울 파리 오트쿠튀르(Haute Couture: 고급 의상실) 컬렉션'엔 43개국 취재기자 9백여 명과 사진기자 2백여 명, 60개 TV 팀이 몰려 취재에 열을 올렸다.[29]

그러니 어찌 언론에 관한 이야기를 빼놓을 수 있으랴. 그 이야기를 좀 보완하기로 하자. 『타임』지 95년 6월 5일자는 패션지 편집자와 디자이너의 유착을 상세히 다루고 있는데, 『바른 언론』 95년 8월 12일자가 이 기사를 번역해 게재했다.[30] 기사의 일부 내용을 여기에 그대로 인용하겠다.

"한 전직 패션 잡지 편집자는 크리스마스 철에 자기 사무실에 쏟아져 들어온 향응을 그리운 듯 회상한다. 그녀는 이렇게 말한다. '정말 멋진 것들을 얻었지요. 이것 저것 많았습니다. 가죽 가방, 샴페인, 여행용 주머니, 스카프, 캐시미어 스웨터 등. 그걸 전부 집에 배달하려면 트럭이 두 차례나 우리 집에 와야 했죠.' 이 여성은 한 달 사이에 약 2백 가지 선물을 끌어 모았다고 어림잡는다. 시가로 치면 대략 2만5천달러 어치."

---

29) 세계 패션계의 5대 컬렉션이라고 하면 보통 파리컬렉션, 밀라노컬렉션, 뉴욕컬렉션, 런던컬렉션, 도쿄컬렉션 등을 든다.

30) 〈패션지 편집자와 디자이너의 유착〉, 『바른 언론』, 1995년 8월 12일, 7면.

"패션 잡지 독자들은 기본적으로 잡지에 반영된 편집상의 판단은 디자이너들에게서 사례를 받는 데 길들어 있는 사람들이 하지 않는다는 가정을 하고 있다. 그러나 실제 사정은 이렇다. '편집자들이 자기 회사 옷을 입도록 만드는 것은 디자이너들에게 중요합니다'라고 소매 자문인 비키로스가 설명한다. 그 반대로 패션 잡지들이 디자이너들의 비위를 맞춰줄 필요가 있는 경우는 편집자들이 디자이너들의 작품을 특집으로 다루어 준다. 수지맞는 달에는 디자이너들이 광고 페이지로 보답한다."

"게다가 미묘하고 새로운 형태의 영향력 팔아먹기가 미국에서 전형적인 운영 방식이 되었다. 잡지의 아트 디렉터는 겸업으로 디자인 대행업체를 운영하면서 자기 잡지의 광고주들이 광고 캠페인을 장만하는 일을 돕는다. 일부 패션 잡지 편집자들은 은밀히 자유 계약 스타일리스트를 겸업하면서 디자이너들 밑에서 일하는데, 이들 디자이너들이 기획한 패션쇼를 다름 아닌 이들 편집자들이 취재하게 되어 있는 것이다. 이렇게 해서 하루 일한 대가로 최고 3천 달러까지 번다."

패션과 영화의 관계

비단 언론뿐만 아니라 영화도 아주 좋은 홍보 도구다. 이브 생 로랑의 경우 카트린 드뇌브라는 훌륭한 '판촉 사원'을 둔 거나 다름없었다. 『씨네 21』은 패션과 영화의 관계에 대해 다음과 같이 말한다.

"위베르 드 지방시가 오드리 헵번과의 만남을 통해 1950년대 스크린을 자신의 패션쇼장으로 만들었다면, 전통적인 단정함과 모더니즘을 조화시킨 패션으로 1960년대를 풍미한 이브 생 로랑의 드레스가 만난 임자는 얼음 같은 미인 카트린 드뇌브였다. 드뇌브가 억눌린 욕구를 이중생활로 분출하는 중산층 주부로 분한 『세브린느』에서 입은 흰 칼라와

핸드백은 루이 뷔통·구두는 페라가모·옷은 샤넬…

해외 명품 치장 신드롬

명품별 팬클럽·고교생 구매처리 사이트 등장
중고품 매장선 주문 뒤 2∼3개월 기다려야
과시욕 주원인…"다양성의 한 축" 긍정 시각도

박herein 기자〈acirfa@joongang.co.kr〉

"패션을 통해 세계를 제패하자": 프랑스 패션업계에 구세주처럼 나타난 게 바로 아시아 시장이었다. 신흥 부자들의 공통된 특성은 패션처럼 문화적인 것으로 불안감을 해소하고 자신의 상류계급 위치를 확인하려는 것이 아닌가. (『중앙일보』, 2000년 7월 13일)

커프스의 교복 같은 검정 드레스가 이 시기 생 로랑의 대표작이다. 1970년대의 챔피언은 랠프 로렌. 『위대한 개츠비』에서 로버트 레드퍼드가 입은 크림빛 슈트와 『애니 홀』에서 다이앤 키튼이 유행시킨 폭넓은 타이가 그의 손끝에서 나왔다. 여성 스타의 스타일에 비해 홀대받아온 남자 배우의 의상을 중심부로 끌어낸 것은 『아메리칸 지골로』의 조지오 아르마니의 공이다. 리처드 기어가 아르마니의 옷가지들을 걸쳐보며 거울 앞에서 지성껏 단장하는 『아메리칸 지골로』의 한 장면은 남성들의 나르시즘과 여성 관객의 페티시즘적 욕구를 해방시킨 신호탄이었다. 할리우드 남성 패션에서 아르마니가 점하는 위치는 매년 오스카 시상식장에 들어서는 남성 영화인들의 족장에서 확인된다. 남성 영화 의상의 또 다른 스타는 지아니 베르사체. 아르마니와 베르사체는 여러 모로 대조적인 라이벌이었다. 섹시하고 요란한 디자인을 선호하고 슈퍼스타들을 몰고 다니던 베르사체와는 달리 정밀한 재단과 중간색, 옷감을 활용한 장식으로 승부하는 아르마니의 쇼는 슈퍼스타 모델을 잘 기용하지 않는 것으로 유명하다."[31]

파리 패션을 살려준 아시아 시장

다시 본론으로 돌아가자. 패션 디자이너들에게 더욱 큰 문제는 미용사의 스타화와 이른바 슈퍼 모델들의 스타화에 따른 출연료 급등이었다. 특히 슈퍼 모델들은 패션 디자이너에겐 홍보 효과를 얻게 해준다는 점에선 축복이었지만 하늘 높은 줄 모르고 치솟는 모델료 때문에 독약이었다.[32]

그런 어려운 상황에서 구세주처럼 나타난 게 바로 아시아 시장이었다. 일본의 경우 이미 그 이전부터 파리 패션산업의 구세주였고 그 이후로 한국을 비롯한 아시아의 신흥 공업국가들이 봉 노릇을 톡톡히 했다. 신흥 부자들의 공통된 특성은 패션처럼 문화적인 것으로 불안감을 해소하고 자신의 상류 계급 위치를 확인하려드는 것이 아닌가.

실제로 입 생 로랑도 경제 사정이 매우 어려웠는데 90년대 들어 아시아 시장이 급격히 성장하면서 그 어려움에서 벗어났다고 한다. 파리의 패션 잡지들이 대거 아시아 국가들, 특히 한국에 진출해 파리 패션의

---

31) 〈영화가 사랑한 디자이너: 모델이 된 스타〉, 『씨네 21』, 2000년 7월 25일, 41면.
32) 1998년에 나온 한 외신에 따르면, 세계적인 슈퍼 모델들 가운데 수입 1위는 호주의 엘 맥퍼슨, 2위는 미국의 신디 크로포드, 3위는 독일의 클라우디아 시퍼인 것으로 밝혀졌다. 맥퍼슨은 패션쇼 1회 출연에 3만5천 달러를 받으며 재산은 3천8백만 달러에 이른다고 한다. 〈세계에서 제일 돈 많은 모델 맥퍼슨〉, 『뉴스위크』(한국어판), 1998년 5월 13일, 64면. 1982년에 데뷔한 신디 크로포드의 경우, 연간 수입이 9백만 달러라고 한다. 김수정, 〈'미 전령사' 패션 모델 지구촌 동시 패션시대 열어〉, 『대한매일』, 1999년 11월 22일, 10면.

판촉 역할을 담당하게 된 것도 바로 이 즈음이었다.

입 생 로랑의 전기에서 거론된 프랑스의 문화부 장관 쟈크 랑의 역할도 주목할 만하다. 랑은 미테랑 사회당 정권 시절 두 차례에 걸쳐 14년 간 문화부 장관으로 재직한 인물인데 좋게 말해서 프랑스의 탁월한 애국자이고 나쁘게 말하면 지독한 프랑스 문화 우월주의자다. 랑은 입 생 로랑의 애인이었던 베루주와 아주 가까워 패션에 대해서도 지대한 관심을 갖고 있었다. 그는 미테랑 대통령을 설득해 패션쇼 기간 중 엘리제 궁에서 패션 종사자들을 위한 파티를 열기도 했으며 소설가에서 영화배우에 이르기까지 외국의 문화인들을 불러들여 훈장을 주는 등 파리를 세계 문화의 중심지로 만들려는 노력을 집요하게 펼쳤던 인물이다. 훈장을 받은 외국의 문화인들은 자기가 대단히 잘나서 훈장을 받은 줄로 알겠지만 그건 착각이다. 그게 일종의 장삿속인 것이다.

프랑스의 패션에 대한 국가적 차원의 지원은 이미 17세기로 거슬러 올라간다. 루이 14세 치하에서 군주제는 상인 자본주의와 거래를 틈으로써 스타일의 마케팅 담당자로서 프랑스의 우세를 확립했는데, 루이 14세의 재상 장 밥티스트 콜베르는 포목상의 아들로서 "패션을 통해 세계를 제패하자"고 외쳤다는 것이다.[33]

그렇듯 역사와 전통을 자랑하는 프랑스의 탁월한 문화적 장삿속은 파리를 세계 패션의 중심지로 붙들어내는 데에 큰 기여를 하고 있다. 97년 프랑스 경제가 침체를 면치 못하고 있을 때에도 파리 패션업계는 호황을 누렸다. 입 생 로랑은 프랑스 월드컵에 쓰일 공식 유니폼 공급업체로 선정되었으며, 피에르 가르댕은 프랑스 변호사들의 법복을 새로 디자인하게 되었다. 가르댕의 경우 국가정책적으로 그렇게 패션을 키워주니 다른 나라가 어찌 파리의 패션계를 넘볼 수 있으랴.[34]

---

33) 스튜어트 유웬, 백지숙 옮김, 『이미지는 모든 것을 삼킨다: 소비사회와 스타일의 문화정치학』 (시각과 언어, 1996), 50쪽.

그러나 90년대 말엔 '아시아 특수'가 사라져 파리 패션업계도 큰 타격을 받았는데, 『뉴스위크』98년 3월 18일자는 다음과 같이 보도하였다.

요즘 세계 패션업계의 현실은 한마디로 아시아 독감에 걸린 상태다. 아시아는 얼마 전까지만 해도 패션산업으로 큰 돈을 벌 수 있는 약속의 땅이었다. 고도 경제 성장으로 생활에 여유를 갖게 된 사람들이 사회적 지위의 상징으로 해외 유명 브랜드 제품을 걸치지 못해 안달이었다. 캘빈 클라인, 발렌티노, 페라가모, 질 샌더 등 업체들은 서울, 싱가포르, 방콕, 홍콩 등지에 한 달이 멀다하고 으리으리한 새 매장을 열었다. 이들 고급 패션업체 대다수의 아시아 시장 규모는 지난 몇 년 사이 연간 총매출(몇몇 대형사의 경우 10억 달러)의 3분의 1을 차지할 정도로 성장했다. 그러나 지난해 아시아에 경제 위기가 닥치면서 고급 패션업계는 큰 타격을 받았다. …… 제냐社는 한국내 4개 매장 가운데 3곳의 문을 닫았고, 이브 생 로랑社는 서울 갤러리아 백화점에 있던 매장을 철수했다. …… 영국 디자이너 폴 스미스는 '한국에서의 우리 사업은 하루 아침에 망하고 말았다'고 말했다.[35]

그러나 이건 1998년에 나온 이야기다. 벌써 옛날 이야기다. 이젠 상황이 또 달라졌다. 1999년 봄 〈소비 욕망이 겁난다〉는 기사가 나오더니,[36] 2000년 봄엔 '과소비'가 82년 이래 최고 수준에 도달했다는 통계

---

34) 프랑스뿐만 아니라 세계의 패션 대국은 다 국가적 차원의 강력한 지원이 있었다. 이탈리아의 패션산업도 독재자 무솔리니의 덕을 크게 보았다고 한다. 이탈리아 패션산업에 큰 애정을 갖고 있던 무솔리니는 1936년 이탈리아의 모든 패션 쇼 아이템에서 적어도 25%는 이탈리아적인 색깔이 있는 패션을 선보이게끔 강제화하는 법을 만들기까지 했다.
35) Dana Thomas, 〈아시아를 떠나는 고급 패션〉, 『뉴스위크』(한국어판), 1998년 3월 18일, 16~20면.
36) 조준상, 〈소비 욕망이 겁난다: 합리적 소비는 과연 어디까지 … 사치성 수입품 급증 우려 목소리〉, 『한겨레 21』, 1999년 3월 25일, 52면.

가 나왔다.[37] 물론 패션이 맨 앞을 달리고 있다. '거품'이건 그 무엇이 건 쾌락, 유혹, 욕망이 다시 펄펄 살아 꿈틀대는 것에 대해 박수를 보 내야 할까. ■

37) 이상연, 〈'과소비' 82년 이래 최고〉, 『경향신문』, 2000년 5월 22일, 1면.

| 캘빈 클라인 | Calvin Klein

패션은 섹스

"아버지가 패션 디자이너라서 못마땅한 건 어떤 남자와 동침할 때마다
그의 내의에 새겨진 아버지의 이름을 봐야 한다는 것이죠."

패션은 섹스[1]

강준만

토비 피셔 마르킨과 낸시 에트코프의 견해

모피는 여성의 음모(陰毛)를 상기시키기 때문에 가장 에로틱한 재질 가운데 하나로 꼽힌다. 모피는 또 동물의 자성(磁性)과 욕정을 암시하기 때문에 여성의 원초적인 욕구를 표현하는 재질이라 할 수 있다. …… 『옷의 심리학』이라는 책을 쓴 J.C. 플루겔은 자신의 옷에 달린 단추나 지퍼를 가지고 장난을 하는 것은 자위 행위의 한 형태라고 주장한다. 단추 구멍으로 단추를 넣었다 뺐다 하는 것이 성교를 암시하는 상징이라는 것이다.[2]

---

1) 이 글은 1997년 1월에 나온 『인물과 사상 1』에 썼던 걸 수정·보완한 것입니다.
2) 토비 피셔 미르킨, 허준·안종설 옮김, 『패션속으로: 토비와 함께 떠나는 패션 여행』(새로운사람들, 1995), 108~109쪽.

미국의 패션 전문기자 토비 피셔 마르킨의 저서 『패션 속으로』에서 인용한 것이다. 그런가 하면 미국 하버드 의대 교수 낸시 에트코프의 저서 『미: 가장 예쁜 유전자만 살아남는다』엔 다음과 같은 이야기가 나온다.

> 패션이 성과 관련이 있다는 것은 분명하다. 심지어 선구적인 패션 디자이너들도 이에 동의한다. "남자와 여자 모두 대부분은 성교를 하기 위해 옷을 입는다"라고 영국 디자이너 캐서린 햄넷이 말했다. "패션은 모두 짝짓기에 관한 것이다. …… 18세 짜리를 생각해보라. 그리고 외출 전에 스무 가지의 다른 티셔츠를 입어보는 에너지는 그들에게 무척 중요하다. …… 진정한 패션의 환상은 섹스와 관련이 있다"라고 구치 디자이너 탐 포드가 말했다.[3]

그래서 '패션은 섹스'라는 건가? 그건 아니다. 문제는 그렇게 단순하지 않다. 에트코프의 말마따나, "성(Sex)은 패션 이야기의 단지 일부일 뿐이다. 결국 아무도 『보그』지와 『Harper's Bazaar』지와 『플레이보이』지를 혼동하지 않는다는 것이다."[4]

그렇다. 섹스가 패션의 전부라는 건 아니다. 일부라는 거다. 그러나 일부일망정 '섹스로서의 패션'의 '작동 방식'은 의외로 세밀한 관찰을 필요로 한다. 최근 우리 나라에서 유행하는 '누드 패션'이니 '시스루 (see through) 패션'이니 하는 게 바로 "패션=섹스"를 말해주는 게 아닌가? 일리 있는 말이다. 그러나 여기선 그렇게 눈에 보이는 정도를 넘어선 이야기를 해보자는 거다.

---

3) 낸시 에트코프, 이기문 옮김, 『미: 가장 예쁜 유전자만 살아남는다』(살림, 2000), 249~250쪽.
4) 낸시 에트코프, 이기문 옮김, 위의 책, 252쪽.

데즈먼드 모리스의 견해

여기서 영국의 동물학자 데즈먼드 모리스의 말이 도움이 될지도 모르겠다. 그는 섹스로서의 패션과 관련하여 다음과 같이 말한다.

"1920년대의 반항적인 젊은 여성들은 대담하게 종아리를, 나아가서는 무릎까지 드러냈는데, 일부 남성들은 이를 견디지 못했다. 그들은 새로운 유행이 도덕 수준의 몰락을 가져 오고 있으며, '현대 여성 (modern girl)'이 창녀처럼 행동하고 있노라 주장했다. 직장에 보다 짧은 신형 스커트를 입지 않고 오도록 직원들에게 금지령을 내린 사례들이 많았다. 저명한 변호사로 알려진 어느 남성은 다음과 같이 불만을 털어 놓았다. '비단 같은 다리의 반쯤 벌거벗은 허벅다리의 도발은 …… 파멸적이고 압도적이었다.' 그러한 논평들이 지니고 있는 주요한 의미는 무엇일까? 그들은 젊은 여성의 다리에서 발산되는 지극히 강력한 성적 신호 작용을 잘 드러내고 있다. 그 이유는 아주 명백하다. 눈에 보이는 한 쌍의 다리 부위가 늘어나면 날수록, 그들이 만나는 위치를 상상하기란 더욱 쉬워진다."[5]

그러나 모리스는 "이를 근거로 20세기의 치마길이 변화는 그 사회의 성적 활력의 변동을 반영하는 것 이외의 아무것도 아니라는 결론을 내린다면 잘못이 아닐까"라고 묻는다. 그는 너무 그렇게 단순하게 보지는 말자면서 다음과 같은 말을 덧붙인다.

> 우리들이 10년 단위로 치맛자락의 오르내림을 살펴보면, 짧은 치마는 호경기에 등장하고, 긴 치마는 불경기에 다시 나타나는 것이 분명하다. 반항의 20년대를 휩쓴 짧은 치마가 30년대 공황기의 긴 치마로 대체되었다. 40년대 후반 전후 내핍기의 긴 치마들이 홍청대던 60년대의 미니

5) 데즈먼드 모리스, 이규범 옮김, 『바디워칭: 신비로운 인체의 모든 것』 13쇄(범양사출판부, 1995), 255쪽.

"우리 젊은 여성들은 항상 움직이고 있어요.": 일부일망정 '섹스로서의 패션' 의 '작동 방식' 은 세밀한 관찰을 필요로 한다. '누드 패션' 이니 '시스루(see through) 패션' 이니 하는 게 바로 "패션＝섹스"를 말해주는 게 아닌가?(『스포츠서울』, 2000년 5월 9일)

스커트에 밀려나고 말았다. 이들은 다시 70년대 경기 후퇴기의 긴 치마에 자리를 물려 주었다. 젊은 여성들은 그 사회의 분위기에 영향을 받아 그들의 치맛단 높이로 낙관과 자신(自信)의 수준을 보여주는 듯하다. 낙관적인 자세는 활발한 성행위와 병행한다는 범위 안에서라면 보다 짧은 치마가 보다 큰 성적 에너지를 안고 있는 어느 사회의 반영이라고 말할 수 있겠지만, 이건 분명히 이야기의 일부에 지나지 않는다. 이를테면, 70년대의 보다 긴 치마 단계가 성적 기능 저하의 산물이 아닌 것만은 확실했다. …… 아주 짧은 치마는 어느 성적 요소보다도 해방감을 상징했다. 짧은 치마를 입은 여성들은 성큼성큼 걷고 뛰어오르며 세상에 나설 수 있다. 길게 휘날리는 치마나 팽팽한 통 모양의 치마를 입은 여성들은 그 속에 갇혀 운신을 하기 어렵다. 60년대에 각선미를 자랑하던 미니스커트와 마이크로스커트의 여성들이 폭발적으로 늘어났는데, 먹는 피임약의 발명과 호경기에서 우러나온 새로운 자유의 산물이었다. 그 길게 드러난 다리들은 이런 사회적 메시지를 전달했다. "우리 젊은 여성들은 항상 움직이고 있어요."[6]

그렇다. '섹스'와 '해방감'은 좀 다른 이야기다. 물론 둘이 완전히 다른 건 아니다. 말이야 바른 말이지, 섹스의 구속을 전제로 한 해방감과 활력이 어찌 가능하겠는가. 해방감과 활력은 섹스를 당연히 포함하는 좀더 넓은 개념으로 보는 것이 온당할 것이다. 그러니 패션의 모든 걸 섹스와 연결시키는 일종의 '섹스 환원론'만 경계하면서 패션이 섹스와 어떤 관계를 맺고 있는지 캘빈 클라인이라는 디자이너에 대한 탐구를 통해 그걸 음미해보기로 하자.

파리에서 뉴욕으로

캘빈 클라인(Calvin Klein)은 미국이 자랑하는 대표적인 패션 디자이너다. 그는 패션 디자이너들이 탐을 내는 코티상을 73, 74, 75년에 걸쳐 연이어 세 번이나 수상했다. 그는 75년에는 미국 '패션의 영예의 전당'에 추대되었다.[7]

---

6) 데즈먼드 모리스, 이규범 옮김, 『바디워칭: 신비로운 인체의 모든 것』 13쇄(범양사출판부, 1995), 255~256쪽.
7) 이후 캘빈 클라인의 인적 사항에 대해선 상당 부분 〈Klein, Calvin〉, 『Current Biography』, 1978 ed., pp. 229~232를 참고하였습니다.

그러나 그는 엄밀하게 말해 디자이너라기보다는 디자인을 파는 '패션 기업가'다. 미국의 시사 주간지 『타임』이 96년 6월 17일자에서 '미국에서 가장 영향력 있는 25명'을 선정해 발표할 때에도 그 가운데 포함된 클라인은 '패션 기업가'로 소개되었다.[8] 다소 과장된 표현이겠지만, 패션의 중심지로 뉴욕을 파리와 대등하게 만든 주인공이 바로 캘빈 클라인이라는 말까지 나오고 있을 정도이다.

파리 패션계는 그간 자만심에 빠져 창의성과 문화적인 면에만 치중하면서 마케팅을 소홀히 한 감이 없지 않다. 꼭 그 결과 때문이라고 말하긴 어렵겠지만 1996년 프랑스는 93~94년에 이어 두 번째로 여성의류 무역 적자를 기록했다. 프랑스 여성기성복협회의 발표에 따르면 95년 5월~96년 4월 1년간 프랑스 여성의류 수출액은 103억 프랑(약 1조6천4백80억 원)인데 비해 수입은 114억 프랑으로 11억 프랑(약 1천7백60억 원)의 적자를 냈다.[9]

물론 캘빈 클라인 때문에 파리 패션계가 고전을 하고 있는 건 아니다. 중요한 건 클라인으로 대표되는 패션이 파리 패션과는 달리 비교적 '단순한 실용성'을 강조하고 있으며 이것이 세계 시장에서 먹혀 들어가고 있다는 점이다.

클라인은 패션 분야에서 '미국'을 수출하는 데에 앞장서 왔다. 그는 조르지오 아르마니, 랠프 로렌 등과 같은 유명 패션 기업들로부터 유능한 인재를 스카웃해 유럽과 아시아를 집중 공략하기도 했다. 96년 4월엔 일본 이세탄과 손잡고 대만 태국 말레이시아 싱가포르 등에서 차례로 영업점을 개설했으며, 한국을 공략하기 위해 96년 9월 서울을 방문하기도 했다. 진심인지 아첨인지 알 수 없으나 한국 시장에 대한 그의 평가가 재미있다.

---

8) 〈Calvin Klein〉, 『Time』, June 17, 1996, pp. 18~19.
9) 〈'패션강국' 프랑스는 추락하는가〉, 『한국일보』, 1996년 11월 9일, 18면.

"이제 한국에 상륙하지 않고는 세계적인 패션디자이너로 인정받을 수 없다고 생각합니다. 미국 뉴욕에 이어 두 번째로 저의 모든 것을 보여줄 전문매장을 갖게 되어 너무나 행복합니다."[10]

그는 2~3년 내 아시아에만 30개 매장을 추가로 낼 계획이라고 밝히면서 그 의미에 대해 다음과 같이 말했다.

"패션은 세계를 하나로 묶어줍니다. 뉴욕과 서울·런던의 여성들에게 동시에 똑같은 옷을 입힐 수 있다는 건 가슴 벅찬 일이죠."[11]

글쎄 클라인의 가슴이야 벅차겠지만 그게 어디 그렇게만 볼 수 있는 문제이겠는가. 어찌됐건 클라인의 가장 큰 장점은 타이밍의 감각이 뛰어나다고 하는 점이다. 그는 캐주얼한 것과 구조화되지 않은 스타일을 앞세워 강조한다. 그는 그것이 사람들의 달라진 라이프 스타일에 적응한 것이라고 말한다. 클라인을 탐구하는 건 패션산업과 라이프 스타일의 관계에 있어서 많은 것을 시사해줄 것이다.

클라인의 천부적 패션 감각

클라인은 1942년 11월 19일 뉴욕 브롱크스에서 태어났다. 『캘빈 클라인의 생애와 성공』이라는 클라인 전기를 집필한 작가들은 그를 '위압적인 모친과 서먹서먹한 부친한테서 도망쳐 나온 말라깽이 유대인 소년'으로 표현하고 있다.

그는 어렸을 때부터 자기 자신의 사업을 갖고 싶어했다. 5살 때 그는 그의 가장 친한 친구인 배리 쉬워츠와 함께 애완동물 가게를 하겠다고 결심했다. 클라인은 귀여운 동물들을 끌어 모으고 쉬워츠는 그걸 판다

---

10) 유인경, 〈한국에 전문매장 갖게 돼 큰 기쁨〉, 『경향신문』, 1996년 9월 7일, 19면.
11) 신예리, 〈단순하고 현대적 멋 살린 패션 추구〉, 『중앙일보』, 1996년 9월 10일, 15면.

는 것이다.

그들의 꿈은 달라졌지만 그들의 역할 분담은 현실로 맞아떨어졌다. 클라인은 맨하탄에 있는 패션전문학교인 FIT(Fashion Institute of Technology)에 진학했고, 쉬워츠는 뉴욕대에 진학했다. 클라인이 졸업 후 패션산업에서 일할 때에 쉬워츠는 식료품업계에 종사했다. 나중에 쉬워츠는 경영을 전담하는 사업 파트너로 클라인과 동업을 하게 되었다.

클라인은 어렸을 때부터 옷 만드는 일을 좋아했다. 그의 친구들이 밖에서 놀 때에 그는 집에서 바느질을 하고 옷을 디자인해보는 일에 몰두했다. 그리고 정기적으로 브롱크스에 있는 고급 패션 할인매점인 로에만을 방문하곤 했다. 그의 패션 감각은 이미 어렸을 때부터 남다른 데가 있어서 쉬워츠의 어머니는 아들의 옷을 사러 갈 때엔 늘 클라인을 데리고 갔다 한다. 클라인의 옷 고르는 감각을 높이 샀기 때문이라는 것이다.

클라인은 1962년 FIT를 졸업한 후 주급 75달러의 조건으로 조그마한 의류가게의 견습 디자이너로 일했다. 그는 나중에 이 가게를 인수하게 된다. 클라인은 1968년 26세의 나이로 드디어 창업을 하였다. 자신이 2천 달러를 대고 친구인 쉬워츠가 1만 달러를 댔다. 클라인은 자신의 회사 이름을 캘빈 클라인사라고 붙였다. 그의 기업은 5년 간 뉴욕 7번가에 있는 요크호텔의 작은 방에 머물렀다. 물론 나중엔 자체 건물을 갖게 되고 전 세계를 상대로 하여 장사를 하게 되지만 말이다.

클라인사(社)의 초기 시절은 패션산업이 전반적으로 불황을 겪고 있던 때였다. 젊은이들이 고급 유행에 도전해 옷을 마구잡이로 입는 데다 히피족까지 나서서 설쳐대니 유행산업이 재미를 보기는 어려웠을 것이다. 그러나 클라인은 그런 어려움에 굴하지 않고 트렌치코트로 첫 번째 히트를 기록했다.

그는 트렌치코트로 5만 달러의 주문을 받게 되었다. 이건 그의 사업 시작 이후 받은 최초의 대주문이었다. 당시 주문을 한 회사의 사장은 클라인의 트렌치코트가 선이 깨끗하고 디자인이 단순한 것에 반했다. 그 사장은 클라인에게 가격을 10달러 올리라고 말하면서 그렇게 하지 않으면 결코 성공하지 못할 것이라고 충고하였다.

그 사장의 예언대로 클라인의 트렌치코트는 대성공을 거두었다. 그는 사업을 시작한 첫해에 1백만 달러의 매출액을 기록했다. 그는 트렌치코트의 성공에 뒤이어 당시 유행하던 미니스커트를 다른 패션으로 유도해야겠다는 결심하에 보다 긴 길이의 스커트와 코트로 시장을 공략하기 시작했다.

물론 클라인은 그건 시장 상황의 변화에 따라 이루어진 것이라고 말한다. 그가 보기엔, 변화의 때가 도래했다는 것이다. 그는 1970년 6월 1일자 『뉴욕 타임스』지와의 기자회견에서 젊은 여성이 패션시장으로 복귀할 것이라고 예언했다. 그들은 아마도 옛날 옷을 찾으려고 다락방을 찾고 있을지도 모른다는 말도 덧붙였다.

패션과 라이프 스타일

클라인은 1972년까지는 대부분 코트와 투피스 옷을 디자인했다. 그러나 그는 72년부터 코트가 없는 콜렉션과 스포츠웨어를 집중 공략하기 시작했다. 그는 스포티하고 우아하고 간결하고 유동적인 특성의 제품을 잇달아 선보였다. 그는 옷을 입는 사람이 자신의 취향과 형편에 따라 바꿔 입을 수 있는 별개의 것들에 특별한 관심을 기울였다. 즉, 누구에게든 하루 내내 필요에 따라 선택할 수 있는 범위를 주자는 것이다.

그는 자연적인 느낌을 주는 천을 선택하였다. 거기에다 흙빛 또는 중립적인 느낌을 주는 색상을 사용해 스웨터, 재킷, 셔츠, 블라우스, 바

'조립식 패션' : '단순한 실용성'을 강조한 그는 자신의 패션상품관을 '고전주의'라고 불렀다. 고전주의란 옷을 입는 사람이 다양한 앙상블을 기하면서 계속해서 입을 수 있게끔 해주는 패션 철학이다.

지, 스커트, 비키니, 케이프(망토), 코트 등 다양한 품목들을 내놓았다. 소비자들이 이것저것 골라 알아서 조합을 해 입으라는 것이다.

당시 그는 자신의 패션상품관을 '고전주의'라고 불렀다. 고전주의란 옷을 입는 사람이 다양한 앙상블을 기하면서 계속해서 입을 수 있게끔 해주는 패션 철학이다. 낮에도 밤에도, 그리고 봄·여름·가을·겨울 내내 스스로 변화를 주면서 입을 수 있다는 데에 클라인 제품의 매력이 있다. 클라인 제품의 초기 성공 비결은 이른바 '조립식 패션'인 것이다.

클라인의 겨울 콜렉션은 고급 취향을 갖고 있는 여성에겐 자기 스스로 디자인할 수 있는 선택의 여지를 준다. 만약 그녀가 어느 정도의 패션 감각과 시간을 갖고 있다면 말이다. 마찬가지로 진을 좋아하는 여성은 집에서 클라인 제품의 단순성과 신축성을 이용해 포멀에서 인포멀한 정도를 결정할 수 있다. 진을 입고 막 일을 할 수도 있고 소박하면서도 의젓하게 손님 접대도 할 수 있다는 것이다.

클라인은 자신이 디자인한 옷을 입는 여성들 위에 군림하지 않는 게 자신의 패션 철학이라고 말한다. 또 여성이 옷을 입는 데에 모든 정력을 쏟아 붓는다는 건 어처구니없는 일이라는 말도 덧붙인다. 그래서 그는 새로운 모습을 위해, 그러나 영구적 느낌을 주겠다는 생각을 갖고 디자인에 임한다는 것이다.

그는 자신의 그런 변화가 미국인들의 라이프 스타일의 변화에 기인한 것이라고 주장했다. 그가 말하는 변화는 여성의 취업이 크게 늘었다는 걸 의미한다. 여성은 과거와는 달리 일하는 데에 많은 시간과 노력을 투자하고 있으며, 가사는 물론 지역사회와 비즈니스의 모든 면에 참여하게 되었다. 그로 인해 여성의 일상 생활은 크게 변화되었는데, 우선 시간적으로 옷을 입는 데에 많은 시간을 들일 여유가 없으며 정신적으로는 자율적인 독립성을 더욱 갖게 되었다는 것이다.

클라인의 말은 "이것이 유행이니까 꼭 이대로 입어야 한다"고 주문하지 않는다는 뜻일 게다. 즉, 패션의 범위를 설정해주고 그 안에서 소비자가 어느 정도 자기 감각을 발휘하게 해줌으로써 소비자에게 자율성을 부여하는 듯한 환상을 제공하는 게 클라인 패션의 마케팅 핵심이라고 볼 수 있을 것이다. 물론 그건 클라인의 '조립식 패션' 덕분에 가능한 것이다.

폴리에스터를 증오한다

1973년 클라인은 미국에선 최초로 파리 유행을 가공해서 미국 여성에 어울리게 선보이는 데에 본격적으로 뛰어 들었다. 당시 파리에선 풀스커트가 유행했는데, 그는 그런 패션이 날씬한 몸매를 유지하기 위해 무진 애를 쓰는 미국 여성에겐 맞지 않는다고 생각했다. 미국 여성은 애써 가꾼 몸매를 드러낼 수 있는 패션을 원한다는 것이었다.

그는 73년 5월, 가을용 패션쇼에서 74개의 작품을 선보였다. 그는 모델들로 하여금 무대 위를 걸으면서 코트와 재킷을 갈아입게끔 연출하였는데, 이는 각 부분의 완벽한 코디네이션을 강조하기 위한 것이었다.

그는 기자들에게 이번 시즌엔 좋지만 다음 시즌엔 죽어버리는 변덕스러운 유행을 추구하지 않는다는 점을 강조하였다. 자신이 스웨터를 강조하는 것도 바로 그런 이유 때문이라는 것이다. 스웨터는 무거운 정장 차림에 입을 경우 스포츠웨어의 편안한 느낌을 줄 수 있는 장점이 있다는 것이다.

그는 1973년 미국의 4백여 패션 담당 기자들의 투표에 의해 결정되는 코티상을 스티븐 버로우스와 공동 수상하게 되었다. 당시 상을 주면서 패션 비평가들은 클라인이 "캐주얼하면서 사치스러운 느낌도 주고 값도 적당한" 필요성을 잘 깨닫고 있다는 점을 높이 평가하였다.

그는 패션쇼를 할 때마다 남성용 패션도 조금씩 선을 보였는데, 이것 역시 여성용 패션과 같은 철학에 의해 만들어졌다. 그는 여성용 패션 중 가장 잘된 것들 중의 상당수가 남성용 패션에서 빌려온 것임을 상기시키면서, 둘은 서로 다를 게 없다고 말하였다. 그는 자신의 목표가 옷을 입는 사람의 퍼스낼리티를 압도하지 않으면서(즉, 옷을 입는 사람이 옷에 치이지 않게 하면서), 편안하고 고급스러운 느낌을 주는 것이라고 말하였다.

클라인은 코티상의 수상과 함께 자신의 명성이 치솟자 그간의 저가정책을 고가정책으로 바꾸기 시작했다. 73년 이전 그의 제품들은 비교적 저가로 전국의 1천여 개 매장에서 판매되었는데, 그는 73년부터 클라인 제품을 다루는 매장의 수를 250개로 대폭 줄였다. 그리고 값도 크게 올렸다.

그는 한때 폴리에스터 제품도 만들었지만, 이젠 폴리에스터를 경멸하는 발언을 하기 시작했다. 그는 폴리에스터가 나타내는 모든 것을 증오하다고 주장했다. 폴리에스터는 합성적이고 가짜며 너무 싸다는 것이다. 그는 클라인 제품의 값을 올리면서 품목의 다변화도 꾀하였다. 우산, 벨트, 스카프, 가방 등 온갖 잡동사니를 다 디자인해 상품으로 내놓았다.

캘빈 클라인하면 가장 먼저 떠오르는 이미지라 할 진을 본격적으로 내놓기 시작한 것도 바로 이때부터였다. 그는 진도 77년부터 그간의 40달러에서 70달러로 인상하는 고가정책을 적용시켰다. 그와 동시에 77년 말엔 퓨리턴패션사와 라이선스 계약을 맺고 퓨리턴사가 반값에 클라인 진과 유사한 제품을 팔도록 하는 대량판매정책을 구사하였다. 이는 클라인이 일반 소비자들에게 접근한 최초의 디자이너라고 하는 점에서 매우 중요한 의미를 갖는다.

진은 섹스다

진은 처음엔 골드 러시에 몰려든 캘리포니아 뜨내기 노동자들을 위해 만들어졌다. 바바리아 출신 리바이 스트라우스가 최초의 청바지를 만들 때 사용한 천은 포장마차 덮개로 쓰던 것이었으며, 이 천은 남캘리포니아 노예농장에서 재배되던 '인디고페라' 잎에서 추출한 푸른 염료로 물들여졌다. 진(청바지)의 발달 과정에 대해 이문재는 다음과 같이 말하고 있다.

노동자들에게 청바지는 박탈과 땀의 상징이었다. 까만 실크햇으로 재산과 권력을 나타내던 지배층들에게 청바지는 혐오의 대상이었다. 본격적인 청바지 붐은 청바지가 나온 지 백년 되던 50년에 일기 시작했다. 이때부터 청바지는 작업복이 아니라 캐쥬얼 웨어로 각광받았다. 여기에는 미국 영화가 큰 몫을 했다. 청바지는 소박하고 오염되지 않은 시골 생활을 상징하면서 도시인들을 자극했다. 제임스 딘과 말론 브랜도는 각각 영화 『이유없는 반항』과 『야생인』에서 청바지를 입고 냉전시대의 야합적 평온과 소도시 일상의 촌티 나는 아둔함을 경멸했다. 청바지는 60년대 미국에서 '행동하는 의복'으로 떠올랐다. 반전, 반핵, 자유와 평등, 그리고 페미니즘의 상징으로 위력을 발휘한 것이다.[12]

프랑스의 철학자 리포베츠키는 "내적으로 반(反) 순응주의를 함축하고 있는 진을 처음 입은 사람은 여전히 위력을 과시하고 있던 관습적인 규범을 거부하고 자유로운, 소비자를 지향하는 사회의 새로운 쾌락주의적인 가치들을 채택하던 젊은이들이었다"면서 다음과 같이 말한다.

엄격한 순응주의의 코드를 거부하는 일은 즉각 록뮤직과 캐주얼한 옷으로 전형화되어 나타났다. 모든 점을 고려해보건대 진에 대한 경도는 1960년대의 반문화 폭발과 전반적인 저항운동을 미리 보여준 것이라고 해도 틀린 말은 아니다. 더 자유롭고 덜 구속적이며 더 유연한 사적인 생활에 대한 욕망을 표현한 진은 육체의 숭배, 덜 극장화된 감수성에 대한 추구에 바탕을 둔 과잉일 정도의 개인주의적인 문화를 나타낸 것이

---

12) 이문재, 〈20세기 유니폼 청바지 '소비 민주주의' 완성〉, 『시사저널』, 1995년 10월 12일, 70~72면.

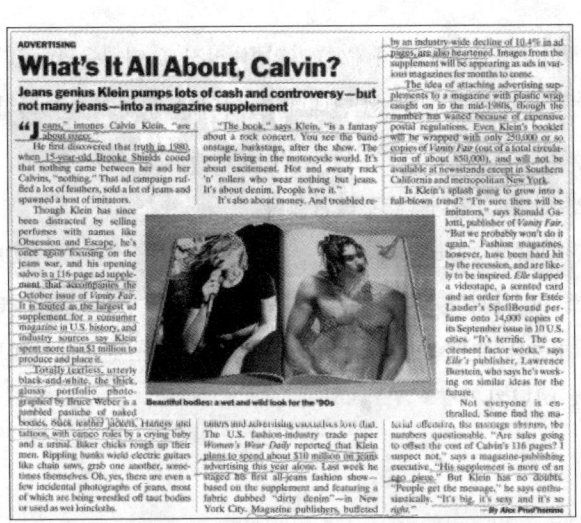

"진은 섹스에 관한 것이다.": 클라인은 1991년 『배니티 페어』지 10월호에 116페이지에 이르는 부록 광고를 게재했다. 이 부록 광고엔 글은 거의 없고 오직 남녀의 누드를 부각시킨 흑백사진만이 즐비했다. (『Time』, September 23, 1991)

었다. 진은 유니폼으로 쓰이기는커녕 인체 형태를 강조해주고 힙, 허리, 다리를 돋보이게 한다. 최근에 나온 리 쿠퍼 광고는 이 신체의 섹시한 부분들을 자유롭게 이용했는 바, 진은 신체적 개성 안의 독특한 점들을 드러나게 해준다. 신체를 숨기는 옷, 이목을 끌지 않는 옷을 대신하여 더 '촉감적이고' 바로 더 성적인 느낌을 전달하는 옷이 나타난다. 우리는 재현된 감수성을 넘어 훨씬 더 직접적이고 더 '자연스러우며' 더 생동감 있는 감수성으로 옮겨갔다. 진에서 여성적인 감수성은 결코 폐기되지 않았다. 진은 더 돋보이게 하고 더 자극적이며 더 발랄한 기호들을 위해 초기의 부자연스러워 보이는 겉치레를 폐기했다.[13]

그러나 청바지는 80년대에 접어들면서 고급 패션으로 다시 태어났는

---

13) 질 리포베츠키, 이득재 옮김, 『패션의 제국』(문예출판사, 1999), 206~208쪽.

데, 바로 이 80년대의 변화에 클라인이 적잖은 영향을 미쳤다. 과거엔 영화가 큰 역할을 했다면 80년대에 들어와선 광고가 큰 역할을 했다. 클라인은 진을 광고하면서 진의 이미지를 섹스와 결합시켰다. 그는 "진은 섹스에 관한 것이다"라고 단언했다.[14]

어디 진뿐이랴. 클라인에겐 모든 패션 상품이 섹스에 관한 것이다. 아니 섹스 그 자체다. 클라인이 좀 튄다는 것뿐이지 어디 클라인만 그러는가. 패션은 모델을 통해 전파되기 마련인데 모델의 생명이야말로 섹스 어필 아닌가.[15]

브룩 실즈의 노팬티 광고

진을 섹스와 결부시켜 팔아먹는 클라인의 천재적 감각이 본격적으로 선을 보인 것은 1980년 당시 15세의 여배우 브룩 실즈를 모델로 내세운 텔레비전 광고를 통해서였다. 이름하여 '브룩 실즈의 노팬티 광고'다. 그 광고에서 브룩 실즈는 "나와 캘빈 클라인 사이에는 아무 것도 없어요"라고 말한다. 엉덩이를 뒤로 빼면서 셔츠의 단추를 잠그는 것인지 푸는 것인지 알 길이 없는 그녀의 포즈는 "정말 아무 것도 없다니까요"라고 화끈하게 확인시켜 주는 듯 보인다.

실즈의 한마디는 미국의 젊은이들을 열광시켰다. 이 광고가 나가고 나서 클라인 진은 90일 만에 판매고가 300%나 증가했다. 일부 보수적인 지역의 방송국들은 그 광고를 중단시켰다. 그러나 이 광고에 대한

---

14) Prud'homme, Alex, 〈What's It All About, Calvin?〉, 『Time』, September 23, 1991, p. 28.
15) 미국의 『포브스』지가 1994년 수입액 기준으로 밝힌 세계 톱모델들의 순위는 섹스 어필한 순서라고 해도 과언이 아니다. 신디 크로포드(550억 원), 클라우디아 시퍼(440억 원), 크리스티 툴링턴(385억 원), 린다 에반젤리스타(250억 원), 엘레 맥퍼슨(250억 원), 니키 테일러(192억 원), 이사벨라 로셀리니(192억 원), 나오미 캠벨(180억 원), 케이트 모스(180억 원), 브리지트 홀(165억 원).

논쟁이 일면 일수록 클라인 진의 인기는 더욱 높아갔다. 언론보도가 광고를 대신해주는 셈이 되니까 말이다.

1983년 2월에 선을 보인 또다른 광고도 미국 시청자들을 얼어붙게 만들었다. 처음에 텔레비전 화면은 한 소녀의 얼굴을 클로즈업한다. 그 소녀는 노련한 매춘부 같기도 하고 되바라진 부잣집 딸 같기도 하다. 그녀는 자신이 운동부 소속이란 것을 밝힌 뒤에 무엇 때문에 게임을 하는지에 대해 말한다. 그래놓곤 끝으로 "나는 멋진 승리자입니다. 정말 그래요"라고 말한다. 그게 전부다. 그러나 시청자들은 그게 도대체 무슨 수작인지 이해하지 못하면서도 그 소녀의 강렬한 인상을 기억한다. 동시에 그 인상을 캘빈 클라인과 연결시킨다. 소비자들을 대상으로 한 '브랜드 회상률' 조사에서 캘빈 클라인은 단연 수위를 지키고 있으니 그렇게 해석할 수밖에 없는 노릇이다.

그 이후에 나타난 클라인 광고도 한결같이 메시지를 배제하는 것들이다. 무언가 설명할 수 없이 야릇하게 섹스의 이미지를 풍기거나 아니면 좀더 직설적으로 옷을 벗어제친 여성과 남성의 누드를 보여줄 뿐 제품에 대해선 무엇이 좋으니까 사는 게 좋다는 따위의 말은 한마디도 하지 않는다.[16]

클라인은 1991년엔 『배니티 페어』지의 10월호에 116페이지에 이르는 부록 광고를 게재해 사람들을 깜짝 놀라게 만들었다. 이는 미국 잡지 사상 가장 큰 부록 광고였다. 이 부록 광고엔 글은 거의 없고 오직 남녀의 누드를 부각시킨 흑백사진만이 즐비했다. 클라인은 그것이 "록 컨서트에 관한 환타지"라고 주장했다. 그는 이 광고에만도 1백만 달러를 들였으며, 그 해에 진 광고로 모두 1천만 달러를 썼다.[17]

---

16) 임은모, 〈에로티시즘의 광고전술로 성공한 Calvin Klein〉, 『한국광고』, 1994년 5월호, 124~127쪽; 임은모, 〈Calvin Klein 성공의 지름길 에로티시즘〉, 『한국광고』, 1994년 6월호, 142~147쪽.
17) Prud'homme, Alex, 앞의 글.

클라인의 그런 광고 전략을 가장 반긴 사람들은 잡지 발행인들이었다. 당시 미국 잡지는 매년 10% 이상씩 광고가 격감하는 불황을 겪고 있었는데, 클라인의 부록 광고 공세는 이만저만 반가운 일이 아니었다. 잡지 부록 광고는 80년대 중반부터 시작되었지만, 비싼 우편요금 규제 때문에 널리 활용되지는 못했다. 클라인의 광고도 그런 이유로 인해 『배니티 페어』의 발행부수인 85만 부 가운데 25만 부에만 게재되었다.[18]

언론플레이를 이용한 마케팅

광고비평가들은 클라인의 광고가 곧 그의 에고(ego)라고 말한다. 그래서 그런지 클라인 광고는 늘 화제를 몰고 다닌다. 이 점에선 베네통 광고와 일맥상통하는 부분이 있다. 하도 파격적이라 광고에 관한 언론 보도가 광고를 대신해준다. 그러니 광고에 큰돈을 들일 필요도 없다. 꿩 먹고 알 먹기다.

물론 광고가 파격적이라는 이유만으로 언론이 크게 보도를 해주는 건 아니다. 이는 패션계의 공공연한 비밀이지만, 디자이너와 패션 잡지 편집자들은 전혀 아름답지 못한 유착을 통해 상호 공생 관계를 형성하고 있다.[19]

어찌됐건 93년 5월에 나온 『로스엔젤레스 타임』지의 광고 인기도 관련 보도는 주목할 만하다. 2만4천여 명의 소비자를 대상으로 조사한 결과에 따르면, 클라인 광고는 4년 간 계속 1위를 차지했다. 2위는 화장

---

18) Prud'homme, Alex, 〈What's It All About, Calvin?〉, 『Time』, September 23, 1991, p. 28.
19) Barbara Rudolph, 〈The Arts & Media: Skirting the Issues〉, 『Time』, June 5, 1995, pp. 46~48.

품업체인 레브론, 3위는 말보로 담배였다. 그런데 흥미로운 건 클라인의 88년 한 해의 인쇄매체 광고비는 440만 달러에 불과한 반면, 레브론은 5천만 달러를, 말보로는 8천8백만 달러를 썼다는 것이다.

베네통은 언론 보도가 광고를 대신 해주는 바람에 값비싼 텔레비전 광고는 아예 하지 않는다. 물론 충격 효과는 텔레비전보다는 사진이 더 낫기 때문이라고 베네통은 말하고 있지만 말이다. 사실 베네통에겐 올리베로 토스카니라는 천재 사진사가 있듯이, 클라인에겐 브루스 웨버라고 하는 천재 사진사가 있다는 점도 둘이 닮았다. 사실 흔히 클라인 광고가 예술적이라는 평가를 받는 이유가 바로 웨버의 탁월한 사진술 덕분이다. 남녀의 옷을 다 벗기는데도 전혀 외설적이란 느낌이 들지 않는다.

꼭 그런 광고 효과 때문인지는 알 수 없으나 클라인 진은 전 세계 시장에서 큰 인기를 누리고 있는 건 분명하다. 아니 클라인의 파격적인 마케팅 공세와 질세라 그 뒤를 이은 경쟁 기업들의 마케팅 덕분에 진이 새롭게 각광을 받게 되었다고 보는 게 옳을 것이다.[20]

클라인은 의류 이외에도 화장품까지 손댔다. 특히 향수 시장에 눈독을 들였는데, 그간 옵세션(obsession), 에스케이프(Escape), 이터니티(Eternity), CK 원[21] 등이 시장에 선을 보였다. 옵세션은 85년부터 시장에 선을 보인 남성용 향수인데, 에로티시즘 사진 광고로 '광고의 예술화'라고 하는 논제를 던져준 것으로 더 유명하다.[22] 남녀공용 향수인

---

20) 우리 나라의 진 시장도 이미 1995년에 7천억 원 규모에 이르렀다.
21) 코리아리서치센터가 96년 12월 서울에 거주하는 만 20~30세 성인 남녀 2백 명을 대상으로 설문 조사한 결과에 따르면, '켈빈클라인 원'은 남녀 모두 '좋아하는 향수' 2위에 꼽혔다. 1위는 여자의 경우 조르지오 아르마니의 '아쿠아 디 지오'였고 남자의 경우 랄프 로렌의 '폴로 스포츠'였다. 〈한국인이 좋아하는 향수〉, 『TV 저널』, 1997년 1월 22일, 84면.
22) 미국 헌터대학 커뮤니케이션학과 교수인 스튜어트 유엔은 옵세션에 대해 다음과 같이 말한다. "나뭇결 모양의 몽롱하고 촉촉한 베일 안에서, 다섯 남녀가 서로의 나신을 탐색하고 끝없는 욕망의 순간 속에서 몸부림치며 하나가 된다. 옵세션. 규칙이 없는 세계. 근심이 없는 쾌락. 이 향수를 통해 이드는 초자아로부터 자유로워진다. 검은 안경을 통해 우리는 원초적인 기억, 과거와 현재의 시간을 재발견한다. 욕망, 어두움, 물기 그리고 한데 얽혀 하나로 고동치는 덩어리가 되어버린 육체

'아슬아슬 패션'에 미래 있다

"대담하게 섹시하게" 해외 연예인들 앞다퉈 노출경쟁 … 일부선 "잘못된 환상" 지적도

패션은 진공상태에서 누군가에 의해 조작되는 건 결코 아니다. 그러나 패션이 생활양식의 변화를 감지해 그걸 파고들 경우 무엇이 먼저이고 무엇이 나중인가 하는 구별은 무의미해지고 만다. (『주간동아』, 1999년 12월호)

CK 원은 발매 첫해인 93년 전 세계 판매 1위를 기록하면서 세계적으로 유니섹스 향수 붐을 일으켰다.

1993년 9월 클라인은 옵세션 광고에서 완전히 벌거벗은 모델을 등장시켜 화제를 모았었는데, 이 광고에선 '소녀처럼 갸냘픈 몸매'의 모델 케이트 모스가 아예 알몸으로 나왔다. 그럼에도 불구하고 클라인은 자신

들을 지금 블루밍데일에서 살 수 있다." 스튜어트 유언, 백지숙 옮김, 『이미지는 모든 것을 삼킨다: 소비사회와 스타일의 문화정치학』(시각과언어, 1996), 139쪽.

의 광고가 포르노가 아니라 에로티시즘이요 누드예술이라고 주장한다.

이터니티 광고의 경우엔 다정한 가족을 내세워 흐뭇한 인간애를 자극하는 이른바 '패밀리 마케팅 전략'을 구사하기도 했지만, 이건 아무래도 클라인 광고의 전반적인 '누드에의 집착'을 희석시키기 위한 용도같아 보였다. 클라인 광고가 누드를 포기할 리 없다.

아니나 다를까, 클라인은 95년 8월에 이전보다 더 파격적인 '음란 광고'를 선보여 미국 사회를 떠들썩하게 만들었다. 18세 이하의 미성년자들을 포함한 10대 청소년들을 모델로 한 이 광고에서는 소년의 흘러내린 바지 사이로 속옷이 보이고, 바닥에 누운 소녀의 짧은 미니스커트 속에서 흰 팬티가 드러나며, 진 조끼를 입은 소녀는 벌어진 앞자락 속으로 자신의 가슴을 만진다.

이 광고의 제작을 위해 클라인은 사진작가 스티븐 마이젤을 스카웃했다. 마이젤은 팝스타 마돈나와 함께 그녀의 누드 사진들을 모은 책 『섹스』를 발간한 전력이 있는 그 방면의 귀재였다.[23]

'청소년을 모델로 한 포르노 사진' 같은 느낌을 준 이 광고는 여론의 거센 반발을 받았다. 소비자단체, 여성단체, 종교단체들이 들고일어났다. 그 광고를 내보내는 방송사와 잡지사들에게 시청 및 구독반대운동을 벌이겠다고 경고했다. 미국의 주요 방송과 신문들은 그 광고를 뉴스거리로 다루기 시작했다. 클린턴 대통령까지 비판하고 나섰고 법무부 산하 '어린이 착취 · 외설 조사위원회'가 그 광고가 연방 외설법을 위반하고 있는지 조사에 나섰다.

결국 클라인은 그런 공세에 굴복해 그 광고를 중단하겠다는 내용의 또다른 광고를 『뉴욕 타임스』지 전면에 게재했다. 전형적인 '치고 빠지기' 수법이었다. 10대들은 이미 자신의 방 벽을 클라인의 광고 포스터로 장식해 놓은 데다 많은 사람들이 뉴스를 통해 클라인 광고에 접했으

---

23) 김양희, 〈미 캘빈 클라인사 수사 착수〉, 『세계일보』, 1995년 9월 21일, 14면.

니 클라인으로선 이미 충분한 광고 효과를 거둔 셈이었다. 그러니 자신의 선의가 오해를 받고 있다고 점잖게 항변하면서 광고를 중단해도 밑질 게 전혀 없는 일이었다. 이는 선정적인 광고를 이용한 고도의 언론 플레이 마케팅이라고 보아야 할 것이다.

1999년 2월에도 한바탕 '음란물 광고' 소동이 일었다. 클라인은 신문 광고면과 뉴욕에 있는 타임스 스퀘어의 옥외 간판 등을 통해 새로운 속옷 광고를 시작했는데, 무스를 바른 소년과 소녀가 캘빈 클라인 팬티만 입은 채 소파 위에서 뛰어 노는 모습을 담은 흑백 사진이 문제가 된 것이다.

뉴욕의 국제사진센터 회원 버나드 예넬 루이스는 "향수와 고전주의를 보여주는 평범한 사진물"이라고 평했지만, 뉴욕시장 루돌프 줄리아니는 광고가 포르노 같다며 불만을 표시했다. 또 미국가족협회 회장 도널드 와일드먼은 "이 사진은 어린이를 찾는 성도착증 환자들을 흥분시킬 만한 음란물"이라고 말했으며 매체 도덕협회 회장 로버트 페터스는 "그들의 어머니가 찍은 사진이었다면 몰라도 캘빈 클라인이 찍어 광고로 사용했기 때문에 문제가 된다"고 주장했다. 이와 같은 공세에 밀려 캘빈 클라인은 "어린이들이 웃고 즐겁게 노는 모습을 보여 주려는 의도였지만 이런 반응이 나올 줄은 미처 몰랐다"면서 광고를 철회했다.[24]

클라인은 '진정한 청교도'?

클라인이 순풍에 돛단 듯이 쾌속 항진만 해온 건 아니다. 80년대 후반부터 90년대 초까지 그는 엄청난 슬럼프에 빠졌었다. 83년 청바지 하도

---

24) 〈Calvin Does It Again 어린이 광고 야했다〉, 『뉴스위크』(한국판), 1999년 3월 3일, 76면; 최우규, 〈캘빈 클라인 '음란물 광고' 소동〉, 『경향신문』, 1999년 2월 25일, 23면.

급업체 퓨리턴패션을 매입한 것이 화근이었다. 그 회사 매입에 6천5백만 달러를 쏟아 넣었는데 84년 이후 미국에서 다른 '디자이너 청바지'가 마구 쏟아져 나와 그를 곤경에 몰아넣었다.

그는 친구의 도움을 받아 어렵사리 그 위기에서 탈출해 92년부터 다시 의욕적인 활동을 개시했다. 직물 디자이너였던 전 부인과는 이혼한 상태였는데 보조 디자이너인 켈레 렉토와 재혼하면서 마음의 안정을 찾아 일에 전념할 수 있었다.[25]

그는 라이선스를 팔기 시작했다. 94년엔 속옷 라이선스를 워나코사에 6천4백만 달러에, 청바지 라이선스는 리오 스포츠웨어 및 차터 하우스에 5천만 달러를 받고 팔았다. 현재 클라인이 직접 생산하는 것은 여성복 콜렉션과 여성·남성복뿐이지만, 로열티로 거둬들이는 돈이 엄청나다. 전체 도매가 순매출 총액의 5~10%가 로열티인데, 94년 향수 부문 도매가 매출액만 해도 총 4억 달러를 넘었으며, 95년엔 모두 20억 달러가 넘는 매출액을 기록했다.

캘빈 클라인이란 이름이 박힌 패션 상품은 지금 전 세계를 누비고 다닌다. 첫 부인과의 사이에서 난 딸 마시 클라인은 지난 94년(당시 27세) 이런 말을 한 적이 있다. "아버지가 패션 디자이너라서 못마땅한 건 어떤 남자와 동침할 때마다 그의 내의에 새겨진 아버지의 이름을 봐야 한다는 것이죠."[26]

클라인은 자신을 '미국에서 가장 영향력 있는 25명' 가운데 하나로 선정한 『타임』지와의 인터뷰에서 자신의 패션 철학에 대해 이렇게 말했다.

> 단순성을 항상 신봉해 왔다. 여성들이 주름 장식 따위의 환상적인 의상을 입는 것은 어리석은 일이라 생각한다.[27]

25) 최소영, 〈패션왕국을 세운 '미국의 자존심'〉, 『경향신문』, 1996년 8월 19일, 29면
26) 『뉴스위크』(한국판), 1994년 10월 19일, 13면.

사실 클라인은 그간 기교를 혐오해왔다. 그의 기교 혐오증은 처음에는 실력이 없어서 그렇다는 비판을 받기도 했지만 이제 그의 실력을 의심하는 사람은 없다. 메트로폴리탄 미술관 복식연구소의 큐레이터 리처드 마틴은 그가 불필요한 것을 제거하고 가능한 한 의복의 순수함을 강조했다는 면에서 '진정한 청교도'라고 평가하고 있다.[28]

그렇다. 그는 철저하게 미국적이다. 그의 가장 큰 히트작인 청바지야말로 편리와 실용을 숭상하는 미국 문화의 상징이 아닌가. 선정적인 광고를 포함한 그의 마케팅 전략도 지극히 미국적인 것이다.

클라인의 패션 및 광고 전략이 제기한 문제는 현대인의 삶에 있어서 의외로 중대한 것이다. 패션은 진공상태에서 누군가에 의해 조작되는 건 결코 아니다. 그러나 패션이 생활양식의 변화를 감지해 그걸 파고들 경우 무엇이 먼저이고 무엇이 나중인가 하는 구별은 무의미해지고 만다. 클라인은 집요할 정도로 자신은 라이프 스타일의 변화를 감지한 것뿐이라고 말함으로써 자신이 라이프 스타일을 조작하는 부분의 혐의를 벗고자 한다.

그러나 패션은 어디까지나 이미지가 우선적이고 본질적이라고 하는 점을 감안한다면, 클라인의 성공 비결은 그러한 이미지의 탁월한 조종술에 있다고 하는 걸 부인하기 어려울 것이다. 그의 광고 전략도 예술적 가치를 상업적으로 착취한다는 점에서 시장에서의 생존을 절대절명의 목표로 삼고 있는 듯이 보이는 우리 시대의 문화가 안고 있는 본질적인 취약성을 웅변해주는 것에 다름 아닐 것이다. 🖎

---

27) 〈캘빈 클라인〉, 『주간한국』, 1996년 6월 27일, 53면.
28) 〈캘빈 클라인〉, 위의 글.

| 스티븐 스필버그 | Steven Spielberg

영화는 20세기의 기적?

"내 문제는 상상력이 흘러 넘친다는 것이다. 나는 늘 흥분된 상태로 일어나 아침밥을 먹을 수 없을 정도다." …… "소위 재미있는 영화를 만든다는 것은 고통스러운 일이다."

영화는 20세기의 기적?[1]

강준만

세계를 제패한 할리우드 '쾌락산업'

할리우드는 세계를 제패했다. 제3세계는 말할 것도 없고 대부분의 선진 자본주의 국가들에서도 할리우드 영화가 판을 치고 있다. 95년의 통계에 따르면, 할리우드 영화는 미국 시장의 98%를 점유해 우선 자국 시장을 튼튼히 지킨 다음 프랑스 시장의 54%, 일본 시장의 60%, 이탈리아 시장의 63%, 독일 시장의 87%를 차지하고 있다.[2] 이와 같은 현실에 대해 프랑스의 영화감독 베르트랑 타베르니에는 다음과 같이 말한다.

"노 브레인(no brain), 노 소울(no soul)의 거대한 영화들이 산업의 힘을 앞세워 세계영화계를 정복하려는 게 문제인 것이다. 패스트푸드영화

---

1) 이 글은 1997년 1월에 나온 『인물과 사상 1』(개마고원)에 썼던 걸 대폭 수정·보완한 것입니다.
2) 노순동, 〈할리우드를 어찌하랴〉, 『시사저널』, 1999년 5월 27일, 109면.

일원화에 맞선 다원주의를 회복하는 일이 필요하다. 미국영화의 세계지배욕은 독일 나치즘의 발상과 놀랄 만큼 유사하다."[3]

과연 그런가? 그렇게 볼 수도 있겠다. 그런데 할리우드 영화의 산업적 경쟁력은 어디에서 오는 걸까? 여러 이유가 있겠지만, 한 가지 빼놓을 수 없는 중요한 이유는 거대한 내수 시장이다. 양적으로 거대할 뿐만 아니라 질적으로도 거대하다. 프랑스, 일본, 이탈리아, 독일의 국민 한 사람이 1년에 평균 영화관에 가는 횟수가 1회에서 2회인 반면 미국 국민이 영화관에 가는 횟수는 약 5회이다.[4]

영화는 여느 공산품과는 다르다. 무한 복제가 가능하기 때문에 전체 산업적 차원에서 보자면 덩치 큰 시장을 갖고 있는 나라가 무조건 유리하다. 그건 그만큼 영화 1편당 쏟아 부을 수 있는 자금력이 커진다는 걸 의미한다. 이 점에서 할리우드 영화는 압도적으로 유리하다. 성공이 성공을 낳는 순환이 형성되는 면도 있다. 할리우드 스튜디오 영화당 평균 제작비는 7천5백만 달러(약 900억 원)요 스타급 배우들의 출연료도 2천만 달러(약 240억 원) 시대에 돌입하였으니,[5] 감히 어느 나라의 영화가 할리우드 영화의 패권을 깰 수 있으랴.

우선적으로 그러한 물량 차원에서 우월적 지위를 누리고 있는 할리우드에선 또다른 물량 위주의 신화가 만들어지고 이 신화는 다시 할리우드 영화의 판촉 수단으로 기능한다. 그 물량 위주의 신화는 인물을 통해 만들어지는데, 그게 바로 '스타'다.

1990년대 중반, 세계 10대 흥행 영화 중 『쥬라기공원』(1위), 『ET』(2위), 『인디아나 존스』(5위), 『죠스』(8위) 등 4편의 영화를 만든 사람. 94년 9월 『포브스』지가 집계한 미국 연예인 수입 순위에서 93년과 94

3) 허문영, 〈씨네인터뷰: "할리우드의 세계지배욕, 나치즘식 발상"〉, 『씨네 21』, 1999년 6월 29일, 41면.
4) 노순동, 〈할리우드를 어찌하랴〉, 『시사저널』, 1999년 5월 27일, 109면.
5) 김영수, 〈영화 1편 평균제작비 9백억원〉, 『매일신문』, 1998년 12월 24일, 14면.

년에 걸쳐 최소한 3억3천5백만 달러(2천7백억 원)의 수입을 기록해 1위를 차지한 사람.

그런 속물적 기록만으로도 사람들의 입을 딱 벌어지게 만드는 미국의 영화제작자이며 감독인 스티븐 스필버그(Steven Spielberg)[6]는 그 자신의 삶이 한 편의 영화를 방불케 한다. 그가 주인공이 된 '영화'는 주로 그리고 끊임없이 활자매체에서 상영된다.

『비즈니스 위크』 98년 7월 20일자는 스필버그를 커버스토리로 다루면서 그가 20억 달러의 대부호가 될 수 있었던 비결을 소개했다. 들어봐야 뻔한 이야기지만 우리는 뻔한 이야기인줄 알면서도 '영화'에 빠져든다.

그의 가장 큰 장점은 '탁월한 감독 능력'이란다. 영화산업은 제작된 영화 가운데 30%만 흑자를 내는 모험산업이지만 스필버그가 감독한 16편 가운데 13편이 흑자를 기록했으며 역대 세계 흥행 랭킹 상위 25개 영화 가운데 그의 작품이 6개나 된다는 것이다. 둘째는 '모험을 감수하는 두둑한 배짱'이란다. 보통 감독들은 '영화 한 편에 얼마' 식의 정액 보수를 받지만 그는 순수익의 20%라는 정률 보수를 고집해 왔다는 것이다. 이는 최악의 경우 한푼도 못 받지만 성공할 경우 큰돈을 벌 수 있다는 걸 의미한다. 그는 작품을 직접 제작해 큰돈을 벌기도 했는데, 『쥬라기 공원』으로 3억 달러를 벌었다고 한다. 『비즈니스 위크』지는 그 밖에 스필버그의 장점으로 '냉철한 비용수익 분석력'과 '과감한 비용 감축 노력' 그리고 탁월한 자산 관리와 사업확장능력을 꼽았다.[7]

이 경제전문지는 스필버그를 사업가로 본 셈인데, 사실 스필버그는

---

6) "스필버그 가족의 이름은 독일어로 '유희의 산'이라는 뜻이다. 스필(슈필)은 오락이나 무대 연극(영어 단어 '스필 spiel'은 암송을 의미한다)이라는 의미를 담고 있으며, 버그(베르크)라는 말은 산이나 언덕을 뜻한다." 조셉 맥브라이드, 박선희·임혜련 옮김, 『C 학점의 천재 스티븐 스필버그 1』(자연사랑, 1997), 28쪽.
7) 김태윤, 〈스필버그 성공 비결은 영화-사업 천재적 재능〉, 『동아일보』, 1998년 7월 16일, A9면.

사업가다. 그에 관한 기사는 신문의 문화면이 아니라 경제면에서 다뤄지는 것이 더 어울린다. 어찌 스필버그뿐이랴. 할리우드 자체가 문화적 현상이기에 앞서 경제적 현상이다. 그렇게 보아야 한다. 그들의 업종은 무엇인가? 그건 쾌락산업이다. 대중에게 쾌락을 제공하는 산업인 것이다. 쾌락 제공의 수단을 영화로 삼고 있다는 점에서 다른 쾌락산업과 차이가 있을 뿐이다.

스필버그의 '영화와 같은 삶'

오늘날 대중문화계에 있어서 성공이란 예술적 성취인 동시에 돈방석 위에 앉는다는 것을 의미한다. 사람들은 의외로 돈에 큰 관심을 갖는다. 할리우드에서 쏟아져 나오는 수많은 영화 관련 기사들 가운데엔 스타의 경제적 성공과 그 성공이 보장해주는 호화로운 생활을 다루는 것들이 많다. 이런 기사들은 대중에게 스타의 신비감을 더해준다. 현실 세계에서 궁상스럽게 쪼들리면서 사는 스타는 상상하기 어렵다. 그런 스타에게 열광한다는 것도 말이 안 되는 것 같다. 아니 이런 가정 자체가 어리석은 것인지도 모른다. 오늘날 스타라는 말속에는 현실 세계에서의 경제적 성공을 이룬 사람이라는 뜻이 내포돼 있기 때문이다.

스필버그는 스타다. 영화배우만 스타가 되는 게 아니다. 그의 일거수일투족은 언론에 상세히 보도되며 그가 가는 어느 곳이든 군중의 환호가 뒤따른다. 스타 스필버그의 성공은 어떠한가? 그는 1천2백만 달러를 호가하는 저택에 극장을 설치해 놓았으며 아이들의 안전을 위해 자가용들의 출입이 적지 않은 집안 드라이브 길에 교통 신호등까지 달아놓고 산다. 효성이 지극한 스필버그는 1995년 74세인 어머니의 생일을 위해 베벌리힐스의 마커스백화점을 전세냈다고 한다. 어머니가 대형 백화점

스필버그에 관한 기사는 신문의 문화면이 아니라 경제면에서 다뤄지는 것이 더 어울린다. 할리우드 자체가 문화적 현상이기에 앞서 경제적 현상이다. 그들의 업종은 무엇인가? 그건 쾌락산업이다. (『스크린』, 1994년 2월호)

에서 혼자 여유 있게 쇼핑을 즐기라는 뜻에서다. 그의 어머니는 조끼와 진 재킷 한 벌만 구입했지만 백화점 측은 아무런 불만 없이 스필버그의 어머니에게 최고의 서비스를 베풀었다고 한다.[8]

영화는 '20세기의 기적'이다. 스필버그의 말이다. 앞서 말했다시피, 스필버그의 삶 자체는 한 편의 영화와 같다. 파란만장해서 영화 같은

---

8) 최명찬, 〈미 연예계 소비 풍조〉, 『TV 저널』, 1995년 6월 7일, 92면.

게 아니다. 엄청난 성공을 했기 때문에 영화 같다는 말이다. 물론 영화는 가난과 고통도 다룬다. 그러나 영화라고 하는 매체가 처음 대중을 사로잡은 건 그런 게 아니었다. 현실 세계에서 이룰 수 없는 굉장한 것을 보여주는 게 영화였다. '영화처럼 살고 싶은 여자'라는 시리즈 광고에서 여자는 우리에게 무엇을 보여주고 있는가? 많은 사람들에게 영화는 여전히 꿈이요 이상이다.

그러나 '영화와 같은 삶'은 아무에게나 가능한 건 아니다. 그건 죽도록 노력한다고 해서 성취될 수 있는 게 아니다. 스필버그는 기적이다. 그 기적의 이면엔 무엇이 있는가? '쾌락'을 둘러싼 긴장과 갈등이 있다. 누가 더 큰 규모의 대중에게 쾌락을 제공해줄 수 있느냐 하는 걸 놓고 다투는 치열한 경쟁이 있는가 하면, 그 쾌락의 포장술을 놓고 갑론을박하는 논쟁이 있다.

쾌락을 파는 사업가는 '인정 욕구'를 충족시키지 못한다. 쾌락을 팔면서도 업계 엘리트 전문가들의 인정도 받고 싶어한다. 스필버그가 바로 그런 인물이었다. 그러나 그건 모순은 아니다. 쾌락 추구에 대해 끊임없이 딴지를 거는 전문가들의 역할은 전체 쾌락산업의 유지와 성장을 위한 일종의 '후광 효과'로 작용한다. 그 어떤 쾌락산업도 이와 같은 정교한 장치를 갖추고 있지는 않다. 스필버그의 영화 인생에 대한 탐구는 할리우드라고 하는 쾌락산업의 이면을 들여다보게 해주는 좋은 사례 연구가 될 것이다.

영화 텍스트와 '관람의 컨텍스트'

그간 비평가들 사이에서는 관객의 역할을 어떻게 볼 것인가 하는 문제로 갑론을박이 오고 갔다. 관객의 역할을 수동적인 소비자 이상으로 보지 않는 비평가 티모시 코리건은 "스필버그 영화를 보고 즐거워하는 것은 영화에 대한 평가를 거부하는 데서 온다. 그리고 그 쾌락의 많은 부분은 그 영화를 그냥 보는 데서 오는 것이 아니라, 그 영화의 의미를 이미 다 알고 있다는 데서, 즉 그 영화에 앞서 이미 알려진 감독의 이미지를 전체화하는 데서 온다"고 말한다.[9]

일리 있는 지적이다. 그러나 영화라고 하는 텍스트를 책이라고 하는 텍스트처럼 간주하는 건 큰 잘못이다. 텍스트에 대한 접근에 있어서 큰 차이가 있기 때문이다. 영국의 비평가 데이비드 몰리는 기존의 영화 연구가 안고 있는 문제 가운데 하나는 '관람의 컨텍스트', 즉 영화관을 무시하고 영화에만 집중하는 경향이라며 다음과 같이 말한다.

"영화를 본다는 것보다 영화관에 간다는 것이 더 중요하다. 밤에 외출하면 재미와 흥분이 어우러진 편안함을 느낀다. 오랫동안 영화를 상영해온 영화관이라는 이름 그 자체는 그러한 경험의 중요한 부분을 포착하고 있다. 영화는 영화를 판매한다기보다는 오히려 습관, 즉 어떤 유형의 사회화된 경험을 판매한다고 이해하는 것이 가장 적절하다. …… 영화가 소비되는 맥락의 문제를 고려하지 않고 주제를 분석하는 것은 불충분하다고 생각한다. 불행히도 많은 영화이론은 그러한 문제를 언급하지 않은 채 이루어져 왔고, 관람의 컨텍스트에서 벗어나 우선적으로 텍스트 자체의 지위를 추상화하는 문학적 전통의 영향을 받고 있었다."[10]

스필버그에 대한 평가는 '컨텍스트'를 감안한 것이냐 아니면 오직 '텍스트' 위주의 것이냐에 따라 크게 달라질 수 있다. 할리우드 영화는 본질적으로 컨텍스트가 텍스트를 지배하는 영화를 의미한다. 예컨대,

9) 헬렌 스토더트, 〈제2장 작가주의와 영화작가이론〉, 조안 홀로우즈·마크 얀코비치 엮음, 문재철 옮김, 『왜 대중영화인가』(한울, 1999), 92~93쪽.
10) 앤디 윌리스, 〈제8장 문화연구와 대중영화〉, 조안 홀로우즈·마크 얀코비치 엮음, 문재철 옮김, 『왜 대중영화인가』(한울, 1999), 282쪽에서 재인용.

미국 영화에 미치는 'Y세대의 영향력'을 다룬 다음과 같은 기사를 보더라도, 바다 건너 여러 나라에 널리 수출되는 할리우드 영화에 대해 전통적인 비평을 한다는 것이 무슨 의미가 있을 것인가 하는 생각을 갖지 않을 수 없다.

오늘날의 10대를 의미하는 Y세대가 미국의 영화산업을 좌지우지하고 있다고 최근 CNN 방송이 보도했다. 이 보도에 따르면 마케팅 담당자들에 의해 붙여진 Y세대라는 이름은 젊다는 의미의 '영(Young)'의 이니셜이 아니라 X세대 열풍 다음에 등장했다해서 알파벳 순으로 Y세대라고 불린다. 이들 Y세대의 가장 큰 특징은 영화에 열광한다는 것. 10대만을 대상으로 한 통계는 따로 없지만 지난 1년동안 극장에서 영화를 본 미국인의 38%가 12~24세 사이의 젊은 관객이었다. …… 이들 Y세대가 특히 영화관에 몰리는 이유는 무엇일까. 한 10대 소녀는 영화를 이용해서 친구관계를 맺는다고 말하고 또 다른 소녀는 "남자친구와 함께 하는 일이 주로 영화보러 극장가기"라고 말한다. 영화 '타이타닉'을 8번이나 보았다는 또 다른 소녀는 "10대들이 영화관말고 갈데가 어디 있느냐"고 반문한다. …… 이들 Y세대 관객은 전문가들의 비평에는 관심이 없다. 따라서 영화계나 언론의 평과 무관하게 10대들만의 힘으로 영화의 성패를 좌우하는 것이다.[11]

'대중과 접속하려는 강한 충동'

스필버그는 할리우드 영화가 처해 있는 그런 컨텍스트를 일찍이 간파한 흥행사였다. 그래서 그는 앨프리드 히치콕을 좋아하고 존경했다. 나

---

11) 유숙렬, 〈미 영화산업 Y세대가 '좌지우지'〉, 『문화일보』, 1999년 8월 15일, 9면.

중에 자세히 이야기하겠지만, 스필버그 개인을 놓고 보자면 그가 상처 받은 유태인으로서 미국 사회의 주류에 진입하고자 하는 강한 열망을 갖고 있었다는 점도 매우 중요한 의미를 갖는다. 스필버그의 고교동창인 진 워드 스미스는 대중과 접속하려는 스필버그의 강한 충동은 그 스스로가 이방인이라고 느껴졌던 사회로부터 인정받으려는 강한 욕구로부터 비롯된 것임을 깨달았다고 한다. 스필버그가 히치콕을 좋아하는 이유도 바로 거기에 있다는 것이다. 스미스는 다음과 같이 말한다.

"스필버그는 영화란 위대한 예술형식이라고 말했다. 영화는 대부분의 많은 사람을 감동시키기 때문이다. 또 그는 영화가 일반 대중에게 강한 반응을 불러일으킨다고 말했다. 그는 히치콕이 평범한 사람들을 특별한 상황에 처하게 하는 방식에 흥미를 느꼈다. 스필버그는 관객 전체가 감동하기를 원했다. 그는 지식계층 관객을 위해 영화가 상영되기를 원치 않았다. 일반 대중에게 영향을 주어야 한다는 생각에 사로잡혀 있었던 것 같았다. '영화란 대중에게 뻗어나가 그들을 사로잡는다'고 그는 말했다. 알프레드 히치콕의 훌륭한 점이 바로 그런 점이라고 그는 생각했다. 스필버그는 영화매체가 일반 대중들과 관계를 가질 수 있고, 그런 관계를 넓게 확대시키는 데에는 지적인 과정이 필요치 않다고 계속해서 말했다. 그 당시에 그런 개념은 사실상 급진적이었다. 대중들에게 광범위한 호소, 그것이 영화에는 나쁜 요인이라고 여겨졌다. 그러나 스티브는 바로 그것이 영화의 유익한 요인이라고 여겼다."[12]

스필버그가 쾌락을 제공함으로써 대중들에게 광범위한 호소력을 갖는 걸 영화의 유익한 요인으로 여기게 된 건 무슨 거창한 이론에 근거한 것이 아니었다. 그의 삶 자체가 그걸 요구했다고 보아야 할 것이다. 그는 어린 시절부터 그 이론을 깨닫지 못하는 가운데 그 이론을 온몸으로

---

12) 조셉 맥브라이드, 박선회·임혜련 옮김, 『C 학점의 천재 스티븐 스필버그 1』(자연사랑, 1997), 153~154쪽.

느꼈고 느낀 그대로 실천에 옮겼던 것이다.

'유태인' 임을 부끄러워했던 스필버그

스필버그는 1946년 12월 18일 오하이오주 신시내티의 유태인 가정에서 출생했다. 밑으로 여동생을 셋 두었다. 아버지 아놀드 스필버그는 전기 기술자이면서 컴퓨터 전문가였다. 어머니 리아 스필버그는 전직 컨서트 피아니스트였다. 40년대 말과 50년대 초에 이르는 기간 동안 미국에서 컴퓨터산업은 아직 뿌리를 내리지 못하던 상황이라 스필버그 가족은 아버지의 직장을 따라 이리저리 옮겨 다녔다.[13]

스티븐이 9살 때부터 16살 때까지 비교적 오랜 기간 그의 가족은 애리조나주 피닉스 교외에 머물러 살게 되었는데, 지금도 스티븐은 자신의 고향을 애리조나로 여기고 있다. 스필버그가 살던 마을에서는 유일하게 스필버그의 가족만이 유태인이었는데, 이는 후일 스필버그가 영화를 통해 미국 주류에 끼기 위한 처절한 투쟁을 벌이는 데에 큰 영향을 미쳤다. 영화기자 프랭크 사넬로는 스필버그의 어린 시절에 대해 다음과 같이 말한다.

"그는 자기 가족이 다른 사람들로부터 고립되어 있음을 깨닫고 소외감을 느꼈다. 특히 크리스마스 같은 경우에는 그런 느낌이 더 들었다. 크리스마스 트리에 불이 켜 있지 않은 곳은 오직 그의 집뿐이었다. 다른 사람들과 똑같고 싶었던 스필버그는 창문 쪽에 빨간 불이라도 켜 두자고 아버지에게 울면서 졸라댔다. 하지만 그래도 소용없었다. 그는 당시를 회상하며 이렇게 말하고 있다. '정말 창피했다. 우리가 살던 마을에서 크리스마스 때 현관 전등 외엔 아무것도 켜 있지 않은 집은 우리

---

13) 『Current Biography』, 1978 ed., pp. 400~404.

집 하나뿐이었다."[14]

스필버그의 부모는 왜 유태인 거주 지역을 피해 기독교도들 속에서 살고 싶어했을까? 사넬로는 그의 어머니 리아가 '모험을 좋아하는 여성'이라 자신의 뿌리를 그런 식으로 단절하려 했다고 말하고 있지만 그걸 가리켜 '모험심'이라고 말하기는 어려울 것 같다. 리아는 후일 스필버그가 크게 성공한 다음엔 자신의 그런 결정을 후회한다며 다음과 같이 말했다.

"나 자신은 정통파 유대교 가정에서 자랐어요. 그렇지만 내 아이들은 비유대인 거주 지역에서 키워야겠다고 생각했지요. 그것이 내가 저지른 가장 큰 잘못이었어요. 근처에 사는 아이들은 걸핏하면 우리집 앞에 와서 '스티븐네 가족들은 더러운 유대인들이다!'라고 놀려대곤 했지요. 자꾸 그렇게 하니까 스티븐이 참다 못해서 어느 날 밤 몰래 집을 빠져나가 그 아이들 집의 창마다 버터 칠을 해 놓더군요."[15]

그러나 리아가 그런 '큰 잘못'을 저지르지 않았다면 오늘날의 스필버그는 없었을지도 모른다. 후일 어느 비평가가 중산층 백인들이 많은 교외에 집착하는 스필버그를 가리켜 "동화(同化)의 승리자"라고 칭한 것은 지나친 비아냥이라고 할망정, 스필버그가 어린 시절부터 자신의 유태인 혈통을 부끄럽게 여기고 주류 백인 사회에 동화되기 위해 처절한 노력을 한 것만은 분명하다. 그는 자신의 어린 시절을 다음과 같이 고백했다.

솔직히 어린 시절을 낱낱이 들춰내는 것은 유쾌하지 않다. 지금에 와서는 신에게 용서를 바랄 뿐이지만, 나는 대충 일곱 살 때부터 아홉 살 때까지 정통파 유대교도인 것을 부끄럽게 여기고 있었다. 그래서 집안 어른들이 유대교의 가르침을 실천하고 있다는 사실을 드러내 놓고 인정

---

14) 프랭크 사넬로, 정회성 옮김, 『스티븐 스필버그』(한민사, 1997), 18쪽.
15) 프랭크 사넬로, 정회성 옮김, 위의 책, 18쪽.

흥행사 스티븐 스필버그

70년대 이후의 할리우드는 스필버그를 중심으로 돈다?

또 스필버그? 솔직히 이제는 스필버그란 말만 들어도 지겹다. <죠스>와 <ET>가 개봉된 이래 80년대는 완전히 스필버그의 독무대였다. 90년대 들어 한물갔다는 이야기도 있었지만 <쥬라기 공원>과 <쉰들러 리스트>는 모든 비판과 소문을 일거에 잠재웠다. 신동이라는 말도 있었고, 블록버스터 열풍으로 할리우드를 말아먹었다는 말도 있었지만 어쨌든 스필버그는 여전히 건재하다.

그것이 다시 스필버그를 채론하는 이유다. <잃어버린 세계>는 개봉도 하기 훨씬 전부터 여름 시즌의 최강자로 꼽혀왔다. 작년의 <인디펜던스 데이>처럼 대통령까지 동원해가며 방관해져 세몰이를 했던 것도 아니었다. 그저 스필버그의 <쥬라기 공원> 2편이라는 말 한마디로 수많은 관객들이 극장으로 몰려들었다. 스필버그라는 이름은 아직도 최고의 흥행감독이고, 스필버그의 영화는 여전히 대중의 호기심을 자극하는 것이다.

스필버그에 대한 평가는 '컨텍스트'를 감안한 것이냐 아니면 오직 '텍스트' 위주의 것이냐에 따라 크게 달라질 수 있다. 할리우드 영화는 본질적으로 컨텍스트가 텍스트를 지배하는 영화를 의미한다. (『씨네 21』, 1997년 7월 8일)

하지도 못했다. 유대인이란 점에 주눅이 든 데다 다른 사람들처럼 되고
싶은 나머지 그 사실을 숨기고 싶었던 것이다. 태생에 대해서 기분좋게
생각했던 적은 거의 없었다. 물론 유대인이라는 점을 치욕으로 여길 만
큼 부끄러워하지는 않았으나, 때때로 불안했던 것은 사실이다. 조부는
언제나 까맣고 긴 코트와 검정 모자를 쓴 상태에서 흰 턱수염을 기르고
있었다. 나는 친구들을 집으로 초대하는 것조차 주저했다. 조부가 방 한
구석에서 유대교식 기도를 하고 있을지도 모르는 데다가 그것을 기독교
친구들에게 어떤 식으로 설명하면 좋을지 몰랐기 때문이다.[16]

스필버그는 어린 시절 단지 숨기는 것만으론 만족할 수 없었다. 그는
백인 기독교도들처럼 약간 위를 향한 코를 갖고 싶어 매일 밤 잠자기
전 아주 이상한 짓을 저질렀는데, 스필버그는 후일 성공한 다음 어느
기자와의 인터뷰에서 다음과 같이 말하였다.

"정말이지 한심한 짓거리였다. 고무 테이프를 길게 잘라서 한쪽 끝을
코에 붙이고, 다른 한쪽 끝을 이마의 맨 위에 붙인 채 자곤 했던 것이
다. 그런데 그렇게 하다 보니 어느새 이처럼 커다란 코가 돼 버렸다.
마치 얼굴이 콧속으로 빨려들어갈 것 같지 않은가. 어쨌든 어린 시절에
는 코를 너무나 의식했다."[17]

영화에서 재현되는 어린 시절

스티븐 스필버그는 학교에 다니면서 스카우트 활동과 야구에도 열중
했지만, 그의 주요 관심은 영화였다. 그는 12살 때부터 아버지의 8mm

---

16) 프랭크 사넬로, 정회성 옮김, 『스티븐 스필버그』(한민사, 1997), 24쪽.
17) 프랭크 사넬로, 정회성 옮김, 위의 책, 23쪽.

카메라를 이용해 가족 소풍과 캠프 여행을 촬영하기 시작했으며, 곧 다양한 앵글을 실험해보고 기술적 트릭을 부리는 재주를 스스로 터득하게 되었다.

그는 자신이 직접 스토리를 만들어 세 명의 여동생들을 주연으로 한 짧은 공포영화를 만들기도 하였는데, 그는 당시 자신이 만든 영화 속에서 동생들을 여러 번 죽였다고 회고하고 있다. 그러나 그의 부모는 어린 스필버그가 영화는 보지 못하도록 하였으며 디즈니영화처럼 아주 싱겁고 건전한 것만 보도록 허용했다. 그의 부모는 텔레비전도 보지 못하게 했다. 스필버그는 4살 때 뱀에 관한 텔레비전 다큐멘터리를 보고 몇 시간을 운 적이 있었는데, 그 이후 그의 부모는 텔레비전 시청을 금지시켰던 것이다. 물론 스필버그는 부모 몰래 텔레비전을 훔쳐보긴 했지만 말이다.

스필버그는 당시 자신이 학교를 증오했다고 말한다. 그는 이미 12살 때부터 영화감독이 되기로 결심했던 터라, 공부에 아예 뜻을 두지 않고 있었다. 수업시간에도 책 페이지 끝에 만화를 그려 책의 페이지를 넘기면 그것이 만화영화가 되게끔 하는 장난을 하는 데에 몰두했다. 그러나 아버지는 일정 성적 유지를 조건으로 스필버그가 영화를 만드는 걸 허락했기 때문에 스필버그는 낙제를 겨우 면할 정도의 공부는 하지 않을 수 없었다. 전기 작가 조셉 맥브라이드는 만화가 스필버그에 미친 영향에 대해 다음과 같이 말한다.

"스필버그는 1950년대에 자라난 대부분의 미국 아이들처럼 만화책을 통해 그의 꿈과 환상을 키워 나갔다. 이 만화책들은 그가 영화를 제작함에 있어서 대담하고 가끔은 지나치게 과장된 스타일을 만들어내는 데 상당한 영향을 끼쳤다. 그가 가장 좋아하는 만화는 슈퍼 히어로와 모험이 나오는 것들이다. 예를 들면 슈퍼맨이나 배트맨 등이 등장하는 만화이다. 또한 미키마우스, 도널드 덕, 스쿠르지 영감이 등장하는 디즈니사의 만화도 그에게 많은 영향을 끼쳤다."[18]

스필버그의 어린 시절의 경험은 그대로 그의 영화에 반영되었다. 『폴터가이스트』에서도 텔레비전과의 갈등이 나오고 『ET』와 『그렘린』에서도 아이들의 어지럽게 널려 있는 방이 나오는데, 이건 모두 스필버그 자신의 어린 시절의 일부를 보여주는 것이다. 그가 만든 대부분의 영화들이 처음에 무력한 소시민의 일상적 삶에서 이야기를 풀어 나가는 것도 그가 어린 시절에 겪었던 피닉스 교외의 삶과 무관하지 않을 것이다.

스필버그는 온도계를 전등에 달구어 열이 높은 것처럼 꾀병을 부리는 방법으로 1주에 하루는 결석을 하곤 했다. 그 하루는 주로 월요일이었다. 이건 그의 영화 『ET』에서 꼬마 주인공 엘리어트가 써먹는 수법이기도 하다. 스필버그는 그런 식으로 결석을 해놓고 주말에 찍은 영화를 편집하곤 했다. 이제 곧 이야기하겠지만, 스필버그가 제작을 맡은 영화 『백투더퓨쳐』에 등장하는 소년 깡패는 학교에서 스필버그를 때리곤 하던 아이의 모습이다.

영화는 '권력'이다

스필버그에게 있어서 영화 제작은 현실 도피의 성격이 강했으며, 이는 고교 시절까지 계속 이어졌다. 그러나 그는 곧 영화가 '권력'이라는 걸 깨닫게 된다. 그는 영화를 만들면서 동네 어른들도 자기 마음대로 부릴 수 있다는 걸 알았고, 사람들이 그렇게 영화에 열광하는 한 자신의 '영화로의 도피'는 자신의 '현실'을 안전하게 만들어줄 수 있다는 걸 알게 된 것이다.

스필버그는 고등학교에서도 유일한 유태인 학생이었다. 그는 지금도

---

18) 조셉 맥브라이드, 박선희 · 임혜련 옮김, 『C 학점의 천재 스티븐 스필버그 1』(자연사랑, 1997), 85쪽.

"나는 아직도 당시 나를 괴롭혔던 자들을 결코 용서할 수 없다"고 말할 정도로 다른 학생들로부터 엄청난 '이지메'를 당했다. 영화기자 프랭크 사넬로는 다음과 같이 말한다.

"그가 복도를 걷고 있노라면 학생들이 헛기침을 하며 '유대인'이라고 속삭이곤 했다. 심지어 교실에서 1센트짜리 동전을 그에게 던지는 아이도 있었다. 그 아이는 스필버그가 동전을 집을 경우 '역시 유대인은 욕심쟁이야!'라고 놀릴 셈이었던 것이다. …… 한 학생으로부터 입은 정신적 육체적 타격은 지금까지도 스필버그에게 괴로운 기억으로 남아 있다. 물론 영화를 만드는 데 일찍부터 남다른 재주가 있었기 때문에 그나마 울분을 삭일 수는 있었으나, 그 학생의 소행은 아주 잔인했다. 클래스에서 가장 몸집이 커 대장 노릇을 하던 그 학생은 걸핏하면 스필버그를 마구 때려 코피를 쏟게 했다. 그리고 머리를 물 속으로 밀어넣거나 얼굴을 진흙 바닥에 쑤셔박기도 했다. 심지어 그 학생이 화장실에 앉아 있는 스필버그의 양다리 사이로 폭죽을 끼워 넣은 적도 있었다."[19]

참으로 미치고 환장할 일이었겠다. 스필버그는 어떻게 대응했을까? 그는 후일 당시를 회상하며 이렇게 말했다. "하지만 그 애의 어휘는 한정되어 있었다. 그래서 나는 이렇게 생각했다. 어차피 그를 이길 수 없다면 차라리 친구로 만들자고." 어떻게? 스필버그는 영화가 일종의 '권력'일 수 있음을 이미 그때부터 깨달았다. 스필버그는 그 깡패 녀석에게 자신이 만드는 영화의 주인공 역이라는 미끼를 던졌고 그 방법은 성공했다. 스필버그는 다음과 같이 말한다.

"나는 그를 친구로 바꿔 놓았다. 하지만 나 자신이 그의 친구가 되었다고는 생각하지 않았다. 왜냐하면, 그에게 당했던 일과 함께 그가 옆에만 다가와도 얼마나 두려워했던가를 생각할 때마다 결코 그를 용서할 수 없었기 때문이다. 내 영화에 출연할 때조차 나는 그가 무서웠다. 그

---

19) 프랭크 사넬로, 정회성 옮김, 『스티븐 스필버그』(한민사, 1997), 25~26쪽.

러나 나는 다행히 내가 안심할 수 있는 곳으로 그를 데려갈 수 있었다. 물론 그곳은 카메라 앞이었다. 나는 카메라가 얼마나 멋진 도구이고 무기인지 그때 깨달았다. 그리고 그것이 얼마나 멋지게 자신을 관찰할 수 있고, 또 자기를 표현할 수 있는 도구인지도 알게 되었다."[20]

현실 도피를 위한 영화 제작

스필버그의 고교 시절에 부모는 파경에 이르렀다. 컴퓨터 같은 이성을 가진 아버지와 피아니스트의 감성이 풍부한 어머니 사이의 성격 차가 큰 이유였다. 그의 영화 속에 등장하는 전형적인 아버지와 어머니의 모습도 부분적으론 그의 친부모와 닮은 구석을 보여주고 있다. 그의 부모는 자식들이 부모의 이혼을 감당해낼 수 있는 나이가 될 때까지 형식상 부부관계를 유지하기로 하였는데, 스필버그는 밤마다 아버지와 어머니가 싸우는 소리를 엿들으면서 '이혼'이라는 단어를 저주하게 되었다고 술회하고 있다.[21] 결국 그의 부모는 그가 고교를 졸업할 무렵 정식 이혼을 하였다.[22]

가정 형편이 그러했던 만큼 스필버그는 고교 시절 더욱 영화에 빠져들었다. 그에게 있어서 영화 제작은 재미없는 수학과 불어 공부에서 벗어나게 해주는 도피처와도 같은 것이었다. 그는 그 시절 열심히 아르바

---

20) 프랭크 사넬로, 정회성 옮김, 앞의 책, 27쪽.
21) 그러나 이혼이라는 단어를 저주했던 스필버그도 첫 아내인 배우 에이미 어빙과 이혼하고 『인디아나 존스』와 『죽음의 사원』에 출연했던 여배우 케이트 캡쇼와 재혼을 하였다.
22) "부모의 이혼이 그에게 커다란 충격을 주었음은 틀림없는 사실이다. 그가 나중에 성인이 되어 제작한 영화를 보면 부모나 사랑하는 사람과의 이별을 다룬 테마가 자주 나오고 있다. 『미지와의 조우』에서 우주인들에게 끌려가는 꼬마나 『태양의 제국(Empire of the Sun)』에서 군중의 물결에 휘말려 부모의 팔로부터 벗어나는 영국 소년이 그 대표적인 예라고 할 수 있을 것이다." 프랭크 사넬로, 정회성 옮김, 앞의 책, 57쪽

유대인이라는 점에 대한 심한 열등감과 부모의 불화로, 어린 시절 스필버그에게 있어서 영화 제작은 현실 도피의 성격이 강했으며, 이는 고교 시절까지 계속 이어졌다. 그러나 그는 곧 영화가 '권력'이라는 걸 깨닫게 된다.(『씨네 21』, 1997년 7월 8일).

이트를 해서 번 돈을 투자하여 8mm 및 16mm 영화를 여러 개 만들었다. 그의 아버지는 공상과학소설과 천문학을 좋아했는데 스필버그도 그 영향을 받아 자신이 직접 만든 망원경으로 몇시간씩 하늘을 관측하곤 했다. 이러한 관심이 그의 첫 번째 장편영화『불빛』을 만들게 했다.

스필버그가 16세 때에 제작한『불꽃』은 2시간 30분짜리 8mm 영화로 밤하늘의 신비로운 빛을 조사하는 과학자들에 관한 것이었다. 스필버그는 이 영화를 만든 뒤 아버지의 도움으로 동네 극장을 빌려 상영해 하루 만에 제작비 5백 달러를 뽑아냈다.

스필버그는 고등학교를 졸업할 무렵 영화교육의 명문인 남가주대학에 진학하고 싶었지만, 성적 불량으로 그 뜻을 이루지 못하고 롱비치에 있는 캘리포니아주립대학에 영어 전공으로 진학해 70년에 학사학위를 받았다. 그는 대학 시절에도 계속 영화에 미쳐 있었다. 그는 학교 수업을 2일간 몰아서 듣고 3일간은 유니버설 스튜디오에 가서 구경하는 걸로 소일했다.

그는 이미 대학에 진학하기 전부터 유니버설 영화사를 출입하곤 했다. 촬영장에 몰래 잠입해 들어가 여러 번 쫓겨나기도 했으며, 정문을 통과하기 위해 신사복을 입고 아버지 가방을 들고 직원인 척 위장하는 수법을 쓰기까지 했다. 그 가방 속엔 샌드위치와 캔디가 들어 있었다. 그는 빈 사무실을 찾아내 스티븐 스필버그라는 명패까지 붙여놓곤 하루 종일 촬영장에서 죽치는 일을 한동안 계속했다. 그런 식으로 알프레드 히치콕과 같은 감독들이 일하는 걸 직접 보면서 자신도 언젠간 대감독이 되겠다는 꿈을 키워나갔다.

『앰블린』, 『결투』, 『슈가랜드 특급』

스필버그는 대학 시절 매우 신비롭고 개인적인 주제의 영화들을 만들었지만, 무슨 생각이 들어서였는지 상업적인 성격이 강한 영화 한 편을 만들게 되었다. 1968년에 만든 35mm 영화 『앰블린(Amblin)』이 바로 그 영화였다. 이 영화는 22분짜리로 모자베사막에서 태평양 연안까지 히치하이킹을 하는 한 소년과 소녀에 관한 것으로 매끄럽고 서정적인 느낌을 주는 작품이었다. 그는 나중에 그건 펩시콜라 광고 같은 것이라고 부끄러워했지만, 그건 그에게 큰 행운을 가져다주었다.[23]

그 영화는 베니스영화제와 애틀랜타영화제에서 수상했으며, 유니버설 영화사의 중역들의 눈길을 끌었다. 당시 유니버설사의 텔레비전 부문 책임자인 시드니 샤인버그는 그 영화에 감명을 받아 스필버그와 7년 계약을 체결하였다. 1968년 12월 12일로 스필버그가 22세가 되기 6일 전이었다.

그러나 스필버그는 자신에 관한 신화를 만들고 싶은 욕망에 사로잡혀

---

23) 『Current Biography』, 1978 ed., pp. 400~404.

후일 인터뷰에서 "나는 20세의 나이에 유니버설과 7년 계약을 맺었다"고 주장하였다. 그는 자신의 나이까지 속여 한동안 1947년생으로 행세하였는데, 이것 또한 일단 나이로 '최초의 기록'을 세워보고자 하는 스필버그의 욕망 때문이었던 것으로 알려지고 있다.[24]

스필버그는 샤인버그 밑에서 『마커스 웰비』『게임의 이름』『콜롬보』등의 드라마를 제작하였다. 그는 그것들이 마치 영화를 제작하기 위한 자격증이라도 되는 양 매우 진지하게 열성을 보였다. 그는 1971년 텔레비전 『주말의 명화』 시간에 방영될 영화 『결투』를 감독하게 되었는데, 비록 텔레비전용 영화이긴 하지만 이것이 스필버그가 유니버설에서 최초로 만들게 된 영화였다.

이 영화는 한 세일즈맨이 고속도로상에서 그를 죽이려고 하는 보이지 않는 한 트럭 운전사에 의해 추적당하지만 끝내는 세일즈맨이 승리한다고 하는 내용을 담고 있는데, 90분간 숨막히는 서스펜스를 유지하여 대성공을 거두었다. 16일간 35만 달러의 예산으로 만들어진 『결투』는 유럽과 일본의 영화관 상영에서 5백만 달러의 매출을 기록하고 해외에서 여러 개의 상을 수상하였다. 이 영화는 비록 미국 영화관에선 상영되지 않았지만 영화비평가들의 찬사를 받았다. 『결투』보다는 못했지만, 그의 다른 텔레비전용 영화들도 제법 성공을 거두었다.

『결투』의 방영 이래로 스필버그는 영화제작 제의를 수없이 받게 되었다. 그러나 그는 모든 제의가 다 마음에 들지 않아 1년을 쉬고 그 자신의 영화 대본을 만들었다. 그렇게 해서 탄생된 첫 번째 작품이 74년 유니버설영화사의 코미디 『슈가랜드 익스프레스』였다.

텍사스 슈가랜드에 있는 한 아동보호소에서 자신의 아이를 구해내려고 했던 절박한 사정을 가진 한 젊은 부부의 성공하지 못한 시도에 관

---

24) 조셉 맥브라이드, 박선희·임혜련 옮김, 『C 학점의 천재 스티븐 스필버그 1』(자연사랑, 1997), 47~49쪽.

한 신문기사에 근거한 이 영화는 차량 추격전을 기가 막히게 연출해서 호평을 받았다. 비평가들은 구성과 동작에 관한 스필버그의 감각은 1류라고 평가하였다. 그러나 이 영화는 비평가들의 호평에도 불구하고 극장에선 실패하였다. 왜 그랬을까? 『씨네 21』 기자 김영진은 다음과 같이 말한다.

"『슈가랜드 특급』은 스필버그 영화 가운데 드물게 보이는 비극적 비전이 돋보이는 작품이었다. 외견상으로는 경쾌한 코미디 형식을 취하고 있지만 갈 곳이 없었는데도 자기네만의 보금자리를 찾기 위해 감옥에서 빠져나와 부질없이 애쓰는 도망자 부부의 얘기는 근저에 깊은 절망이 깔려 있었다. 이 영화는 악명과 명성을 혼동하는, 유명인사에 대한 강박감에 사로잡혀 있는 미국인의 집단 심리를 자극하면서 다른 한편으로는 베트남전 이후 미국인들이 정부에 품었던 경멸감, 가족의 해체, 사회 곳곳에 만연한 폭력 등 당대의 중요한 사회적 쟁점을 건드렸다. 평론가 폴린 카엘은 '영화사에서 가장 경이적인 데뷔작'이며 스필버그는 '대단히 희귀한 감독이고 타고난 연예인, 어쩌면 새로운 하워드 혹스가 될 수 있을 것'이라고 극찬했다. 그러나 『슈가랜드 특급』은 흥행에 실패했다. 아마도 이 영화의 기저에 깔린 비극적 비전 때문이었을 것이다. 이후로 스필버그 영화에서 그런 분위기를 느끼기란 쉽지 않았다. 스필버그의 다음 작품은 『죠스』였고 카엘의 예언대로 타고난 엔터테이너의 장기를 만개시켰다."[25]

『죠스』로 얻은 영광과 상처

그러나 『슈가랜드 특급』은 스필버그에게 큰 행운을 가져다주었다. 프

---

25) 김영진, 〈『슈가랜드 특급』: 음울한 반(反) 스필버그의 땅〉, 『씨네 21』, 1999년 7월 27일, 67면.

로듀서 리차드 자눅과 데이빗 브라운은 이 작품에 깊은 감명을 받고 스필버그에게 『죠스』의 제작을 맡겼다. 스필버그는 피터 벤철리의 베스트셀러 소설 『죠스』를 읽고 난 뒤 공포에 질렸으며, 자신이 느낀 공포감을 영상언어로 바꾸려고 노력했다고 말한다. 자신이 만든 영화 『죠스』는 "공포와, 경악과, 불안의 그림책"이라는 것이다.

1975년에 선을 보인 『죠스』의 제작은 결코 순조로운 작업은 아니었다. 날씨, 파업, 촬영지역 주민의 항의, 기계 상어의 기술적 문제, 대본 수정 등으로 질질 끌어 예정일보다 몇개월이 초과되었으며, 제작비가 엄청나게 상승해 스필버그는 도중에 목이 잘릴 뻔하는 위기를 겪기도 했다. 원래 제작비는 3백50만 달러였는데, 영화를 끝냈을 때에 투자된 제작비는 그 2배나 됐다. 그러나 『죠스』는 미국내 1개월 만에 6천만 달러의 수익을 기록하였다.

비평가들도 공포감을 조성하는 스필버그의 솜씨는 히치콕을 방불케하며 테러와 유머를 번갈아 가며 구사하는 긴장과 이완의 리듬은 기가 막히다고 찬사를 보냈다. 그러나 비판도 만만치 않았다. 이런 종류의 인위적 조작을 통해 공포심을 유발하려는 영화에는 호감을 가질 수 없다든가 이 영화를 보며 마치 충격요법 실험을 받는 쥐처럼 느껴져 자리를 박차고 나올 수밖에 없었다는 비판이 등장했다.[26]

그러나 일부 비평가들이 지적한 바로 그런 이유 때문에 대중은 더 환호했던 건지도 모른다. 『죠스』는 세계적으로 4억 달러 이상의 매출을 기록하였으며, 스필버그는 이 영화 한 편으로 29세의 어린 나이에 세계적인 명성을 얻게 되었다. 그는 자신의 성공에 도취되었다. 그는 배우이자 감독인 알버트 브룩스와 함께 택시를 타고 뉴욕시내를 돌면서 『죠스』를 상영하는 영화관 앞에 줄을 선 사람들을 비디오 카메라로 촬영하

---

26) 조셉 맥브라이드, 박선희·임혜련 옮김, 『C 학점의 천재 스티븐 스필버그 2』(자연사랑, 1998), 52쪽.

기도 했다.[27]

우리는 여기서 나이의 조작으로 자신의 신화를 만들고자 했던 스필버그의 어설픈 시도를 상기할 필요가 있다. 그는 그처럼 지나치다 싶을 정도로 강한 명예욕의 소유자였으며 이와 같은 집착은 이후 내내 계속되었다. 이와 관련, 전기 작가 조셉 맥브라이드는 다음과 같이 말한다.

> 스필버그는 작품의 저작권이나 창작권에 대해서 소유욕이 매우 강했다. 그는 '스필버그에 의해 쓰여지고 감독되었음'이라는 마지막 승인을 얻고 싶어한다. 줄거리나 시나리오에 대한 명성을 다른 사람들과 나누면, 자신이나 대중의 눈에 마치 자신의 독창력이 감소되어 보이기라도 한다는 듯 예민함을 보인다. 독자적 저작권을 주장하는 이유는 아마도 그 작업이 몹시 개인적 특성을 지니고 있기 때문이기도 하고, 또 그 영화에 연루된 누군가가 자신에게 속한 그 명성을 착복하지 않을까 하는 두려움 때문이다.[28]

그러나 아카데미(오스카) 상은 그를 외면했다. 관객은 그의 명예욕을 충족시켜 줄 수 있었지만, 영화계의 엘리트 그룹은 오히려 상처를 내기에 바빴다. 이때부터 아카데미영화제 측과 스필버그 간의 처절한 투쟁이 시작된다. 그 투쟁은 쾌락을 추구하는 할리우드 정신에 투철한 스필버그와 그 쾌락에 최소한의 포장을 씌울 것을 요구하는 영화계 지식 엘리트들과의 본원적인 갈등에서 비롯된 것이었다.

1976년 2월 카메라맨들이 아카데미상 후보작 발표를 지켜보는 스필버그의 반응을 찍기 위해 그의 사무실로 몰려들었고 스필버그는 이들을 흔쾌히 맞아 들였다. 그 이후의 상황에 대해 전기 작가 조셉 맥브라이

---

27) 프랭크 사넬로, 정회성 옮김, 『스티븐 스필버그』(한민사, 1997), 125쪽.
28) 조셉 맥브라이드, 박선희·임혜련 옮김, 앞의 책, 66쪽.

드는 다음과 같이 말한다.

그는 "『조스』가 11개 부문에서 후보작으로 지명될 것이며, 상을 휩쓸게 될 것이라고" 호언장담까지 했다. 그러나 감독상 부문에서 마지막 후보의 이름이 거명되었는데도 그의 이름이 빠지자, 카메라맨들은 일제히 스필버그의 놀라는 표정을 포착했다. 그는 자신이 후보에 오르지 못한 것을 거의 신음에 가까운 소리를 내며 지켜보았다. …… 그는 이를 '상업에 대한 반발'이라는 말로 표현했다. 사람들은 그가 돈을 많이 버는 것에 반감을 갖고 그걸 상업적이라고 몰아 부친다는 것이다. …… 훗날 리처드 자누크는 스필버그가 TV 방송국 사람들과 함께 그 방송을 지켜본 걸 큰 실수로 지적했다. 어쨌든 이런 굴욕적 경험으로 말미암아 스필버그는 다시는 오스카상 같은 민감한 주제에 대해 더 이상 공공연히 자기 생각을 털어놓아서는 안 된다는 교훈을 얻은 듯하다. 젊은이다운 솔직 담백함은 그 뒤로는 훨씬 용의주도한 대중적 발언으로 바뀌고 있음을 볼 수 있기 때문이다.[29]

우주로까지 확대된 '피터팬 신드롬'?

스필버그의 세 번째 영화는 1977년에 만든 『미지와의 조우』(Close Encounters of the Third Kind)였다. 그는 우주 그 어느 곳에선가 인간처럼 지능을 가진 존재가 있다고 믿고 인간과 외계인과의 우호적 만남을 그리는 대본을 직접 썼다. 이 영화는 50년대의 외계인 침공 영화에 상투적으로 등장한 외계인과 지구인과의 적대관계를 청산하고 전혀 새로

---

29) 조셉 맥브라이드, 박선희·임혜련 옮김, 『C 학점의 천재 스티븐 스필버그 2』(자연사랑, 1998), 52~53쪽.

운 관계를 보여주었다는 점에서 새로운 것이었다. 이 영화도 대성공을 거두었다.

이 영화의 주인공 로이 니어리는 UFO를 보고는 한밤중에 가족을 깨워 우주인을 만나러 데리고 나가는데, 여기엔 스필버그의 어린 시절 경험이 그대로 드러나 있었다. 전기 작가 조셉 맥브라이드는 이 영화와 스필버그의 관계에 대해 다음과 같이 말한다.

주인공 로이는 황량하고 적막한 교외생활을 벗어나고 싶어한다. 상상력이 결여된 그의 아내 로니는 UFO에 대한 그의 관심에 적개심을 가지고 반응하며 그가 미쳐 가고 있다고 생각한다. 그녀는 남편을 이해하지 못해 그냥 방치해 두는데, 이런 태도 때문에 로이가 새로운 삶을 찾아 가족을 떠나 우주로 가려고 할 때 많은 관객들이 그에게 동조하게 되는 것이다. …… 로이 니어리와 더불어 '피터 팬 신드롬'은 우주 차원으로까지 확대되었다. 이 영화에 대한 비방자들은 스필버그가 무책임한 아버지의 가족소홀을 찬양하고, 퇴행과 감정적 퇴보 상태를 찬미하고 있다고 비난했다. …… 스필버그 자신도 아버지로서의 의무를 한껏 느끼게 된 1994년에는, "요즘 같으면 이 영화를 만들지 못했을 것이다. 왜냐하면 가족을 결코 떠날 수 없을 것 같기 때문이다"라고 자신의 입장을 바꿨다. 그러나 아무튼 이 영화는 미국 중산층의 일상생활 내부를 잘 드러내면서도 그것을 꿈과 환상으로 씌워놓고 있다는 점에서 성공적이다. 이는 문학비평가 레슬리 피들러 Leslie Fiedler의 말처럼 전형적 미국 신화를 반영하고 있다. 피들러에 의하면 "몽상가란 잔소리로부터 달아나 산으로 비상하고, 시간을 벗어나고, 가정과 주위의 따분한 의무로부터 탈출한다."[30]

---

30) 조셉 맥브라이드, 박선희 · 임혜련 옮김, 앞의 책, 82~83쪽.

할리우드 상업영화, 〈죠스〉 이전과 이후

1973년 〈슈가랜드 특급〉으로 작품성과 흥행성 양면에서 호평을 받으며 데뷔한 이래 스필버그는 성공가도를 달려왔다. 할리우드 흥행 기네스북의 최고기록을 거의 갱신하며 최고의 감독으로 군림해 온 것이다. 그의 예술가적 자질에 대한 논의는 분분하지만 하여튼 스필버그는 1970년대 미국 영화의 새로운 중흥을 주도한 중심인물이다. 스필버그는 80년대 이후 상업영화가 만들어지는 방식은 물론 주제까지 바꾸어 놓았다. 〈죠스〉(1975), 〈미지와의 조우〉(1977), 〈인디아나 존스〉 시리즈 3편 등은 당시 최고 수익을 올렸던 흥행작이다. 특히 할리우드 영화사상 최초로 1억달러 수익의 벽을 뛰어넘은 〈죠스〉는 조지 루카스의 〈스타 워즈〉와 함께 '블록버스터'의 시대를 열어젖힌 기념비적인 작품이다.

당시만 해도 스필버그는 뛰어난 테크니션이고 미국 작가영화의 전통을 이을 만한 주재들이었다. 스필버그의 영화는 기법 면에서 히치콕을 떠올릴 만한 구석이 있었다. 이유없이 익명의 적에게 쫓기는 불안감을 소름끼치게 형상화한 〈대결〉이나 식인상어와의 쫓고 쫓기는 대결을 숨막히게 묘사한 〈죠스〉 등은 불안과 공포에 휩싸인 히치콕 영화에서 스타일을 빌려온 것이었다. 그러나 상업적 성공이 지나쳤던

〈죠스〉와 〈ET〉 이래 할리우드 상업영화의 대명사는 스티븐 스필버그가 되었다. 스필버그와 〈스타 워즈〉의 조지 루카스는 70년대 이후 할리우드의 모든 것을 바꾸어 놓은 것이다.

『죠스』는 "공포와, 경악과, 불안의 그림책": 아카데미(오스카) 상은 그를 외면했다. …… 영화계의 엘리트 그룹은 오히려 상처를 내기에 바빴다. 이때부터 아카데미 영화제 측과 스필버그 간의 처절한 투쟁이 시작된다. (『씨네 21』, 1997년 7월 8일)

스필버그는 『미지와의 조우』의 감독으로서 처음으로 오스카상 후보로 지명받았다. 그러나 감독상은 우디 앨런(Woody Allen)에게 돌아갔다. 스필버그는 또 한번 상처를 받았는데, 전기 작가 조셉 맥브라이드는 다음과 같이 말한다.

"『죠스』 이후 양분되었던 스필버그에 대한 평가는 이 영화 이후로 더

욱 극단화되었다. 한편에서는 어린이들의 꿈을 실현시켜 줄 수 있는 영화를 만든 감독으로 추켜세웠다. 『뉴스위크』의 잭 크롤은 변화를 꾀하는 재능이나 감상적 이상주의, 교묘한 기술적 작업을 통해 마법을 만들어내는 그의 아이디어를 월트 디즈니에 비유하기도 했다. 그러면서도 그는 어두운 영상을 우스꽝스러우면서도 감동적인 장면으로 만들어 낼 수 있는 스필버그만이 지닌 개성의 측면을 간과하지는 않았다. 스필버그가 마법과도 같은 재주를 발휘한다는 데는 거의 모두가 동의하지만, 한편에서는 그가 인물이나 인물들 사이의 관계보다는 오히려 효과에 더 비중을 두는 감독이라고 의혹의 눈길을 보낸다."[31]

조지 루카스와 손잡고 만든 『레이더스』

스필버그의 1979년작 『1941』은 지금까지 스필버그의 작품 가운데 '최악'으로 기록되고 있는 실패작이었다. 이 영화는 진주만 폭격 이후 사람들이 신경과민 상태에 빠진 생활을 소재로 한 코미디였는데, 이 영화의 실패로 스필버그는 엉거주춤한 코미디보다는 유머가 가미된 액션 어드벤처 영화가 자신의 전공이라는 교훈을 얻었다.[32]

물신숭배의 성지라 할 할리우드에서조차 '돈만 밝히는 장사꾼'이라는 비판을 받는 조지 루카스가 스필버그와 배짱이 잘 맞는 사이라는 건 결코 놀라운 일이 아니다. 아니 당연한 일인지도 모른다. '제작 루카스, 감독 스필버그'라고 하는 환상의 콤비가 만들어낸 첫 번째 작품이 바로 1981년작 『레이더스(Raiders of the Lost Ark)』이다. 스필버그는 루카스

---

31) 조셉 맥브라이드, 박선희·임혜련 옮김, 『C 학점의 천재 스티븐 스필버그 2』(자연사랑, 1998), 86쪽.
32) 프랭크 사넬로, 정회성 옮김, 『스티븐 스필버그』(한민사, 1997), 478~479쪽

에 대해 다음과 같이 말한다.

"조지는 가장 적은 예산으로 스크린에서 최대의 투자 효과를 발휘하는 방법을 알고 있는 사람이다. 그는 내가 빠듯한 예산으로 영화를 만들 수 있도록 최선을 다해서 도와 주었다. 『레이더스』를 준비하고 있을 때, 그는 내게 '예산이 1천만 달러 정도랄지라도 자네는 5천만 달러의 상상력을 갖고 있으므로 걱정할 것 없네'라고 말하곤 했다. …… 조지야말로 진정한 제작자이고 감독이다. 그는 내게 창조력을 발휘하는 방법과 함께 장대하면서도 멋진 볼거리를 관객에게 선사하는 비결 등을 가르쳐 주었다."[33]

실제로 스필버그는 『레이더스』를 2천만 달러 이하의 예산으로 완성시켰는데, 이는 2천만 달러를 갖고 3천만 달러로 보이는 영화를 만들어보라는 루카스의 노골적인 주문에 부응한 것이었다. 스필버그는 이 영화에서 예산 절감을 위해 원래 엑스트라로 동원하려던 2천 명을 7백 명으로 낮추고 그 대신 광각 렌즈를 이용해 2천 명 이상의 효과를 냈으며, 어떤 장면에선 미니어처 엑스트라들까지 배치하기도 했다.[34]

스필버그는 이 영화의 성공으로 할리우드 최고의 흥행사 가운데 하나로서의 위치를 탄탄히 굳히게 되었다. 그러나 그러면 그럴수록 스필버그의 다른 한쪽이 무너져갔다. 『레이더스』에 대해 전기 작가 조셉 맥브라이드는 다음과 같이 말한다.

"스필버그가 '재주'를 발휘해 제작한 『레이더스』는 흥미있고 오락성이 높기는 하지만, 혼이 깃들지 않은 다소 뒤떨어진 영화였다. 대중영화의 감독으로 다시 인정받는다는 것, 헐리우드와 대중으로부터 열광적 사랑을 받는다는 것, 그것은 예술적으로 한 걸음 후퇴했음을 의미하고 있었다. 전세계적으로 3억6000만불의 수익을 올린 이 영화는 파라마운

33) 프랭크 사넬로, 정회성 옮김, 『스티븐 스필버그』(한민사, 1997), 191~192쪽.
34) 프랭크 사넬로, 정회성 옮김, 위의 책, 192~195쪽

트 영화사가 생긴 이래 최고의 흥행을 기록했다. 『레이더스』로 스필버
그는 두 번째로 오스카상 감독부문 후보자로 지명되었다. 그러나 여기
서도 스필버그는 감독상을 수상하지는 못했다. 『레이더스』는 기술부문
에서 모두 5개의 상을 거머쥐었다."[35]

『죠스』 때 받은 상처 때문이었을까? 스필버그는 『레이더스』가 공개되
었을 때 오히려 자신의 작품이 진지하게 받아들여지는 것 자체를 거부
하면서 다음과 같이 느긋한 여유를 보이는 발언을 하였다.

"『레이더스』는 팝콘이다. 팝콘은 아무리 먹어도 배가 부르지 않는다.
게다가 소화도 잘 되고 입 안에서 부드럽게 녹는다. 결국 『레이더스』는
그저 가벼운 마음으로 몇 번이나 반복해서 볼 수 있는 종류의 영화인
것이다."[36]

그렇다. 팝콘에 무슨 이데올로기나 심오한 사상이 있을 리 없다. 스
필버그에게 있어서 영화는 우선적으로 테크놀로지였고 그에 부수적인
것으로서의 감성의 문제였다. 이 점에 있어서 스필버그가 탁월한 재능
을 가졌다는 건 그 누구도 부인하지 않는다. 그는 관객에게 쾌락을 제
공하는 법에 정통한 인물이었던 것이다. 영화감독이면서 『레이더스』의
각본을 맡았던 로렌스 캐스던은 스필버그의 그런 자질에 대해 다음과
같이 말한다.

"세계를 통틀어 스티븐만큼 카메라를 능숙하게 다루는 사람은 없다고
생각한다. 사실 관객을 흥분시키려면 어떻게 해야 하는지를 정확히 파
악한 상태에서 효과적으로 촬영하는 재능 같은 것은 아무에게나 있는
게 아니다."[37]

---

35) 조셉 맥브라이드, 박선희·임혜련 옮김, 『C 학점의 천재 스티븐 스필버그 2』(자연사랑, 1998),
   86쪽.
36) 프랭크 사넬로, 정회성 옮김, 앞의 책, 204쪽.
37) 프랭크 사넬로, 정회성 옮김, 앞의 책, 203쪽.

『ET』와 '팝콘'의 슬픈 운명

그런데 이데올로기나 심오한 사상을 싫어하는 사람들도 영화가 '팝콘 정신'에 투철하면 거부감을 느낀다. 팝콘을 즐겨 먹으면서도 팝콘을 깔 봐야만 직성이 풀린다. 그게 바로 팝콘의 운명인지도 모른다. 스필버그 의 1982년 히트작 『ET』도 그런 운명을 벗어나진 못했다.

『ET』는 스필버그에게 엄청난 부(富)를 안겨주었을 뿐만 아니라 "전에 는 맛보지 못한 명예와 찬사를 한꺼번에 가져다주었다. 그의 인생은 수 많은 신문과 잡지에서 다루어지고 신비화되기도 했다."[38] 스필버그에 관한 책들이 쏟아져 나왔고 그의 어머니 레아까지 유명 인사로 만들어 주었다. 『ET』의 상업적 이용은 다시 부메랑이 되어 스필버그에게로 날 아갔다. MCA와 유니버설은 2백 개 이상의 상품에 ET 사용 허가권을 팔아 넘겼는데, 이에 대해 『LA 위클리』의 기자 마이클 벤추는 다음과 같이 말했다.

"E.T. 관련 상표권을 소유한 스필버그는 영화를 장난감 공장으로 바 꾸었고, 영화의 본래 이미지는 완전히 훼손되었다. …… E.T.가 관객 들이 경험했던 감동을 더 이상 불러일으킬 수 없을 정도로 스필버그는 상품판매에 열중한다. 그렇게 되면 E.T.는 수많은 인형들, 범퍼 스티 커, 마이클 잭슨의 음반들, 게임, 그리고 캔디바와 같은 이미지만을 불 러일으킬 것이다. 스필버그는 자신이 창조한 이미지를 스스로 믿지 않 으려는 듯 보인다."[39]

그러나 그와 같은 머천다이징(merchandising) 전략은 이미 오래전부 터 스필버그의 독창품이었다. 그는 『죠스』를 공개할 때에도 그 전략을

---

38) 조셉 맥브라이드, 박선희·임혜련 옮김, 『C 학점의 천재 스티븐 스필버그 2』(자연사랑, 1998), 129쪽.
39) 조셉 맥브라이드, 박선희·임혜련 옮김, 위의 책, 132쪽.

쓰려고 했었는데 뜻밖에도 제동을 건 건 오로지 돈 버는 게 목적인 영화사 쪽 사람들이었다. 이에 대해 영화기자 프랭크 사넬로는 다음과 같이 말한다.

> 그는 기계 상어인 '브루스'를 모델로 장난감을 만들어 시장에 내놓자고 유니버설측에 제안했다. 이에 유니버설측은 사람을 마구 잡아먹는 기분 나쁜 동물과 놀고 싶어할 정상적인 아이는 한 명도 없을 것이라면서 그의 제안을 일언지하에 거절했다. 이 회사 중역들은 아이들이 아니기 때문에 오히려 기분 나쁜 동물을 아이들이 선호한다는 사실을 눈치채지 못했던 것이다. 그 무렵 스필버그는 피터 팬―성장을 거부하는 영화계의 거물―이라 불리고 있었다. 하지만 그는 어린 시절에 이미 기분 나쁜 것이 팔린다는 사실을 터득한 '어른'이었다. 그가 아니었다면 인디아나 존스의 채찍이나, 심지어 존스의 트레이드마크인 중절모―80년대 초기에는 이 모자를 쓰고 다니는 사람들이 거의 없었다―를 상품화하지 못했을 것이다. 아무튼 스필버그는 돈이 더 필요하지는 않았으나 『레이더스』에 관련된 장난감을 시장에 출하하도록 했고, 나중에 가서는 E. T. 인형과 공룡 모형까지 만들어 판매하게 하여 수입의 10%를 챙겼다.[40]

스필버그의 돈 버는 솜씨가 어찌나 뛰어났던지 일부 비평가들은 스필버그가 장난감을 팔아 돈을 벌기 위해 영화를 만들고 있다고 비판했다. 심지어 이 방면에선 스필버그의 선배요 선생으로 행세했던 루카스까지 그런 투의 말을 했다. 소설가이자 시나리오 작가인 데이비드 머로우는 스필버그의 돈 버는 솜씨를 다음과 같이 조롱했다.

"스필버그의 어린이용 영화를 볼 때마다 이번에는 어떤 배우가 장난감으로 둔갑할까, 또 어떤 배우가 봉제 인형에 어울리고, 누구의 얼굴

---

40) 프랭크 사넬로, 정회성 옮김, 『스티븐 스필버그』(한민사, 1997), 206쪽.

스필버그는 히치콕처럼 '감정조작의 제왕'이라는 찬사를 들었지만 그것은 스스로에게 덫이 되고 만다. 〈잃어버린 세계〉에서도 벼랑에 매달린 트레일러 안에서 벌어지는 장면은 스필버그의 적이라고 해도 감탄하지 않을 수 없다. 그러나 그 이상을 요구하는 것은 스필버그에게는 무리였다. 어른이 되기를 거부하고 네버랜드에 머무른 피터팬을 자처하는 것처럼 스필버그는 사회와 역사를 좀더 폭넓은 시선으로 볼 생각이 없었다. 그런 점에서 스필버그의 영혼을 키운 가장 중요한 교사는 디즈니였을 것이다.

비평가들은 결코 스필버그를 '거장'의 반열에 올리지 않는다. 흥행성과 작품성이 상극을 이루는 것은 아니지만 스필버그 영화는 블록버스터 공식에 충실하며 엔터테인먼트적 성격이 강하기 때문이다. 물론 깊이있는 통찰도 부족하

CINE21·19970708

"E. T. 관련 상표권을 소유한 스필버그는 영화를 장난감 공장으로 바꾸었고, 영화의 본래 이미지는 완전히 훼손되었다.": 그러나 머천다이징(merchandising) 전략은 이미 오래전부터 스필버그의 독창품이었다. (『씨네 21』, 1997년 7월 8일)

이 도시락통 뚜껑에 박힐까 하고 생각하곤 한다. 그처럼 눈가리고 아웅하는 식의 어린이용 영화를 보고 있을 때는 그렇게라도 하지 않으면 따분할 것이다."[41]

물론 오스카상은 이번에도 스필버그를 비켜갔다. 『ET』는 그 해의 최우수작품 『간디』만큼이나 여러 부문에 후보작으로 오르긴 했지만 한두 가지의 기술 부문에서만 상을 받는 데 그쳤고, 스필버그는 기자에게 "미국에서만도 흥행 수입이 5천만 달러를 넘은 영화인 만큼 반발을 사는 것은 당연하다"고 말했다[42]

『레이더스』의 속편으로 1984년에 만들어진 『인디아나 존스』(Indiana Jones and the Temple of Doom)는 흥행엔 성공했지만 바로 그 이유 때

41) 프랭크 사넬로, 정회성 옮김, 『스티븐 스필버그』(한민사, 1997), 225쪽.
42) 프랭크 사넬로, 정회성 옮김, 위의 책, 230쪽.

문에 일부 비평가들로부터 "아무런 감동도 없는 속편을 만들어 관객의 주머니로부터 돈을 털어갔다"고 비판을 받았다. 이와 같은 비판에 대해 스필버그는 다음과 같이 반박했다.

어차피 영화는 관객의 돈을 목적으로 만들어지는 것이다. 영화뿐만 아니라 모든 것이 주말을 즐기려는 소비자로부터 돈을 착취하고 있다. 영화는 그 자체가 하나의 거대한 사업이다. 그런 의미에서도 모든 영화는 돈을 목적으로 한다. 『콰이강의 다리』도 마찬가지이다. 메시지를 전달하거나 관객과 감동을 나누는 것뿐만 아니라 돈을 벌기 위해서도 그런 영화를 만들고, 또 공개하는 것이다. 물론 노골적으로 착취하는 영화도 있다. 그렇지만 그것은 어디까지나 형편없는 캐스팅에 성의 없이 만들어진 영화, 그리고 완성도가 낮은 조야한 속편이라든지 교묘하게 리메이크된 것과 같은 작품들이나 그럴 뿐이다. [43]

상상력이 흘러 넘치는 피터 팬

어느덧 할리우드의 거물로 성장한 스필버그가 독립을 원하자 유니버설 영화사는 스필버그를 타일러 절충안으로 유니버설과 계속 관계를 유지하면서 유니버설 내에 스필버그의 독립적인 스튜디오를 갖게끔 해주었다. 그 스튜디오가 바로 '앰블린 엔터테인먼트'이다. 유니버설은 1천만 달러를 들여 '앰블린 엔터테인먼트'의 건물을 지어 주었다. '앰블린 엔터테인먼트'는 흔히 '스필버그 사단'이니 '스필버그 왕국'으로 불리우면서 짭짤한 히트작을 계속해서 만들어내고 있다.

'앰블린 엔터테인먼트'는 조금이라도 '공정'에 허점이 발견될 경우엔

---

43) 프랭크 사넬로, 정회성 옮김, 앞의 책, 259쪽.

언제라도 '생산라인'을 중단시키는 완벽주의로 유명하다. 85년에 제작된 『백투더퓨처』의 경우에도 에릭 스톨츠가 코믹하고 로맨틱한 분위기에 잘 맞지 않는다는 판단이 들자 이미 촬영을 시작한 지 5주나 됐고, 그간 4백만 달러나 투자했음에도 불구하고 도중에 과감하게 마이클 폭스로 교체하고 말았다. 스필버그는 그 배역 교체가 자신의 생애에 있어서 가장 어려운 결정이었다고 말했다.

스필버그는 『타임』지의 1985년 7월 15일자 표지 인물로 등장하였는데, 이 표지는 스필버그에게 '영화의 마술사'라는 별명을 선사하고 있다. 『타임』지와의 인터뷰에서 스필버그는 "내 문제는 상상력이 흘러 넘친다는 것이다. 나는 늘 흥분된 상태로 일어나 아침밥을 먹을 수 없을 정도이다"라고 말하고 있다. 그는 그게 아마도 안절부절못하는 자신의 어머니로부터 물려받은 특성인 것 같다고 말한다.

『ET』를 40번이나 보고 『죠스』를 1백 번이나 보았을 정도로 스필버그의 열렬한 팬인 가수 마이클 잭슨도 스필버그가 믿기지 않을 정도로 원기왕성한 사람이라고 말한다. 그는 84년에 스필버그와 휴가를 같이 보낸 적이 있는데, 스필버그는 쉬지도 않고 자지도 않고 뭔가 일할 걸 찾더라는 것이다. 스필버그가 어디선가 베타맥스를 찾아내 영화를 만들자고 해 같이 영화를 만들면서 휴가를 보냈다는 것이다. 스필버그는 카메라를 플래스틱 상자에 넣어 테이프로 바르더니 풀장에서 수중 촬영을 하고 마이클 잭슨은 조명을 담당했다는 것이다. 마이클 잭슨은 "그는 끊임없이 뭘 만들어낸다. 영화를 만드는 것이 그의 놀이다. 그는 늘 젊을 것이다. 나는 그를 너무 좋아한다. 울고 싶을 정도로. 그는 이 지구상의 그 누구보다도 내게 신선한 자극을 준다"고 말했다.

아닌게 아니라 둘이 그렇게 서로 좋아할 만큼 마이클 잭슨과 스필버그는 닮은 점이 많다. 아마도 이른바 '피터 팬 신드롬'이 둘의 공통점일 것이다. 스필버그는 85년에 쓴 글에서 스스로 "나는 늘 피터 팬처럼 느낀다. 지금도 그렇다. 내겐 성장하는 것이 매우 어렵다"고 고백하고 있다. 사실 그의 영화는 환상과 모험, 그리고 미지에의 호기심으로 가득 차 있다. 그래서 그는 비평가들로부터 삶의 진지함과 세상의 어두운 구석을 볼 줄 모르거나 외면한다는 비판을 받아왔다.

『컬러 퍼플』을 둘러싼 논쟁

스필버그가 예술적으로, 개인적으로 성장하기를 거부한다는 비평가들의 비판은 스필버그에게 아카데미상 수상의 기회를 박탈하는 주요 이유가 되었다. 그는 『미지와의 조우』 이래로 아카데미 최우수감독상에 3번이나 노미네이트됐지만 한번도 수상하지 못했다. 스필버그가 파격적인 변신을 시도하여 학대받는 흑인 여성을 다룬 85년작 『컬러 퍼플』은 아카데미상 11개 부문에 걸쳐 노미네이트되었지만, 스필버그는 감독이 아닌 영화의 제작자 가운데 한 사람으로 지명되었으며 그 어느 부문에서도 수상하지 못했다.

다시 아카데미상과 스필버그 사이의 해묵은 갈등이 전면에 등장하였다. 최우수감독상 후보 지명권은 미국 영화계의 엘리트그룹이라 할, 총 231명으로 구성돼 있는 감독분과위원회가 행사했는데, 이들에 대한 비판이 쏟아지자 그 회원들 가운데 하나인 전위 감독 헨리 재그롬은 다음과 같이 말했다.

"내가 아는 어떤 감독도 그 영화가 훌륭하다고 생각하지 않았다. 영상은 감상적 만화나 마찬가지였다. 마치 디즈니가 『분노의 포도』를 감독하기로 한 것과 같다. 스필버그의 기술은 훌륭하다. 하지만 여기엔 교훈이 있다. 감독은 자신이 알고 있는 걸 감독해야 한다는 것이다."[44]

재그롬은 『컬러 퍼플』이 11개 부문의 후보로 선정되었다는 것조차 참으로 어처구니없는 일이라는 독설까지 퍼부어댔다. 그런가 하면 익명을 요구한 또다른 감독은 『컬러 퍼플』에 대해 다음과 같이 말했다.

"앨리스 워커의 소설에 대한 스티븐의 연출 방법에 소름이 끼칠 정도이다. 그는 인간관계를 파악할 줄 모르거나, 아니면 알면서도 그것을 취급하려 들지 않았던 것 같다. 어쨌든 그는 『컬러 퍼플』을 『어메이징 스토리』를 두 시간 반으로 줄여 놓은 형태의 에피소드로 만들어 버렸다."[45]

아닌게 아니라 소설에는 강간, 근친상간, 남편의 폭력, 알코올 중독, 레즈비언의 요소 등이 생생하게 그려져 있는데, 스필버그는 자신의 독특한 촬영기법으로 끔찍하게 표현될 것들을 긍정적으로 묘사해 많은 사람들의 반발을 샀다. 이에 대해 스필버그는 다음과 같이 변명했다.

"강간과 근친상간, 그리고 그 밖의 잔인한 행위는 이 소설의 기본적 요소라기보다 표면적 요소이다. 내 흥미를 끈 것은 밑바닥에 깔려 있는 흐뭇한 낙관주의였다. 예컨대, 나는 사랑스러운 소녀가 자신의 가치를 인정한 상태에서 강인한 여성으로 성장하는 식의 긍정적인 면에 이끌렸던 것이다. …… 나는 레즈비언이 나오는 장면은 거의 무시했다. 그저 계속 키스하는 장면만으로 한정시켰다. 키스 이상은 결코 내키지 않았다. 원작에는 그런 장면이 아름답게 묘사되어 있다. 하지만 셔그가 셀리의 음부에 거울을 대고 비추는 장면 따위는 내가 감당할 수 없는 것이다. 스크린에서는 적어도 150배의 크기로 비추어지기 때문에 문제될 것은 없으나, 어쨌든 나로서는 그런 장면을 묘사할 수 없었다. 마틴 스콜세즈라면 가능했겠지만, 나한테는 무리였다. 아마 여성 감독이었더라도 그런 장면을 멋지게 해냈을 것이다. 그러나 나는 두려웠다. 그런 장면을 찍기 위해 배우들을 어떻게 연출해야 할지 알 수 없었기 때문이

---

44) 조셉 맥브라이드, 박선희·임혜련 옮김, 『C 학점의 천재 스티븐 스필버그 2』(자연사랑, 1998), 177쪽.
45) 프랭크 사넬로, 정회성 옮김, 『스티븐 스필버그』(한민사, 1997), 293쪽.

다."[46]

그러나 아무래도 오직 그런 이유들 때문에 소설의 적나라한 면을 없앤 것 같지는 않다. 스필버그는 이런 말도 했는데, 아무래도 이게 더 큰 이유인 것 같다.

"만약 당신이 나이크클럽의 연예인이라면 세 명의 술 주정꾼들을 위해 쇼를 하고 싶겠는가, 아니면 수많은 관객 앞에서 하고 싶겠는가? 아마 어떤 연예인이라도 후자를 택하고 싶어할 것이다. 이와 마찬가지이다. 그 어떤 아티스트도 가능한 한 수많은 관객을 불러모으고 싶어할 것이다."[47]

그러니까 스필버그에게는 가능한 한 수많은 관객을 불러보아야 한다는 당위가 그 어떤 고려보다 더 앞선 것이었고, 그는 이 점에선 '할리우드 정신'에 투철한 인물이었던 것이다. 문제는 그가 너무 투철해 할리우드의 일각으로부터도 반발을 샀고 또 할리우드 변경의 아웃사이더들로부터는 저주의 대상이 된 것이다. 재그롬은 스필버그의 그런 주장에 대해 다음과 같이 반격했다.

"진정한 의미에서의 아티스트는 경솔하게 모든 사람들한테 잘 보이려고 애쓰지 않는다. 진정한 아티스트는 관객에게 인간의 조건에 대한 무언가를 이해시키려 하고, 그러는 가운데 자신에게 솔직해지려고 노력한다. 스티븐은 모든 사람들에게 평가받기를 바라고 있다."[48]

스필버그가 이 영화를 감독한다는 발표가 나갔을 때부터 흑인들의 반대가 터져 나왔던 것도 바로 그런 이유 때문이었는지도 모르겠다. 『컬러 퍼플』은 단 1천5백만 불의 제작비용으로 전 세계적으로 흥행에 성공을 거둬 1억4천2백만 불의 이익을 남기는 성공을 거두었다. 바로 이게

---

46) 프랭크 사넬로, 정회성 옮김, 앞의 책, 295~296쪽.
47) 프랭크 사넬로, 정회성 옮김, 앞의 책, 293쪽.
48) 프랭크 사넬로, 정회성 옮김, 앞의 책, 293쪽

스필버그가 독립을 원하자 유니버설 영화사는 그에게 '앰블린 엔터테인먼트' 스튜디오를 지어주었다. '앰블린 엔터테인먼트'는 '스필버그 사단' '스필버그 왕국'으로 불리우면서 히트작을 계속 만들어내고 있다. (『동아일보』)

문제였을까? 스필버그는 오스카 시상식 이후 이스라엘의 신문기자와 가진 인터뷰에서 아카데미가 보여준 냉대는 자신의 영화가 흥행에 성공했기 때문이라고 답하면서 다음과 같이 말했다.

"내 나이 예순이 되면, 헐리우드는 나를 용서해 줄 것이다. 무엇을 용서하는 것인지는 모르지만, 어쨌든 그들은 용서할 것이다."[49]

조감독과 제작자를 포함해 8천 명이나 되는 회원으로 조직된 훨씬 큰 단체인 미국감독협회는 스필버그에게 최고의 감독상을 수여함으로써 상처받은 스필버그의 자존심을 다소나마 달래주었다곤 하지만, 스필버그는 자신이 이룬 상업적 성공의 포로이자 피해자가 된 건지도 모른다. 영화기자 프랭크 사넬로가 전하는 다음과 같은 이야기는 스필버그가 자

49) 조셉 맥브라이드, 박선희·임혜련 옮김, 『C 학점의 천재 스티븐 스필버그 2』(자연사랑, 1998), 178쪽.

신의 성공으로부터 결코 자유로울 수 없다는 걸 시사해주고 있다.

이 영화에 가장 실망한 사람들은 스필버그의 열렬한 팬들이었다. 그들은 SF와 판타지가 결합된 흥분과 스릴 만점의 스필버그 작품을 좋아하는 사람들이었다. 그런데『칼라 퍼플』에서는 그런 요소가 철저하게 배제되었다. 이 영화의 시사회에서 있었던 일이다. 어느 스필버그의 팬이 스크린의 맨 위를 뚫어지게 바라보고 있었다. 이에 동행한 사람이 불쾌한 나머지 '무엇을 찾고 있는가?'라고 물었다. 그러자 그 팬이 실망스러운 표정을 지으며 '우주 모선이 내려오기를 기다리고 있다'고 대답했다고 한다.[50]

『어메이징 스토리』에서 『후크』까지

환상과 모험에 대한 스필버그의 지칠 줄 모르는 열정은 그가 제작한 텔레비전 시리즈『어메이징 스토리』에서도 잘 나타난다. 1편당 80만 달러에서 1백만 달러의 라이센스료를 받는 파격적인 조건으로 NBC-TV와 2년분(1985~1987) 44편을 계약한『어메이징 스토리』에 대해 스필버그는 흘러 넘치는 자신의 아이디어를 다 소화하고 싶어 기획한 것이라고 말한다. 그러나 그 아이디어는 23분 이상 끌기엔 약한 것이라 텔레비전 시리즈로 만들게 되었다는 것이다. 그는『어메이징 스토리』의 감독을 클린트 이스드우드, 마틴 스코시즈 등 여러 감독들에게 맡겼으며, 영화학교를 갓 졸업한 젊은이들에게도 하나씩 4편을 맡기기도 하였다.

그러나『어메이징 스토리』는 실패로 끝나고 말았다. NBC-TV의 자체 조사에 따르면, 방영 개시 무렵의 시청자 반응은 "그다지 인상에 남

---

50) 프랭크 사넬로, 정회성 옮김,『스티븐 스필버그』(한민사, 1997), 296~297쪽.

지 않는다"였다가 종영 무렵인 2년 후에는 "시시하다"로 나타났다. 『뉴요커』지의 영화평론가 폴린 케일은 『어메이징 스토리』를 다음과 같이 호되게 비꼬았다.

"요즘의 영화는 왜 이다지도 형편없는 것일까? 유감스럽게도 그것이 결국 스티븐 스필버그의 성공 탓이라고 말하는 사람도 있다. 그러나 그것은 스티븐의 성공 때문이 아니다. 오히려 그는 요즘의 분위기를 조장한 장본인이다. 누구나 그의 판타지 영화를 모방하고 있고, 그것은 결과적으로 문화의 유치화를 유발했다. 현재 스티븐은 TV 시리즈를 통해 자신의 작품을 도용하고 있다. 이토록 빠른 시일 내에 스스로에게 경의를 표한 감독은 일찍이 없었다고 생각한다."[51]

1987년작 『태양의 제국(Empire of the Sun)』은 스필버그의 오기가 발동한 작품이었다. 2차 세계대전 중 일본군에 의해 수용소에 갇힌 영국 소년의 실화를 기초로 하여 만들어진 작품은 현실도피주의적 작품이 아니라는 점에서 『컬러 퍼플』의 맥을 잇는 작품이었다. 이 영화는 흥행에서 크게 실패했는데, 스필버그는 그걸 기다렸다는 듯이 다음과 같이 말했다.

"감독이 되고 나서 이 시점에 이르러서야 나 역시 상업적으로 실패할 권리를 쥐게 된 것 같다. 솔직히 말하지만, 『태양의 제국』은 애당초 영리 본위의 프로젝트가 아니었다."[52]

그렇다면 비평가들로부터는 좋은 말을 들었는가? 그게 아니니 문제였다. 비평가들도 이 작품을 외면했다. 스필버그는 "나는 나름대로 내 작품 영역을 넓히려고 했으나, 결국 그것을 용납하지 않으려는 비평가들로부터 만신창이가 되고 말았다"고 씁쓸하게 말했다.[53] 그러나 스필버그는

---

51) 프랭크 사넬로, 정회성 옮김, 『스티븐 스필버그』(한민사, 1997), 316쪽.
52) 프랭크 사넬로, 정회성 옮김, 위의 책, 332쪽.
53) 프랭크 사넬로, 정회성 옮김, 위의 책, 438쪽

영화사와의 절묘한 계약 덕분에 관객이 아닌 영화사의 호주머니로부터 큰돈을 챙겼다고 하니 스필버그가 크게 씁쓸해 했을 것 같지는 않다.[54]

스필버그의 1989년작 『인디아나 존스 3부』는 흥행에선 성공을 거두었지만, 일부 비평가들은 루카스와 스필버그의 합작을 비꼬아 '루카스버거'라고 조롱했다. 이 영화가 스필버그 특유의 '팝콘' 같은 2류 취향이라는 걸 꼬집은 것이었다. 그러나 관객은 루카스버거를 선택했고, 이에 고무된 스필버그는 그런 조롱에 대해 다음과 같이 말했다.

"인디아나 존스의 모험은 관객으로 하여금 감정적인 에너지를 발산하게 할 만큼의 가치를 지니고 있다. 이 영화는 집단적 체험의 장이다. 이것은 가정 내의 TV 앞에 앉은 서너 사람을 위한 것이 아니라 영화관에 모인 수많은 관객을 위한 영화이다. 관객의 박수와 탄성, 그리고 비명 등을 직접 접하지 않고는 인디아나 존스 시리즈의 전체적인 효과를 파악할 수 없다."[55]

스필버그의 또다른 1989년작 『올웨이즈』는 1944년에 제작된 컬트 클래식 『조라고 불리는 사나이』를 리메이크한 작품으로서 로맨틱 코미디에 가까운 것이었는데, 이는 "스필버그 작품 중에서 최악이라고 할 수는 없지만--물론 최고의 불명예상은 『1941』이 받아야 할 것이다--가장 지루한 영화라는 애매한 위치에 랭크되었다."[56]

스필버그의 1991년작 『후크』는 "피터 팬이 만약 성장한다면 어떻게 될까"라는 내용의 각본을 발견하고 흥미를 느껴 로빈 윌리엄스를 주연으로 발탁해 제작한 영화로 "거친 데다 재치가 결여된 영화라고는 하지만, 훌륭한 프로덕션 디자인과 최신 기술의 특수 효과가 조화를 이룸으로써 흥행에서는 성공했다."[57]

---

54) 프랭크 사넬로, 정회성 옮김, 앞의 책, 333쪽.
55) 프랭크 사넬로, 정회성 옮김, 앞의 책, 343~344쪽.
56) 프랭크 사넬로, 정회성 옮김, 앞의 책, 484쪽.
57) 프랭크 사넬로, 정회성 옮김, 앞의 책, 485쪽.

『쥬라기공원』을 어떻게 볼 것인가?

1993년 6월에 개봉된 『쥬라기공원』은 '흥행의 귀재'라는 스필버그의 별명이 괜한 소리가 아님을 다시 입증해주었다. 이 영화는 1989년 『백 투더퓨처 2』 이래로 국내에서 1억 달러 이상을 벌지 못한 유니버설에게 효자 노릇을 톡톡히 하였다. 이 영화는 제작비를 줄이려고 스타를 쓰지 않으면서 출연자들의 대화 장면을 짧게 줄이는 등의 방법을 썼는데, 그 래도 크레딧에 포함된 아티스트와 테크니션만도 483명에 이른다는 사실이 시사하듯이 총제작비가 6천5백만 달러에 이르렀다.

마이클 크라이튼의 베스트셀러 소설을 영화화한 『쥬라기공원』은 전 세계적으로 '공룡 열풍'을 몰고 왔으며, 94년 아카데미상 시상식에서 시각효과상, 음향효과상, 음향상 등 3개 부문 상을 수상하였다. 『쥬라 기공원』이 93년 세계에서 벌어들인 흥행수입은 8억5천만 달러나 됐는데, 이는 우리 나라에서 자동차 150만 대를 수출하여 벌어들이는 수익과 맞먹는 것이었다. 이 사실은 94년 5월 대통령 자문기구인 국가과학 기술자문회의가 대통령에게 보고한 '첨단영상산업 진흥방안'에서 언급된 것인데, 한동안 국내에선 『쥬라기공원』이 영상산업을 육성해야 할 이유의 주요 증거로 거론되었다.

그러나 영상산업이 다른 산업의 발전 없이 이루어질 수 없다는 건 이 영화가 컴퓨터 기술의 개가라는 사실이 잘 말해주고 있다. 프랑스의 문화장관 자크 투봉은 93년 9월 "쥬라기공원이 매우 인상적이지만 특수효과에 의존한 나머지 전혀 감동적이거나 인간적이지 못해서 프랑스의 주체성을 위협한다"며 "다음 달 이 영화의 복사본이 프랑스 전역의 극장에 4백50개나 배포된다는 것은 비정상적인 일"이라는 일침을 가하였는데, 사실 『쥬라기공원』은 전통적인 영화예술의 개념을 뿌리부터 뒤흔드는 '특수 효과'의 산물이다. 영화는 더 이상 '인간적인 예술'이 아닌 것인지도 모른다.

1975년 『스타워즈』 촬영 때부터 활약해 온 루카스의 특수 효과팀이 주축이 된 모험기업 ILM(Industrial Light & Magic)은 『쥬라기공원』을 위해 고성능 그래픽 워크스테이션 75대 등 1천2백만 달러 어치의 장비를 동원, '컴퓨터 특수 효과'의 진수를 보여 주었다. 이 영화에서 움직이는 공룡은 모두 다 컴퓨터가 만들어낸 것이었다. 그러니 우리로선 아무리 영상산업을 육성한다 해도 컴퓨터산업이 그 뒤를 바쳐주지 못하면 무슨 소용이 있겠는가.

오래전부터 쾌락산업의 주요 사업 아이템이었던 '꿈'은 스필버그-루카스 체제에 이르러 더욱 테크놀로지의 지배를 받게 되었다. 그래서 어느 영화평론가는 스필버그와 루카스가 첨단 기술과 세속적 놀라움의 미학을 이용해 전반적인 문화를 유치한 수준으로 끌어내렸으며, 60년대의 관객을 모두 어린애로 재편성함으로써 영화를 보러 가는 어른들의 습관을 없애 버렸다고 비판한다.[58]

아닌게 아니라 영화의 예술성을 강조하는 사람들은 테크놀로지의 '지배'에 대해 반발한다. '이용'은 좋아도 '독재'는 곤란하다는 말일 게다. 그러나 '꿈'의 영상화는 테크놀로지와 강한 친화성을 갖고 있으니 이 노릇을 어찌하랴. '꿈'의 영상화를 높이 평가하는 사람들은 『쥬라기공원』을 높이 평가하지 않을 수 없지만, 그 평가를 발설하는 데엔 다소의 용기가 필요한지도 모른다.

미술평론가 이주헌은 '내 인생의 영화'로 『쥬라기공원』을 꼽아 예찬하면서도 글의 말미에 "혹자는 나의 이런 스필버그 경도가, 너무 오랜만에 극장에 가서 감각 충격이 좀 심했기 때문이라고도 하고, 난해한 현대미술을 주로 접하다 보니 그만큼 '단순한' 영화에 민감한 반응을

---

58) 조셉 맥브라이드, 박선희·임혜련 옮김, 『C 학점의 천재 스티븐 스필버그 2』(자연사랑, 1998), 56쪽.

『쥬라기공원』은 전통적인 영화예술의 개념을 뿌리부터 뒤흔드는 '특수 효과' 의 산물이다. 영화는 더 이상 '인간적인 예술' 이 아닌 것인지도 모른다. (『키노』, 1997년 7월호)

보이게 된 탓이라고도 한다. 글세 ……"라고 말한다. 이주헌이 무어라고 말했길래 그런 말을 들어야 한단 말인가?

    스필버그는 진정 위대한 천재였다. 환생한 미켈란젤로였다. 나는 졸지에 스필버그교 전도사가 됐다. 물론 나의 이런 평가는 무엇보다 나의 어린 시절에 대한 감상과 맞물린 주관적인 것이었지만, 한 사람의 관객으로서 나는 어쨌든 스필버그가 그렇게 고마울 수 없었다. 그의 기획 의

도가 어떤 것이었든간에 어릴 적 꿈을 잃지 않고 그 꿈을 이렇듯 가시적으로 구현해냈다는 것, 그리고 동일한 꿈을 가졌던 수많은 사람들이 어른이 되어 그 꿈을 하나의 현실로 재회할 수 있게끔 해주었다는 것, 그것은 분명 대단한 능력이자 탁월한 성취, 그리고 크나큰 보시였다. 지금도 '내 안의 어린 것'은 "공룡은 살아 있다" "외계인은 존재한다"고 외친다. 스필버그는 그 외침이 사실임을 증명해 보였다. 그는 스스로 승리했고 내 안의 어린 것에게도 승리를 안겨주었다. 그는 이렇듯 영화가 오늘의 나뿐 아니라 어제의 나에게도 다가가 즐겁게 해주는 매체임을 보여주었다. 어린아이로서의 내가 결코 이 지상에서 사라지지 않았음을 입증해 보인 것이다. 덕분에 20여년전 『공룡 백만년』을 보고 흥분하던 아이, 그 아이의 흥분이 오랜 세월 뒤에도 내 영혼에 싱싱한 아드레날린을 풍성히 공급하는 모습을 지켜볼 수 있었다. 『쥬라기공원』은 나에게 잊지 못할 영화가 됐다.[59]

그러나 『쥬라기공원』의 성공은 적어도 미국에선 그 성공 자체에 관한 이야기가 홍수처럼 쏟아져 나오게 만들어 다시금 스필버그의 입지를 좁히는 결과를 낳고 말았다. 사람들이 스필버그의 영화 못지 않게 그의 돈벌이에 주목하게 된 것이다. 스필버그도 그게 영 못마땅했던지 다음과 같이 말했다.

나는 영화 자체보다도 영화가 벌어들인 돈으로 내가 기억될까봐 걱정스럽다. 사람들은 금메달을 기억하는 것인가? 아니면 무엇 때문에 금메달을 받게 되었는지를 기억하는 것인가?[60]

---

59) 이주헌, 〈아이, 저 예쁜 공룡들〉, 『씨네 21』, 1999년 7월 20일, 70면.
60) 조셉 맥브라이드, 박선희·임혜련 옮김, 『C 학점의 천재 스티븐 스필버그 2』(자연사랑, 1998), 232쪽.

『쉰들러 리스트』로 해소된 '아카데미 콤플렉스'

아카데미상에 대한 스필버그의 콤플렉스는 『쉰들러 리스트』로 일시에 해소되었다. 1994년 3월 제66회 아카데미 시상식에서 『쉰들러 리스트』는 작품, 감독, 촬영, 음악, 미술, 각색, 편집 등 7개 부문을 휩쓸었다. 이 영화는 상영시간이 3시간 15분인데 맨 앞과 끝부분만 빼고는 일체 침울한 흑백이다. 스필버그는 캐스트에게 "우리는 영화를 만드는 것이 아니라 다큐멘트를 만드는 것이다"라고 했는데, 흑백은 이 영화가 다루고 있는 유태인 학살 당시의 현실 색깔이기도 했다.

중요한 건 이 영화가 '다큐멘터리'가 아니라 '다큐멘터리의 느낌'을 주는 영화였다는 점일 것이다. 스필버그는 그런 느낌을 주기 위해 흑백을 사용하였을 뿐만 아니라 촬영 방법에서도 크레인, 돌리, 스테디 캠, 줌렌즈 등을 전혀 사용하지 않았고 그 대신 긴박감을 강조하기 위해 핸드 헬드 카메라를 처음으로 사용하였다. 전기 작가 조셉 맥브라이드는 이 영화의 촬영기술적 측면의 가치에 대해 다음과 같이 말한다.

"『쉰들러 리스트』에서 스필버그의 시각적 스토리 전개방식, 감동적 단순성과 솔직성은 영화제작 기술에 있어서 완숙한 경지를 보여준다. 감정적 효과가 너무도 압도적이기에 관객들은 움직이는 카메라를 미묘하게 사용했다는 걸 알아차리지 못한다. 관객들은 아유슈비츠 가스실에 들어가기 직전, 두려움에 떨고 있는 유태인 여자들의 전율을 전달하는 놀라운 조명 효과도 거의 알아차리지 못한다. 유태인 거주지역의 폐쇄 장면, 즉 놀랍게도 16분 동안 연속적 대조를 보이는 조명 효과, 희생자들을 추적해 체포하는 나치스의 미쳐 날뛰는 장면, 아울러 이에 따른 쉰들러의 감정 묘사는 그의 영화들에서 백미를 장식한다."[61]

---

61) 조셉 맥브라이드, 박선희·임혜련 옮김, 『C 학점의 천재 스티븐 스필버그 2』(자연사랑, 1998), 247~248쪽.

촬영기법에 있어서 『쉰들러 리스트』가 스필버그의 새로운 면모를 보여주었다는 건 분명하다. 그는 자신의 주특기라 할 특수 효과와 촬영상의 교묘한 트릭을 과감하게 내던지고 자기만의 새로운 기법을 도입하였다. 스필버그 자신도 다음과 같이 큰소리쳤다.

> 나의 문제점은 언어를 시각적으로 표현하는 능력이 너무 뛰어나다는 것이다. 물론 나는 세실 B. 드밀풍의 이미지를 영상화하는 방법을 알고 있다. 『카사블랑카』를 만든 마이클 커티즈풍도 구사할 수 있다. 나의 마법이 살아 있는 한, 데이비드 린의 스크린상의 이미지도 1할 정도는 재현할 수 있을 것이다. 그런데 지금까지 나만의 독자적인 이미지는 잘 표현되지 않았다. 그나마 『E. T.』는 예외라고 할 수 있지만, 사실 『쉰들러 리스트』를 만들기 전까지는 다른 감독의 것을 빌리지 않을 수 없었다. 솔직히 고백하건대, 나는 언제나 다른 사람으로부터 빌리기만 했다. 하지만 이번 작품만은 결코 그렇게 하지 않았다.[62]

제작 의도로 보아 흥행과는 거리가 멀 것 같은 이 영화가 흥행에도 대성공을 거두었다는 데에 스필버그와 할리우드 영화가 자랑하는 상업성의 진수가 있는 건지도 모르겠다. 미국은 말할 것도 없고, 독일을 비롯한 유럽 언론은 "쉰들러가 독일의 영혼을 뒤흔들고 있다"느니 "스필버그가 독일의 고뇌를 달래고 있다"느니 하는 기사 제목을 달면서 이 영화가 주는 충격과 반응을 보도하였다.[63] 물론 이 충격과 반응은 그대로 영화관의 관객 동원으로 이어졌다. 국내에서도 『쉰들러 리스트』는 개봉 한 달여 만에 놀라운 기록을 수립하였는데, 『시사저널』은 다음과

---

62) 프랭크 사넬로, 정회성 옮김, 『스티븐 스필버그』(한민사, 1997), 412쪽.
63) 비판이 전혀 없었던 건 아니다. 영국 영화잡지 『사이트 앤 사운드』엔 이 영화를 "홀로코스트 테마 공원"이라고 비웃는 글이 실리기도 했다. 조셉 맥브라이드, 박선희·임혜련 옮김, 앞의 책, 250쪽.

같이 보도하였다.

"『쉰들러 리스트』가 개봉 한달여 만에 전국에서 백만 관객을 동원해 흥행 신기록에 도전하고 있다. 주말에 이 영화를 보려면 최소한 3~4일 전에 예약해야 하며, 영화 주제가를 담은 앨범은 4만장, 원작 소설은 6만부 이상 팔려 나갔다. 국내 영화계는 이 열기에 대해 '주목할 만한 상황'이라고 입을 모으면서 한국 관객의 특성을 연구하는 데에 골몰하고 있다. 특히 『쉰들러 리스트』와 비슷한 시기에 개봉한 다른 명작들이 모두 흥행에 참패하고 있는 모습은 '좋은 영화에는 반드시 관객이 온다'는 오래된 신념을 무색케 하고 있기 때문이다. …… 한 평론가는 이를 우리나라 관객 특유의 '몰려 다니기 현상'이라고 정의하면서 "전에 비해 문화적 욕구가 놀랄 만큼 늘어나고 있으나 아직 메뉴를 골고루 즐길 만큼 성숙하지는 못했기 때문"이라고 말하고 있다."

이 기사는 『쉰들러 리스트』를 상영하는 극장 앞에 몰려 있는 관객들의 사진 밑에 "『쉰들러 리스트』에 몰리는 한국 관객의 관심은 본고장 미국을 능가한다"는 설명을 달고 있다. 아마 그럴 게다. 그런데 '몰려 다니기'는 '큐'(cue)를 필요로 한다. 그 '큐'는 다름 아닌 언론이다. 우리 언론이 『쉰들러 리스트』에 할애한 지면과 시간은 미국 언론의 그것을 능가했음에 틀림이 없다는 생각이 들 정도로 지나쳤다. 우리 언론은 아마도 『쉰들러 리스트』가 갖는 역사적 의미의 '상품성'을 높이 샀을 것이다.

『쉰들러 리스트』에 침투한 '할리우드 정신'

역사성을 강조하는 다큐멘터리와 같은 영화에도 상업적인 장치를 곁들여 보는 재미와 감동을 주고 또 그 역사성을 마케팅의 도구로 활용하는 것이야말로 할리우드의 정신이 아닐까. 이는 홀로코스트의 기억들을 9시간 짜리 다큐멘터리(『쇼아』)로 만든 프랑스 영화 제작자 클로스 란스만과 스필버그의 견해 차이에서도 잘 나타난다. 란스만은 『쉰들러 리스트』가 6백만 명의 죽은 사람보다도 소수의 구출된 유태인들을 지나치게 강조한다며 다음과 같이 비판했다.

> 쉰들러의 이야기를 강조하는 것은 역사를 혼란스럽게 만든다. 이 영화는 모두가 동등하다고 말하려 한다. 요컨대 나치스 중에도 좋은 사람들이 있었고, 나치스가 아닌 다른 사람들 중에도 나쁜 사람들이 있었다는 따위를 말하려 하는 것이다. 이는 그걸 비인도적 범죄가 아니라 인도적 범죄로 만드는 식이다.[64]

전기 작가 조셉 맥브라이드는 란스만의 비판에 대해 란스만이 "홀로코스트에 관한 결정적 기록영화에 있어서 유일한 목소리"가 되고 싶어한다는 스필버그의 반응을 소개하면서 두 사람의 차이에 대해 다음과 같이 말한다.

"『쉰들러 리스트』를 제작하기 전 스필버그는 『쇼아』를 대여섯번 보았고, 그 치밀함과 침착성을 높게 평가했다. 그러나 스필버그는 범죄 이면에 존재하는 인간성의 양상들을 탐색해 보려 했던 것이다. 비교적 선별된 기록영화의 시청자들보다 훨씬 폭넓은 관객들에게 영향을 주고자 하는 대중영화에서는 사건을 재창조하고 인물들의 사고방식을 극적으로 만들어 관객들을 감동시키는 것이 필수적인 것이었다."[65]

서울대 영문학과 교수 김성곤은 미국의 작가이며 뉴욕주립대 영문학

---

64) 조셉 맥브라이드, 박선희·임혜련 옮김, 『C 학점의 천재 스티븐 스필버그 2』(자연사랑, 1998), 250쪽.
65) 조셉 맥브라이드, 박선희·임혜련 옮김, 위의 책, 250~251쪽.

과 교수인 레이먼드 페더만과 대담을 나누고 그것을『지성과 패기』96년 11/12월호에 기고했다. 유태인인 페더만은『쉰들러 리스트』를 예사롭지 않게 보았던 것 같다. 이 인터뷰 기사는 페더만이 그 영화를 보면서 어둠 속에 느낀 것들을 적은 메모를 게재하고 있는데, 그 내용이 아주 재미있다. 여기에 몇 가지만 인용하기로 하자. 페더만도 '할리우드 정신'에 적잖이 곤혹스러워 했던 것 같다.

"흥미롭게도, 이 영화를 보면서 관객들은 다른 영화를 볼 때처럼 팝콘을 많이 먹지 않는다" "스필버그는 엑스트라로 좀 더 마른 사람들을 썼어야만 했다. 피해자로 나오는 여자들은 너무 잘 먹어서 뚱뚱했다" "왜 난 이 영화와『쥬라기 공원』을 자꾸 혼동하는 것일까? 이 영화들이 둘 다 멸종에 관한 것이어서 그런 것일까? 아니면 두 영화가 이미 다 멸종해 버린 것을 재조명하려는 헛된 노력이기 때문일까?" "속죄하지 않고도 인간성은 계속 존재할 수 있는가? 아니, 내 말은, 영화가, 그것도 할리우드 영화가 속죄하지 않고서 진정 무슨 일을 해낼 수 있단 말인가?" "오, 잠깐만 …… 잠깐만 …… 화면에 나오는 저건 뭐지? '앰블린 엔터테인먼트, 카피라이트, 1994년'이라. 이런, 이거 재미있는데.『쉰들러 리스트』를 엔터테인먼트 회사가 만들었다는 말이지? 이건 멋지군."[66]

할리우드 정신이라는 게 별 게 아니다. 할리우드는 '가짜 영웅'들을 양산해내는 공장이다. 트릭과 기만도 불사하면서 존재하지도 않는 신화를 만들어내 대중에게 꿈과 감동과 재미를 주는 것이 바로 할리우드 정신이다. 물론 그게 할리우드 정신의 전부는 아니지만 중요한 일부임엔 틀림없다.

바로 그 정신에 따라『쉰들러 리스트』는 '쉰들러'라는 인물을 미화시켰다. 현대 '실천윤리학계의 거장'이라는 미국의 철학자 피터 싱어는

---

66) 김성곤, 〈그 빨간색 코트를 입은 소녀는 지금 어디에 있는가?: [쉰들러 리스트] 혹은, 멸종에 관한 혹은, 멸종해 버린 것으로 돈 벌기〉,『지성과 패기』, 1996년 11/12월호, 26~29쪽.

그의 저서 『이렇게 살아가도 괜찮은가』에서 인간의 이타심을 증명하기 위해 쉰들러의 선행을 두 페이지에 걸쳐 자세히 언급하고 있지만,[67] '쉰들러 미화'는 영화 곳곳에서 눈에 띄었다. 특히 영화의 끝 부분에서 쉰들러가 더 많은 사람을 구할 수 있었다고 자책하는 장면은 좀 지나치지 않은가 하는 생각이 들었다.[68]

이 영화가 흥행에 성공한 이후에 나온 언론 보도에 따르면 쉰들러의 고향에서조차 쉰들러의 이름을 아는 사람이 거의 없다고 한다. 어디 그뿐인가. 96년 3월 쉰들러의 미망인 에밀리 쉰들러(88)는 자서전과 기자회견을 통해 쉰들러는 '영화가 만든 가짜 영웅'이라고 폭로했다. "스필버그의 영화는 오스카 쉰들러를 금세기의 영웅으로 그리고 있으나 그것은 사실이 아니다"는 것이다. 에밀리는 남편의 관심은 자신이 부리던 유태인 노동자들을 그대로 붙잡아두고 계속 일을 시킬 수 있도록 나치를 설득하는 것이었다면서 남편에 대해 서운하게 느꼈던 점도 토로했다. "나는 그를 위해 모든 것을 했으나 그는 나를 위해 아무 것도 안 했다. 그는 나를 무정하게 대했다."[69]

'흑인' 과 '유태인' 의 차이

어떤 정신에 따라 만들어졌건 『쉰들러 리스트』가 스필버그의 영화에

---

67) 피터 싱어, 정연교 옮김, 『이렇게 살아가도 괜찮은가』(세종서적, 1996), 245~246쪽.
68) 그걸 그렇게 '읽는' 건 내 자유임에 틀림없지만, 그게 스필버그의 의도는 아니었을 수도 있겠다. 이와 관련, 전기 작가 조셉 맥브라이드는 다음과 같이 말한다. "쉰들러의 탄식은 관객들로 하여금 많은 사람들을 구하기는 했어도 무수히 죽어간 사람들이 더 많았다는 것을 상기시킨다. 홀로코스트 상황에서 생존자를 찬양하는 것은 압도적으로 많았던 죽은 자들 곁에서 행해져야 한다고 스필버그는 시인한다. 영화 전반에 걸쳐 중요한 부분에서 그는 이런 복합성을 강조하고 있다." 조셉 맥브라이드, 박선희·임혜련 옮김, 『C 학점의 천재 스티븐 스필버그 2』(자연사랑, 1998), 256쪽.
69) 〈쉰들러는 거짓 영웅〉, 『경향신문』, 1996년 3월 31일, 7면.

대한 철학에 있어서 일대 전기가 되었다는 점은 주목할 필요가 있겠다. 물론 그건 본질적인 변화는 아니다. 스필버그는 이 영화를 계기로 영화의 상품화에도 여러 가지 방식이 있다는 걸 깨닫게 된 것으로 보인다.

스필버그가 홀로코스트에 대해 알게 된 것은 대학에 들어가서였다. 어린 시절 할머니와 어머니를 통해 나치가 유태인들을 많이 죽였다는 이야기를 듣긴 했지만 그 이상을 알지는 못했으며 알고 싶어하지도 않았다. 자신의 친척 가운데 10명이 나치에 의해 학살되었다는 것도 나중에서야 알게 됐다.

앞서 지적했듯이, 스필버그는 어린 시절 자신이 유태인이라는 이유 하나만으로 고통과 설움을 겪으면서 자신이 유태인이라는 사실을 수치로 여겼다. 아니 그 이상이었다. 그는 자신이 유태인이라는 것이 아주 저주스러울 정도로 싫어서 온갖 반유태인 행동을 일삼기도 했다.

엄청난 돈과 명예를 움켜쥐고 나니까 뭔가 그 이상의 것에 관심을 돌리게 된 탓일까? 스필버그는 뒤늦게 철이 들기 시작했다. 자신의 뿌리에 대해 좀더 진지하게 생각하게 되었다. 『쉰들러 리스트』는 바로 그런 고민의 결과 나온 것이었다. 그는 나치의 만행에 대한 경각심이 희미해지고 당시의 증인들이 점점 늙어가는 것이 안타까워 역사적 교훈이 잊혀지는 것을 막는 '방부제'로서 이 영화를 만들었다고 말한다.

왜 뒤늦게 그런 생각을 하게 되었을까? 그는 나치의 강제수용소에서 살아난 한 유태인으로부터 10여 년 간 "이 작품을 영화화하지 않는다면 평생 양심의 가책을 느끼게 될 것"이라는 끈질긴 요청과 협박을 받고 이 영화에 손을 대게 되었다고 밝힌 바 있다. 그 10여 년이 바로 스필버그의 오랜 사색과 고뇌의 기간이었는지도 모른다.

그러나 정작 스필버그를 변화시킨 건 촬영에 들어가면서부터였다. 그는 유태인 학살 당시를 재현하면서 수없이 울었다고 한다. 그는 이 영화를 만들면서 인생과 영화에 대해서 다시 생각하게 됐으며, 앞으로는

SAVAGE JUSTICE: A concentration-camp inmate finds the penalty for talking back is summary execution

'흑인'과 '유태인'의 차이: 영화를 통해 고뇌와 성찰을 하더라도 먹혀 들어갈 수 있는 걸 골라서 해야지 아무거나 갖고 해선 안 된다. 『쉰들러 리스트』에 대한 평가는 할리우드의 편견을 상당 부분 반영하고 있다. (『TIME』, 1993년 12월 13일)

자신을 깊이 감동시키는 것이 아니면 영화를 만들지 않겠다고 말한다. 앞으로 『레이더스』나 『쥬라기공원』 같은 흥미물은 더 이상 만들 수 없을 것이라고까지 말했다. 실제로 그는 다음 작품으로 예정돼 있던 러브스토리 『매디슨카운트의 다리』의 감독을 포기하였다. 그는 지금은 정통 유태주의자로 살고 있다.

그러나 스필버그의 그런 갑작스러운 변신은 다소 의아스러운 면이 없지 않다. 단순한 오락이 아니라 고뇌와 성찰이 담긴 영화로 말하자면 이전의 『컬러 퍼플』도 흑인 문제를 다뤘다는 점에서 중요한 의미를 갖는다. 그러나 『컬러 퍼플』은 적어도 아카데미상에선 완전히 외면되었다.

우리는 여기서 '흑인'과 '유태인'의 차이를 엿볼 수 있다. 영화를 통해 고뇌와 성찰을 하더라도 먹혀 들어갈 수 있는 걸 골라서 해야지 아무거나 갖고 해선 안 된다는 것이다. 이는 영화평론가들이 '피터팬 신드롬'에 빠져 있던 스필버그가 『쉰들러 리스트』로 '성인식을 치루었다'고 치켜세우면서 그에게 아낌없는 찬사를 보내는 호들갑을 떠는 걸 보더라도 분명하다. 왜 그럴까? 흑인문제는 현재진행형이고 미국의 문제인 반면 유태인 학살은 과거완료형이고 미국의 문제가 아니기 때문이다.[70] 게다가 할리우드는 유태인이 지배하고 있다. 세계적인 어필의 정도나 드라마틱한 상품성을 놓고 따지더라도 유태인 문제가 흑인 문제보다는 한 수 위다. 요컨대, 『쉰들러 리스트』에 대한 평가는 할리우드의 편견을 상당 부분 반영하고 있다는 점을 간과할 수 없는 것이다.

'주류에 대한 동경과 숭배'

어찌됐거나 『쉰들러 리스트』가 스필버그의 영화를 보는 시각에 제법

---

70) 송준, 〈'흑인'과 '유태인' 무게 다르다?〉, 『TV 저널』, 1994년 4월 29일, 88~89면.

큰 변화를 가져다준 건 분명한 것 같다. 그는 80년대 중반엔 영화를 만드는 것은 환상, 그것도 사람들이 빠져드는 기술적인 환상을 만드는 것이라고 말한 바 있다. 자신의 일은 영화 기술을 요리하되 그걸 잘 감추어 사람들이 영화관의 좌석에 앉아 있는 동안 자신이 어디에 있는지 생각하지 못하게 하는 데에 있다는 것이다.

그러나 이제 스필버그는 "나는 영화가 인간의 세계관을 바꾸는 힘을 가졌다고 생각지 않았었다. 이제 영화를 만드는 것은 나의 권리가 아니라 의무임을 안다"고 단언하고 있다. 좋은 생각이긴 하다. 그러나 그가 할리우드에 몸담고 있는 한 그에겐 돈을 벌어야 할 또 하나의 의무가 있으며 이 의무는 그 어떤 의무보다 더 중요하다는 걸 스필버그는 잘 알고 있을 것이다.

닐 게이블러(Neal Gabler)가 쓴 『그들 자신의 왕국: 어떻게 유대인들이 할리우드를 만들어 냈는가(An Empire of Their Own: How the Jews Invented Hollywood)』는 유태인들의 '주류에 대한 동경과 숭배'가 할리우드 정신이기도 하다는 걸 시사해주는 책이다. 전기 작가 조셉 맥브라이드는 이 책의 내용을 배경으로 하여 유태인으로서의 스필버그가 주류에 속하기 위해 택한 전략에 대해 다음과 같이 말한다.

스필버그 역시 20세기의 다른 많은 성공적 유태인 예술가들과 별로 다르지 않았다. 그는 자신의 "타자성"을 선언함으로써가 아니라 주류 미국인에의 적응과 공통의 문화적 토대를 추구하여 그들 중 하나가 되고자 함으로써 자신의 경력을 쌓아 갔다. 그는 1987년 "나는 항상 주류 미국인에 속하기 위해 일해 왔다"고 말한다. "내가 어떻게 인식되고 있는지가 나의 관심사이다. 제일 먼저는 가족, 두 번째는 친구들, 세 번째로는 대중에 의해서 말이다." 공부에 관심을 쏟기보다는 영화 제작에 젊은 에너지를 집중시킴으로써, 스필버그는 교육과 학식 중심적 유태인 전통에 반항했다. 이 부분의 문화적 전통으로부터 독립을 선언함으로써, 스필버그는 또 다른 종류의 유태인 문화적 전통, 명예롭진 않아도 활기 넘치는 대중문화에 자신의 운명을 걸었다. 이 대중문화는 그의 조부모 세대의 이민 유태인들이 헐리우드에 설립한 것으로, 초기 헐리우드의 거물들은 미국의 꿈이라는 동질화된 대중적 이미지를 창출했다.[71]

한국과 손잡은 '드림웍스 SKG'

"영화산업에서는 위험을 감수하지 않는 것이 더 위험하다." 스필버그의 말이다. 1995년『쉰들러 리스트』로 '아카데미상 콤플렉스'를 말끔히 씻은 스필버그는 새로운 위험에 도전했다. 월트디즈니사의 전(前) 사장 제프리 카첸버그와 음반산업의 거물 데이비드 게펜과 함께 드림웍스 SKG라는 멀티미디어 기업을 설립한 것이다.

그 시도에 위험 부담이 전혀 없는 건 아니지만, 할리우드는 이름이 돈을 벌어주는 곳이다. 위험을 말하기엔 스필버그는 물론 카첸버그와 게펜이 그 바닥에서 워낙 거물들이다. 돈을 대겠다는 사람들이 줄을 섰다. 그들은 6개월 만에 20억 달러를 모았다. 은행에서 10억 달러의 투자를 보증받은 데 이어 마이크로소프트사의 공동 창립자인 폴 앨런(40억 달러 소유)이 3억 달러를 6년 동안 반환을 요구하지 않는 조건으로 투자했다. 또 마이크로소프트사 회장 빌 게이츠까지 합세해 '드림웍스 인터렉티브'란 영상소프트웨어 관련사를 세우기로 했다.

스필버그-카첸버그-게펜 3인방은 아시아쪽 파트너를 물색했다. 아시아에서 능력이 되는 나라는 일본과 한국 정도인데, 일본은 처음부터 배

---

71) 조셉 맥브라이드, 박선희·임혜련 옮김, 『C 학점의 천재 스티븐 스필버그 1』(자연사랑, 1997), 24~25쪽.

제됐다. 사람들은 유태인인 스필버그가 일본에 적대감을 갖고 있기 때문일 것으로 추측했다. 일본은 유태인들이 대량 학살된 제2차 세계대전의 원인 제공자가 아닌가. 유태인을 터무니없이 비방하는 책들이 일본에서 많이 나오는 것도 그런 과거와 무관하지 않을 것이다. 『E.T.』나 『백투더퓨처』 등 스필버그가 제작 감독한 작품들에는 일본인이나 일본 상품에 대한 부정적 묘사가 양념처럼 한두 장면 꼭 들어가는데, 이것 역시 우연은 아닐지도 모르겠다.

한국에선 삼성그룹 회장 이건희가 눈독을 들였다. 95년 2월 하순 이건희는 할리우드의 스필버그 저택에서 스필버그-카첸버그-게펜 3인방과 만났다. 스필버그의 아내인 케이트 캡쇼가 준비한 칠레산 농어 요리와 백포도주를 들면서 이야기를 나누었던 모양이다. 이건희는 투자액을 9억 달러로 올려 제시했던 것으로 알려졌다.

미국의 시사주간지 『타임』 95년 3월 27일자는 이 회동에 대해 보도하였는데, 아주 점잖지 못한 무례를 저질렀다. 이건희를 6천여 편의 영화를 소장하고 있는 영화광으로 소개한 것까지는 좋았다. 그건 이건희가 영화사업에 뛰어들 소양을 갖추었다는 말 아닌가. 그런데 이 기사는 스필버그의 말을 인용해 이건희에 대해 별로 좋지 않은 이야기를 늘어놓고 있지 않은가.

이 기사는 "삼성그룹 쪽에서 그들의 사업 목표를 설명할 때 스필버그는 배가 뒤틀렸다. 농어 때문은 아니었다"고 쓰고 있다. 그러면 무엇 때문이었단 말인가? 스필버그는 이렇게 말했다고 한다.

"2시간 반 동안의 만남에서 반도체라는 말이 20번쯤 나왔을 것이다. 나는 내 자신에게 물었다. 온통 반도체에 대해서만 집착하고 있는 사람들이 영화 사업에 대해 무엇을 알겠는가. 그 날의 만남은 완전히 시간 낭비였다."

이 기사에 따르면, 스필버그는 그 날의 만남에서 한 가지 교훈을 얻었다고 한다. 파트너가 누가 되든 같은 언어로 커뮤니케이션할 수 있는 사람, 즉 말이 통하는 사람이 필요하다는 걸 깨달았다는 것이다.

과연 그게 유일한 이유였을까? 아무래도 믿기지 않는다. 계약 조건만 분명히 해놓으면 되는 거지 사업 파트너들끼리 배짱이 맞아 우정까지 나눌 필요가 무어 있나? 그건 전혀 할리우드 방식답지 않은 생각 아닌가? 아무래도 이 기사가 인용하고 있는 게펜의 다음과 같은 말이 삼성을 퇴짜놓은 더 큰 이유일 것 같다는 생각이 든다.

"그들은 우리가 줄 수 있는 것 이상의 것을 원했다. 우리는 어느 한 그룹이 너무 많은 것을 통제하는 것을 원하지 않는다. 9천 파운드의 무게가 나가는 고릴라 한 마리보다는 3천 파운드 고릴라 세 마리가 낫다."

이건희를 변호하자는 게 아니다. 삼성의 '노조 죽이기'와 수단과 방법을 가리지 않는 '편법 상속'엔 혐오감마저 들지만 어찌됐건 그는 한국의 대표적인 기업가 아닌가. 사업상 나눈 대화에서 개인적으로 느낀 생각을 기자에게 이야기해 국제적으로 망신을 주는 게 온당치 않다는 걸 지적하고자 하는 것이다. 스필버그에게도 그런 정도의 양식은 있는 것일까? 그는 이 기사가 실린 『타임』이 나오기 하루 전 기사 내용을 미리 알고, 삼성 쪽에 다음과 같은 사과 연락을 해왔다.

"내일 발행되는 『타임』지에 본인과 이건희 회장과의 만남을 자극적으로 묘사한 기사가 게재되며, 기사 원문을 입수했다. 당시 양쪽의 커뮤니케이션에 문제가 있었던 것은 사실이지만, 기사처럼 우스꽝스러웠던 것은 아닌데, '프라이비트'한 문제가 기사화된 것에 대해서 미안하게 생각한다."

그게 스필버그의 진심이라면 아무래도 『타임』지의 농간인 것 같다. 미국 언론은 할리우드에 관한 한 믿기지 않을 정도로 옹졸한 국수주의를 갖고 있다. 일본 기업들이 할리우드에 투자하면 '일본이 미국을 잡아먹는다'고 호들갑을 떨곤 했던 게 바로 미국 언론이다. 미국 언론은 한국의 대표적인 기업이 할리우드에 투자를 하는 것 자체를 아주 아니 꼽게 본 게 아닐까?

우리 언론을 통해 떠들썩하게 알려진 바와 같이, 결국 드림웍스의 한국 쪽 파트너로는 제일제당이 결정되었다. 스필버그는 제일제당을 선택한 이유로 제일제당의 젊은 경영자들이 영화 일에 대한 이해가 가장 커 대화가 통했다는 점을 꼽았다. 그 협상의 주역으로 널리 소개된 이재현 상무와 이미경 씨는 이건희 회장의 조카들이다. 고 이병철 회장의 장남 이맹희 씨는 2남1녀(미경·재현·재환)를 두었다. 이건희 회장과 제일제당의 껄끄럽고 미묘한 관계가 재미있어 언론은 더욱 이 보도에 열을 올렸던 것 같다.

95년 4월에 체결된 계약 내용에 따르면, 제일제당은 드림웍스의 최초 자본금 10억 달러 가운데 3억 달러를 출자하기로 했다. 덩치로 보아 제2의 주주인 셈이다. 드림웍스의 경영은 5인 이사회를 중심으로 이루어지는데, 대표이사 폴 알렌을 비롯해 스필버그, 카첸버그, 게펜, 그리고 제일제당의 이재현 상무가 이사로 참여한다. 제일제당이 드림웍스에서 거둘 구체적인 수익은 배당수익금 및 영화, 비디오, 음반 등 각종 영상 소프트웨어와 텔레비전 프로그램의 아시아 지역 판권이다. 단 일본은 예외로 드림웍스가 직배한다.

스필버그는 제일제당과 『조선일보』의 초청으로 95년 11월 카첸버그와 함께 내한했다. 그는 국내 기자들과의 인터뷰에서 드림웍스의 설립 배경에 대해 "할리우드 메이저 영화사들의 규모가 커지면서 내부적으로 관료주의가 팽배해 영화 제작에 한계를 느꼈다"고 밝혔다. 그래서 개인적이고 자유스러운 분위기, 열정과 창의적 지도력이 보장되는 제작 환경을 위해 드림웍스를 설립하게 되었다는 것이다. 메이저 제작자들은 1년에 35편 가량의 영화를 만들지만 드림웍스는 품질 관리를 위해 1년에 영화

에 SUMMER
FILE

SAVING PRIVATE RYAN

라이언 일병 구출 작전 감독/ 스티븐 스필버그

주연/ 톰 행크스, 맷 데이먼, 에드워드 번즈

미 군부와 할리우드의 유착 관계: 제2차 세계대전 이후 『라이언 일병 구하기』에 이르기까지 할리우드가 만들어낸 전쟁 영화는 총 470여 편에 이르는데, 이 영화들 대부분은 국방부의 강력한 지원을 받아 만들어진 것들이다. (『키노』, 1998년 6월호)

9편과 만화영화 1편만 만들겠다고 했다.

『아미스타드』와 『라이언 일병 구하기』

스필버그는 『쉰들러 리스트』를 만들고 나서 "앞으로 『레이더스』나 『쥬라기공원』 같은 흥미물은 더이상 만들 수 없을 것"이라고까지 말한

바 있다. 그게 과연 진심이었을까? 적어도 스필버그가 97년에 만든, 흑인들을 다룬 영화 『아미스타드』를 보아선 그런 것 같다.[72] 그런데 이 영화는 98년 제70회 아카데미 영화제에서 수모를 당해 스필버그에게 상처를 안겨 주었다는데, 다음과 같은 기사를 보자.

제70회 아카데미상의 승리자는 제임스 카메론이라는 데 이의를 제기할 사람은 아무도 없을 것이다. 제임스 카메론은 승리자로 주목받았지만, 이날 완전한 패배자가 된 스티븐 스필버그도 화제다. 스필버그는 『E.T.』와 『쥬라기공원』으로 일찌감치 흥행감독이라는 명성을 얻었으나 아카데미에서는 계속 푸대접을 받고 있었다. 절치부심해 만든 영화가 『쉰들러스 리스트』였고 결국 이 영화로 스필버그는 66회 아카데미영화제에서 감독상과 작품상을 받았다. 그러나 스필버그 감독의 성공은 91년 『쥬라기공원』이 사실상 마지막이었다. 95년 발표된 『쉰들러 리스트』가 아카데미에서 수상한 데에는 미국 경제와 언론, 영화계에 진출해 있는 유태인의 영향력이 상당히 작용했다는 것이 정설이다. 게다가 『쉰들러스 리스트』는 상업적으로 성공했다고 보기 어려운 영화다. 『아미스타드』는 이러한 스필버그의 부담과 욕심을 그대로 드러낸 작품이었다. 지난해 말 영화가 개봉되기 전까지만 해도 언론은 이 영화가 아카데미를 휩쓸 것이라고 떠들어댔다. 그러나 흑인 여류 소설가의 작품을 표절했다는 의혹이 나왔고, 흑인 지도자들조차 이 영화가 흑인들의 패배감을 강조할 뿐이라고 비판하면서 『아미스타드』는 아카데미의 관심에서 완전히 벗어나고 말았다. 흑인들의 이야기로 아카데미에서 지지를 받으려던 스필버그가 자기가 파놓은 함정에 빠진 것이다.[73]

---

72) 1997년 한 해 할리우드 배급사들이 광고에 쏟아부은 돈은 18억 달러였는데, 1위는 20세기 폭스의 『아나스타샤』, 2위는 바로 드림웍스의 『아미스타드』로 2천3백만 달러였다. 〈불꽃튀는 헐리우드 영화사의 홍보경쟁〉, 『KINO』, 1998년 6월호, 66쪽.

73) 박종원, 〈흑인 외면 표절 시비 스필버그의 추락〉, 『뉴스플러스』, 1998년 4월 16일, 80면.

이 기사가 얼마나 공정하고 타당한지는 알 수 없다. 미국엔 스필버그를 혐오하고 저주하는 사람들이 적잖아 국내 언론이 그런 시각을 그대로 따라갈 수 있다는 말이다. 아무리 생각해도 "자기가 파놓은 함정에 빠진" 운운하는 표현은 좀 심한 것 같다.

스필버그는 2차 대전의 아픔을 그린 영화 『라이언 일병 구하기』로 99년도 아카데미 최우수 감독상을 수상했다. 아카데미 감독상 후보로 78년 이후 모두 5번 올라 94년 『쉰들러 리스트』에 이어 99년 두 번째로 수상한 것이다. 이게 과연 우연일까? 흑인을 다룬 영화는 두 번이나 물을 먹고 미국 영화계의 실세라 할 유태인을 다룬 영화와 미 국방부의 홍보영화와 다를 바 없는 영화는 상을 받은 게 말이다.

미 국방부의 영화 평이 재미있다. 스필버그는 미 국방부로부터 영화를 통해 미국에 특별히 기여한 공로를 인정받아 '최고시민' 훈장을 받았는데, 국방부는 "『라이언 일병 구하기』가 전쟁의 비극과 휴머니즘을 적나라하게 표현, 미국 사회에 엄청난 충격과 감동을 주었다"며 스필버그를 칭찬한 것이다.[74]

여기서 잠깐 미 군부와 할리우드의 유착 관계를 짚고 넘어가지 않을 수 없다. 제2차 세계대전 이후 『라이언 일병 구하기』에 이르기까지 할리우드가 만들어낸 전쟁 영화는 총 470여 편에 이르는데, 이 영화들 대부분은 국방부의 강력한 지원을 받아 만들어진 것들이다. 이와 관련, 재미 자유기고가 이흥환은 다음과 같이 말한다.

미 군부의 대국민 홍보전에서 빼놓을 수 없는 것이 할리우드다. 영화야말로 미국의 '전쟁 문화'를 떠받치고 있는 보이지 않는 기둥의 하나다. 1970년 20세기 폭스사가 만든 대작 전쟁 영화 '패튼'에서 주인공 패튼은 말한다. "미국인들은 전통적으로 싸움하기를 좋아한다"라고. 닉

---

74) 성일권, 〈스필버그에 '미 최고시민' 훈장〉, 『문화일보』, 1999년 8월 12일, 23면.

슨 대통령은 '패튼'을 좋아했다. 수도 없이 영화 '패튼'을 보았다. 캄보디아 폭격을 명령하기 직전에 참모들에게 '패튼' 영화를 보여준 사람이 바로 닉슨이다. 닉슨이 패튼형이라면 레이건 대통령은 람보형이다. 레이건이 참모들에게 말한 어록 가운데 지금까지도 할리우드 영화 제작자들이 가슴에 담고 있는 한마디가 있다. "여보게, 어젯밤에 '람보'를 봤네. 다음에 우리가 무엇을 해야 하는지를 이제야 깨달았어."[75)

'영화를 만드는 것은 나의 의무'

아무래도 스필버그에게 상복이 터진 모양이다. 그는 2000년 들어서도 두 개의 의미 있는 상을 받았다. 그는 2000년 2월 13일 인권단체인 전국유색인종증진협회(NAACP)가 영화, TV, 음악, 문학 분야에서 소수민족을 대표하는 인사들에게 주는 제31회 이미지상을 수상했는데, "그가 창조적인 노력을 통해 사회정의를 증진하는데 독보적인 용기를 보였다"는 게 수상 이유였다.[76) 또 그는 2000년 3월 11일 미국 영화감독조합(DGA)이 주는 최고 영예의 상인 '평생 공로상'을 받았다.

그간 스필버그는 세계의 영화 애호가들에게 쾌락만을 추구하는 할리우드 영화를 대표하는 흥행사로 간주되어왔다. 한국에서도 그는 위대한 감독일망정 '거장'이나 '작가'라고는 볼 수 없다는 평이 지배적이었다. 아마도 다음과 같은 평가가 대표적인 게 아니었을까?

"어른이 되기를 거부하고 네버랜드에 머무른 피터팬을 자처하는 것처럼 스필버그는 사회와 역사를 좀더 폭넓은 시선으로 볼 생각이 없었다.

75) 이흥환, 〈미국 전쟁영화의 내막: 펜타곤과 할리우드의 유착을 아십니까〉, 『신동아』, 1999년 11월호, 545쪽.
76) 〈스필버그 감독 이미지상 수상〉, 『세계일보』, 2000년 2월 15일, 19면

그런 점에서 스필버그의 영혼을 키운 가장 중요한 교사는 디즈니였을 것이다."[77]

이제 스필버그는 자기 자신은 물론 할리우드라고 하는 쾌락산업의 무궁한 안녕과 번영을 위해서도 최소한의 정치적 외투를 걸치는 것이 필요하다고 생각하게 된 건 아닐까? 그는 언젠가 "소위 재미있는 영화를 만든다는 것은 고통스러운 일이다"라고 한탄조로 말한 적이 있다.[78] 이제 스필버그는 그 고통에서 벗어나는 법을 깨우친 건지도 모른다.

스필버그는 경제적 성공으로 미국 사회의 주류에 일단 진입했다. 그러나 주류 안에 또 주류가 있고 비주류가 있다. "나는 영화가 인간의 세계관을 바꾸는 힘을 가졌다고 생각지 않았었다. 이제 영화를 만드는 것은 나의 권리가 아니라 의무임을 안다"는 스필버그의 말에 주목할 필요가 있다.

이는 할리우드 이데올로기의 자연스러운 작동 방식이기도 하다. 스필버그가 말한 '의무'는 최소한의 흥행을 전제로 한 의무이기 때문에 그는 미국 사회의 강력한 주류에 거스르지 않는 한에서 또는 그 주류에 영합하는 한에서 이데올로기적/정치적 색깔을 드러낼 것이 분명하다. 『쉰들러 리스트』와 『라이언 일병 구하기』처럼 말이다.[79]

---

77) 김봉석·황혜림, 〈네버랜드로 간 흥행사 스티븐 스필버그〉, 『씨네 21』, 1997년 7월 8일, 22면.

78) 프랭크 사넬로, 정회성 옮김, 『스티븐 스필버그』(한민사, 1997), 167쪽.

79) 최근 외신은 다음과 같이 전하고 있다. "미국의 영화감독 스티븐 스필버그와 다큐멘터리 제작자 제임스 몰이 세계적인 영화 감독들을 동원해 홀로코스트(유대인 대학살) 다큐멘터리를 제작한다고 쇼아 시각역사재단이 16일 발표했다. 이 한시간짜리 텔레비전용 다큐는 쇼아 재단의 후원 아래 폴란드·아르헨티나·체코·러시아·헝가리 등 5개국의 영화감독이 참여해 제작된다. 이 다큐는 5개국에서 상영되며 내년에는 5개국의 텔레비전 및 교육용 비디오 시장에 배포될 계획이다." 〈스필버그, 유대인 학살 다큐멘터리 제작〉, 『한겨레』, 2000년 7월 18일, 15면.

| 토니 슈와르츠 | Tony Schwartz

'미디어는 제2의 신(神)'

"진실은 활자매체의 윤리이지 전자 커뮤니케이션에서의 윤리적 행위를 판별하는 기준은 아니다."

'미디어는 제2의 신(神)'

강준만

소리에 미친 '음향 전문가'

"상업광고나 정치광고에 있어서 토니 슈와르츠의 업적은 전설적이다. 4번의 대통령 선거운동, 10여 회의 상원의원과 주지사 선거운동, 300개가 넘는 대기업들의 TV·라디오 광고 등 그의 활동상만 봐도 알 수 있다. 이외에도 20여 장의 레코드와 브로드웨이 연극과 쇼의 음향, 몇몇 영화제에서 수상한 영화들, 미디어에 관한 초기의 책 『반응하는 마음 The Responsive Chord』이 있다."[1]

미국의 광고 전문가 토니 슈와르츠의 1982년 저서 『미디어 제2의 신』에 서문을 쓴 뉴욕대 교수 존 커레이는 그렇게 말하고 있다.[2] 국내에서

---

1) 존 커레이, 〈서문〉, 토니 슈와르츠, 심길중 역저, 『미디어 제2의 신』(리을, 1994), 9쪽.
2) Tony Schwartz, 『Media: The Second God』(New York: Anchor Books, 1983). 1982년판은

도 한동안 김수환 추기경이 미디어가 '제2의 신(神)'이라는 슈와르츠의 주장을 인용하기도 해 이 말은 우리에게도 결코 낯설지 않다. 미디어의 영향력이 그렇게 대단하단 말인가? 과연 그렇다면 그 이유는 무엇일까? 이런 질문에 똑 부러지는 답을 할 수는 없겠지만, 슈와르츠라는 인물을 살펴보는 건 많은 것을 시사해주리라 믿는다.

슈와르츠는 1923년 8월 19일 뉴욕 맨하탄에서 출생했다. 아버지는 루마니아 태생 토목기술자였다. 슈와르츠는 어린 시절부터 라디오에 완전히 매료되었는데, 그는 후일 자신의 어린 시절을 다음과 같이 회상했다.

> 나는 라디오와 함께 자라났다. 내 귀는 청각 커뮤니케이션에 민감했고 그것이 내 인생의 다른 영역까지 영향을 미치게 되었다. 나는 라디오를 켜놓지 않고선 읽을 수도, 일할 수도, 숙제를 할 수도 없었다. 어머니는 가끔 사람이란 읽고 듣는 걸 동시에 할 수는 없다고 나무라셨지만, 어머니의 말씀은 반만 맞는 것이었다.[3]

어머니의 말씀이 반만 맞다는 건 사람은 세대별로 각기 다른 미디어 문법을 갖고 있다는 걸 의미하는 것이다. 물론 그 누구도 청각 정보와 시각 정보를 동시에 완벽하게 흡수할 수는 없을 것이다. 그러나 사람에 따라 큰 차이가 있다는 건 분명하다. 이제 곧 자세히 이야기하겠지만, 슈와르츠는 '청각 전문가' 또는 '음향 전문가'이다. 그는 TV도 기본적으로 라디오로 인식한다.[4] 그는 그만큼 청각이 중요하다고 생각하

Random House에서 나왔으며, 한글 번역판은 1994년에 나왔다.

3) Tony Schwartz, 『The Responsive Chord』(Garden City, New York: Anchor Books, 1974), p. xi. 이 책의 초판은 1973년에 나왔다.

4) Sidney Blumenthal, 〈Tony Schwartz: The Media Personality of Our Times〉, 『The Permanent Campaign: Inside the World of Elite Political Operatives』(Boston, Mass.:

는 것이다.

슈와르츠는 1941년 고등학교를 졸업한 뒤 뉴욕 브루클린의 프랫학교 (Pratt Institute)에서 광고 디자인을 전공했다. 그는 3년 후 자격증을 취득한 다음 미 해군 훈련기관에서 그래픽 아티스트를 가르치는 공익요원으로 일하다가 제2차 세계대전이 끝나자 본격적으로 상업광고 디자인 일에 뛰어들었다. [5]

슈와르츠는 1945년에 녹음기[6]를 하나 구입하였는데, 이로써 그는 자신의 본업을 시작하게 되는 계기를 맞게 된다. 그는 그 녹음기로 세계 각국의 민속음악을 녹음했다. 그는 세계 각국의 사람들과 교환하는 방식으로 2만여 개의 민요와 민담을 녹음하였다. 이는 52개국 8백여 명과 교환하여 얻은 결과였다. [7]

슈와르츠는 1946년 뉴욕시의 라디오 방송국인 WNYC에서 매주 한 번 음향과 관련된 아침 프로그램을 맡아 진행하였다. 그런데 어느 날 한 돈 많은 애청자 부부가 찾아와 자신들은 돈을 댈 테니 아예 전업 체제로 녹음에만 몰두할 생각이 없느냐는 제안을 해왔다. 슈와르츠는 그 다음 날로 방송국 일을 그만두고 1년 반 동안 미국 전역의 로칼음악과 특유의 사운드를 녹음하는 일에 몰두하였다. [8] 그는 특히 맨하탄의 모든 소리들을 녹음하였는데, 여기엔 행상들이 떠드는 소리까지 포함되었다. [9]

Beacon Press, 1980), p. 124.
5) 『Current Biography』, 1985 ed., p. 378.
6) 당시엔 녹음기를 sound mirror로 불렀다고 한다. Tony Schwartz, 앞의 책, p. xii.
7) Tony Schwartz, 앞의 책, p. xii.
8) Tony Schwartz, 앞의 책, p. xiii.
9) Sidney Blumenthal, 앞의 글, p. 118.

사람은 세대별로 각기 다른 미디어 문법을 갖고 있다. 어떻게 기타를 쥐어야 하는지 한번도 배워 본 적이 없는 네 살짜리 아이는 기타가 쥐어졌을 때 그림과 같이 자세를 취했다. 반면에 인쇄매체 지향적 사람들은 그들의 태도를 새로운 미디어에도 그대로 적용시킨다. 회사 임원들이 TV를 통해 사장의 말을 듣기 위해 줄맞춰 있다. (『The Responsive Chord』, pp. 110~111)

마샬 맥루한의 팬이 되다

독보적인 '음향 전문가'인 슈와르츠를 광고계가 그대로 내버려둘 리 없었다. 그는 1950년대부터 방송광고 분야에서 프리랜서로 음향작업을 시작하였다. 그 가운데 가장 대표적인 작업이 광고주인 '존슨 앤 존슨' 사를 위해 녹음한 어린이들의 소리였다. 그 이전까진 성인 여자가 어린이 목소리를 냈었으나 슈와르츠는 광고에 직접 어린이의 음성을 사용한 것이다.

그 작업이 큰 성공을 거두어 슈와르츠는 '어린이 음성의 대 전문가' 니 '음향의 귀재'니 하는 찬사를 듣게 되었다. 그러나 그는 광고계 사람들에게 자신은 음향 전문가가 아니라 음향이 사람에게 미치는 영향에 관심이 있는 사람이라고 말하곤 했다.[10] 그는 광고계에 진출한 지 20년 만에 4천여 개의 광고를 제작하였다.[11]

슈와르츠는 60년대 초 커뮤니케이션 학자인 마샬 맥루한[12]의 책에 접해 그의 '팬'(?)이 되었다. 그는 마샬 맥루한과 이 분야의 또다른 학자인 테드 카펜터와 접촉하면서 의견을 나누곤 했는데,[13] 맥루한이 이론 가라면 슈와르츠는 그 이론을 현실에 적용하는 실천가인지라 두 사람은 서로를 필요로 했다고 볼 수 있겠다. 맥루한은 슈와르츠의 73년 저서 『Responsive Chord』에 대해 극찬을 하였으며, 이에 질세라 슈와르츠는 자신의 82년 저서 『미디어 제2의 신』을 맥루한에게 헌정하였다.

미디어 이론의 관점에서 볼 때에 슈와르츠가 가장 주목한 건 사람들은 미디어를 각기 다른 감각적 기반을 갖고 접한다는 것이었다. 자신은 소리를 청각적 관점에서 접근했으나 그때까지만 하더라도 광고계 사람들은 여전히 활자매체적 관점을 유지하고 있었다는 것이다.

이와 관련해선, 이미지 광고에 대한 규제의 딜레마를 이야기하는 것이 좋을 것 같다. 미국에선 광고 규제기관인 FTC가 '마르코니식의 문제'에 '구텐베르그식의 해결책'을 적용하는 어리석음을 범하고 있다는

---

10) Tony Schwartz, 『The Responsive Chord』(Garden City, New York: Anchor Books, 1974), p. xiv.
11) Sidney Blumenthal, 〈Tony Schwartz: The Media Personality of Our Times〉, 『The Permanent Campaign: Inside the World of Elite Political Operatives』(Boston, Mass.: Beacon Press, 1980), p. 119.
12) 마샬 맥루한에 대해서는 강준만, 〈'정보 폭발'과 마샬 맥루한의 재발견〉, 『커뮤니케이션 사상가들』(한나래, 1994), 117~142쪽을 참고하십시오.
13) Tony Schwartz, 위의 책, p. xiv.

비판이 제기돼 왔다. Vantage 담배의 광고 실험 결과를 예로 들어 설명해보자. 이 광고에선 정복에 넥타이를 맨 잘 생긴 남자가 담배를 손에 들고 "흡연, 내가 지금 하고 있는 게 바로 그것이다"라고 말하는 모습을 보여준다. 이 모습에 대해 거의 모든 응답자의 대답은 같았다. 그 사진 속의 남자는 대학을 나왔고, 바람기가 있고, 연 3만 불 이상의 소득을 올리며 비싼 아파트에서 살 것이라는 따위의 대답이었다. 그 광고가 실질적으로 말하고자 하는 메시지는 그 담배를 피워야 그게 가능하다는 것일 터인데, 만약 그런 주장을 언어로 했다면 즉각 FTC로부터 응징을 당할 게 틀림없는 일이었다.[14]

즉, 언어로 말하면 규제기관으로부터 응징을 당할 수 있지만, 이미지로 말하면 안전하다는 것이다. 이미지는 '마르코니식의 문제'인 반면, 언어는 '쿠텐베르그식의 문제'이다. 이와 관련, 슈와르츠는 "진실은 활자매체의 윤리이지 전자 커뮤니케이션에서의 윤리적 행위를 판별하는 기준은 아니다"고 말했다.[15] 이걸 자세히 논의하기 위해선 맥루한의 이론 가운데 '뜨거운 미디어'와 '차가운 미디어' 개념에 대해 먼저 설명을 한 다음, 슈와르츠가 덧붙이고자 했던 걸 소개하는 게 좋을 것 같다.

미디어는 '인간의 연장'이다[16]

텔레비전 토론 프로그램을 시청하다 보면 우리는 때로 토론자의 말보다는 토론자의 매너로부터 더 큰 영향을 받을 때가 있다. 아무리 말의

---

14) 이 문제에 대해서는 Richard P. Adler, 〈TV Advertising--The Subtle Sell〉, 『Understanding Television: Essays on Television as a Social and Cultural Force』(New York: Praeger, 1981)을 참고하시기 바랍니다.
15) Tony Schwartz, 『The Responsive Chord』(Garden City, New York: Anchor Books, 1974), p. 22
16) 여기서부터 맥루한에 관한 이야기는 강준만, 『대중문화의 겉과 속』완전개정판(인물과사상사,

내용이 좋아도 흥분해서 자신의 감정을 격하게 드러내는 사람에겐 좋은 점수를 주기가 어렵다. 차갑고 냉정하게 자신을 다스리면서 유머 감각을 발휘하는 사람에게 호감을 갖게 된다. 그러나 대규모의 군중 집회에서는 큰 소리로 격한 감정을 드러내는 연사로부터 감동을 받을 경우가 많다.

왜 그럴까? 확실히 텔레비전에서의 발언과 군중 집회에서의 발언 사이에는 큰 차이가 있다. 이 궁금증을 풀기 위해서 맥루한의 이야기를 더 해보자. 맥루한은 분명 텔레비전이 본격적인 대중매체로 등장한 60년대 미국의 산물이었다. 많은 사람들이 텔레비전이라는 새로운 매체에 대해 당혹스럽게 생각하고 있을 때에 그는 명쾌한 설명을 제시했다. 물론 그의 설명은 과장법에 크게 의존했다. 그런 명백한 한계에도 불구하고 맥루한은 대중매체와 대중문화의 이해에 중요한 안목을 제공해주고 있다.

맥루한은 미디어를 '인간의 연장' (extension of man) 으로 이해하였다. 이 아이디어는 "지구상의 모든 도구와 엔진들은 인간의 수족과 감각의 연장일 뿐이다"라고 말했던 시인 랄프 왈도 에머슨에게서 빌려 온 것이었다. 이 아이디어에 따르면 책, 자동차, 전구, 텔레비전, 옷 등 무엇이든 인간의 신체와 밀접한 관련을 맺고 있는 것들은 다 '미디어'라고 할 수 있다. 예컨대, 자동차는 다리의 연장이고 옷은 피부의 연장인 셈이다. 언어는 '인간 테크놀로지' (human technology) 로서 인간의 생각을 외면화하여 연장시키는 미디어인 셈이다.

맥루한은 인간의 어느 신체 부위가 연장되는 것은 인간의 삶에 큰 영향을 미친다고 보았다. 그의 주장에 따르면, 인간의 시각의 연장인 책과 같은 인쇄물은 개인주의와 전문화를 부추겼다. '구어 (oral) 문화'에서는 남과의 접촉을 통해서 지식을 얻지만, 책은 홀로 심사숙고하고 골몰

1999), 234~239쪽에서 가져온 것입니다. '미디어'와 '매체'를 같은 뜻으로 섞어 쓴 걸 이해하여 주시기 바랍니다.

할 것을 요구한다. 책은 고립된 상황에서 생각하는 걸 가능하게 함으로써 개인적 계시를 촉진했기 때문에 프로테스탄티즘이 가능하게 되었다.

책은 또 내셔널리즘(nationalism)을 부추겼다. 사람들은 책을 통해 모국어를 시각적으로 이해하고 지도를 통해 국가를 시각적으로 이해하게 되었으며 그에 따른 모국어의 표준화와 그리고 교육을 통한 모국어의 보편적 대량 보급은 내셔널리즘을 낳게 하는 결정적인 이유가 되었다는 것이다.

영화/TV, 라디오/전화, 사진/만화

맥루한에 따르면, 인간은 끊임없이 자신의 발명에 의해 생리적으로 변화를 겪게 된다. 맥루한은 60년대를 새로운 르네상스의 시기로 보았다. 과거 활자매체가 인간의 감각에 일대 혁명을 일으켰듯이, 전자 미디어는 또 하나의 혁명을 몰고 왔다는 것이다.

맥루한은 그런 주장의 일환으로, 매체를 '뜨거운 매체'(hot media)와 '차가운 매체'(cool media)로 분류했다. 그의 주장을 그대로 다 받아들일 수는 없다 하더라도, '그럴 수도 있겠구나' 하는 선에서만 수용한다면 우리의 대중매체 이해에 큰 도움이 될 것이다.

맥루한의 주장에 따르면, '뜨거운 매체'는 '고정밀성'(high definition)과 '저참여성'(low participation), 그리고 '차가운 매체'는 '저정밀성'(low definition)과 '고참여성'(high participation)으로 특징지워진다. '정밀성'이란 어떤 메시지의 정보가 분명한 정도 또는 실질적인 밀도를 의미하며, '참여성'은 어떤 메시지를 받아들이는 사람이 그 뜻을 재구성하는 데 필요한 노력 투입의 정도를 의미한다.

수용자는 어떤 메시지의 부족한 '정밀성'을 자신의 '참여성'으로 채

우려 들기 때문에 둘 사이의 관계는 반비례한다. 물론 '뜨거운 매체'와 '차가운 매체'는 시간에 따라 변할 수밖에 없는 상대적인 개념이다. 즉, 한때는 '뜨거운 매체'이던 것이 나중에 테크놀로지의 발달로 '차가운 매체'로 간주될 수 있는 것이다.

영화는 '뜨거운 매체'인 반면 텔레비전은 '차가운 매체'이다. 영화가 모자이크 형태의 이미지를 갖고 있는 텔레비전에 비해 '정밀성'이 높은 반면 수용자의 '참여성'은 텔레비전 쪽이 높다는 것이다. 그런 식으로 따져 보건대, 라디오는 '뜨거운 매체'이고 전화는 '차가운 매체'이다. 초상화나 사진은 '뜨거운 매체'이고 만화는 '차가운 매체'이다. 왈츠는 '뜨거운 매체'이고 트위스트는 '차가운 매체'이다. 야구는 '뜨거운 매체'이고 축구는 '차가운 매체'이다. 한글은 '뜨거운 매체'이고 상형문자는 '차가운 매체'이다.

TV의 매체적 속성

텔레비전은 '차가운 매체'로서 '정밀성'이 낮기 때문에 수용자의 보다 큰 참여를 필요로 한다. 텔레비전은 '뜨거운' 이슈를 다루기엔 적합한 매체가 되지 못한다. 수용자의 참여가 지나치게 높아지기 때문에 역효과가 날 수 있다.

어느 저자는 만약 콩고의 루뭄바가 텔레비전을 대중 선동에 사용했더라면 콩고엔 더욱 큰 사회적 혼란과 유혈사태가 벌어졌을 것이라고 주장했다. 이에 대해 맥루한은 그건 매우 잘못된 생각이라고 반박한다. 텔레비전은 뜨거운 선동엔 전혀 적합치 않다는 것이다. 그는 "만약 히틀러 치하에서 텔레비전이 광범위하게 이용되었다면 히틀러는 곧 사라지고 말았을 것이다"라고 말한다.

Carson's voice is picked up by a microphone directly in front of him . . .

A guest's voice is picked up by an overhead microphone not visible on-camera.

TV 속의 사람과 마이크와의 거리도 따져야 한다. 미국의 명 토크쇼 MC인 죠니 카슨의 경우 늘 출연자들보다 마이크를 훨씬 더 가깝게 쓰기 때문에 시청자들에게 더 가깝게 다가갈 수 있었으며 출연자와 시청자 사이의 관계마저도 통제할 수 있었다. (『The Responsive Chord』, p. 38)

맥루한은 라디오는 광란을 위한 매체로서 아프리카, 인도, 중국 등에서 종족의 피를 끓어오르게 만든 주요 방법이었지만 텔레비전은 미국이나 쿠바의 경우처럼 그 나라를 차분하게 만들었다고 주장한다. 텔레비전 연예인이 자신을 부드럽고 차분한 '저압력의 스타일'로 보이게 만들어야 성공할 수 있는 것도 바로 그런 이유 때문이라는 것이다.

맥루한은 텔레비전이 속설과는 달리 미국 영화를 성숙케 만드는 데에 긍정적인 영향을 미쳤다고 주장한다. '차가운' 텔레비전은 예술과 오락에 있어서 심층구조를 촉진시키고 심층적인 수용자 참여를 만들어 냈다는 것이다. 쿠텐베르그 이래로 인간의 거의 모든 테크놀로지와 오락은 차갑지 않고 뜨거웠으며, 깊지 않고 파편적이었으며, 제작자 지향적이 아니라 소비자 지향적이었던 반면, 텔레비전은 그런 관계를 뒤집어버린 채 산물보다는 과정의 제시를 선호하는 매체라는 것이다. 그런 맥락에서 맥루한은 텔레비전 비평가들에 대해 다음과 같이 말한다.

> 텔레비전 비평가들이 텔레비전에 대해 실망하는 주요 이유는 그들이 텔레비전을 다른 감각적 반응을 요구하는 전혀 새로운 테크놀로지로 이해하지 못하기 때문이다. 이 비평가들은 텔레비전을 단지 인쇄 테크놀로지의 타락된 형태로 볼 것을 주장한다. 텔레비전 비평가들은 그들이 대단한 것으로 여기는 영화들은 만약 수용자들이 텔레비전 광고에 의해 갑작스러운 줌(zoom), 생략적 편집, 이야기 줄거리의 부재, 플래쉬 컷 등에 미리 길들여지지 않았다면 결코 대중관객용 영화가 될 수 없었을 것이라는 걸 깨닫지 못하고 있다.[17]

맥루한에 따르면, 텔레비전에서의 발언은 연극무대에서 필요한 사려 깊은 정밀성을 필요로 하지 않는다. 텔레비전 배우에게 가장 필요한 건 연극배우나 영화배우와는 달리 자연스러움이다. 또 텔레비전은 클로즈업 매체이다. 영화에서 클로즈업은 주로 쇼크 효과를 위해 사용되지만 텔레비전에서는 아주 자연스럽게 사용된다. 텔레비전 화면 크기만한 잡지의 사진은 12명의 사람을 한꺼번에 아주 자세하게 보여줄 수 있지만 텔레비전 화면에 12명의 얼굴이 나타나면 흐릿해서 아무것도 보이지 않게 된다.

맥루한은 영화배우 죠안 우드워드가 영화연기와 텔레비전연기의 차이에 대해 "내가 영화에 출연했을 땐 사람들이 '저기 죠안 우드워드가 간다'고 말한다. 반면 텔레비전에 출연했을 땐 '저기 어디서 본 듯한 사

---

17) Marshall McLuhan and Quentin Fore, 『Medium Is the Massage: An Inventory of Effects』(New York:Bantam, 1967), p. 128.

람이 간다'고 말한다"고 이야기한 것을 상기시키고 있다. 미국에서 적어도 60년대에 대부분의 텔레비전 스타들은 남자, 즉 '차가운' 성(性)이었던 반면, 대부분의 영화스타들은 여자, 즉 '뜨거운' 성이었던 것도 바로 그런 관점에서 이해될 수 있다고 맥루한은 말한다. 또 사람들이 점차 텔레비전 이전 시대의 '뜨거운 매체'의 가치를 의심함에 따라 리타 헤이워즈, 리즈 테일러, 마릴린 몬로와 같은 대배우들은 텔레비전 시대에 무척 고전을 했다는 것이다.

진실은 활자매체의 윤리?

맥루한은 텔레비전에서 자기 자신의 역할·지위·생각을 강력하게 선언하는 건 어리석다고 충고한다. 시청자들에게 쉽게 분류될 수 있는 사람으로 인식되면 시청자가 참여자로서 채워야 할 것이 없어지기 때문에 시청자들은 불편한 심정을 느낀다는 것이다. 같은 이치로 매우 아름다운 여자나 매우 높은 '정밀성'을 가진 광고 이미지나 메시지는 현명치 못하다. 후르시초프가 미국 텔레비전에서 꽉 채워진 또는 완결된 이미지의 주인공으로 비쳐졌을 때 그가 코믹만화의 소재로 자주 등장한 것도 바로 그런 이유 때문이라는 게 맥루한의 주장이다.

같은 맥락에서, 앞서 지적한 바와 같이, 슈와르츠는 "진실은 활자매체의 윤리이지 전자커뮤니케이션에 있어서 윤리적 행위의 기준은 아니다"고 말한다. 그는 텔레비전이 설득을 위해 공명(resonance)에 의존한다는 점을 강조한다. 그는 전자 미디어가 사람들의 환경의 일부이기 때문에 사람들이 전자 미디어를 정보의 흐름에 있어서 매개 요소로 의식하지 않는 경향이 있다고 말한다.[18]

18) Tony Schwartz, 『The Responsive Chord』(Garden City, New York: Anchor Books,

슈와르츠의 관찰엔 일리가 있다. 사람들은 매체 테크놀로지에 의해 지배를 당하면서도 자신들이 매체를 지배하고 있다는 환상을 버리지 않는다. 분명히 사람들은 그들의 자율적 의지에 따라 매체를 소비하는 것이지 매체에 의해 강요당하는 건 아니다. 그러나 매체가 그들의 일상적 삶에 얼마나 편재해 있으며 또 그들의 완전한 지배하에 놓인 많은 것들을 얼마나 많이 대체해 버렸는지에 대해서 그들은 생각하지 않는다. 맥루한의 주장은 그 옳고 그름을 떠나 매체의 중요성에 대한 우리의 주의를 환기시켰다는 점에서도 음미할 만한 가치가 충분하다 할 수 있을 것이다.[19]

효과적인 정치 커뮤니케이션

슈와르츠는 '뜨겁다' '차갑다' 하는 분류에서 한 걸음 더 나아가 TV 속의 사람과 마이크와의 거리, 시청자의 TV로부터의 거리 등도 따져야 한다고 말한다. 예컨대, 미국의 명 토크쇼 MC인 죠니 카슨의 경우 늘 출연자들보다 마이크를 훨씬 더 가깝게 쓰기 때문에 시청자들에게 더 가깝게 다가갈 수 있으며 출연자와 시청자 사이의 관계마저도 통제할 수 있다는 것이다.[20]

기존의 구분에 따르면, 쿠바의 피델 카스트로처럼 뜨겁고 고함을 자주 지르고 연설을 길게 하는 사람은 TV에 전혀 안 맞을 것 같다. 그러

1974), p. 22.

19) 맥루한에 대해 더 알기 위해선 강준만, 〈'정보 폭발'과 마샬 맥루한의 재발견〉, 『커뮤니케이션 사상가들』(한나래, 1994), 117~142쪽을 참고하십시오. 그리고 마샬 맥루한, 박정규 옮김, 『미디어의 이해: 인간의 확장』(커뮤니케이션북스, 1997) ; 마샬 맥루한 · 퀭땡 피오르, 김진홍 옮김, 『미디어는 맛사지다』(열화당, 1995) 등도 참고하십시오.

20) Tony Schwartz, 앞의 책, p. 37.

나 그는 TV 이용을 잘하는 것으로 알려져 있다. 그게 어떻게 가능했을까? 슈와르츠는 쿠바의 시청자들이 미국의 시청자들과는 전혀 다른 상황에 처해 있다는 것에 주목해야 한다고 말한다. 미국과는 달리, 쿠바에서 TV는 공원이나 공공장소에서 주로 시청된다는 것이다.[21]

같은 맥락에서, 슈와르츠는 정치인의 군중 연설이 라디오로 중계될 때의 문제를 지적한다. 그럴 경우 정치인은 과연 누구에게 초점을 맞추어야 할 것인가? 누구에게 초점을 맞추느냐에 따라 효과는 크게 달라진다. 군중에 초점을 맞춘 연설은 라디오 청취자들에게 좋은 효과를 내기 어렵다. 반면 라디오 청취자에게 초점을 맞춘 연설은 군중에게 좋은 효과를 내기 어려울 것이다. 이는 TV의 경우에도 마찬가지일 것이다.

슈와르츠는 미국에서는 불가능하지만 소련에서는 가능한 대안이 있다고 말한다. 소련엔 천 명의 사람이 들어갈 수 있는 실내엔 각 좌석마다 이어폰이 설치돼 있기 때문에 정치인은 그 수천 명의 사람들도 라디오 청취자들처럼 1 대 1로 상대한다는 기분으로 편안하게 이야기하면 된다는 것이다. 반면 미국의 경우엔 그렇질 못하기 때문에 문제가 되는 것이다.

슈와르츠는 미국 정치인들의 경우엔 아나운서를 이용하는 방법이 있다고 말한다. 라디오 아나운서로 하여금 연설 중간 중간에 "지금 여러분은 어디에서 누구를 대상으로 한 연설을 듣고 계십니다"라고 말하게 함으로써 청취자 개개인을 상대로 한 연설이 아니라는 걸 청취자들이 깨닫게 해주면 그렇게 하지 않았을 경우보다 더 좋은 효과를 기대할 수 있다는 것이다.

그는 1952년 대선에서 드와이트 아이젠하워와 대결했던 민주당 대통령 후보 애들레이 스티븐슨의 라디오 광고가 저지른 실수를 지적한다.

---

21) Tony Schwartz, 『The Responsive Chord』(Garden City, New York: Anchor Books, 1974), p.40. 물론 이건 이 책이 쓰여진 1970년대 초반의 사정일 것이다.

In many parts of the world TV is viewed in public places. Here, villagers in Ninhquoi, South Vietnam, watch an outdoor community television set. (Photo by Claude Johner, the New York *Times*.)

시청자들이 처해 있는 상황도 고려돼야 한다. 쿠바, 니카라과, 남베트남 등에서는 TV가 공원이나 공공장소에서 시청됐다(1970년대 초). 이런 상황에선 카스트로처럼 TV에 전혀 안 맞을 것 같은 사람도 TV를 잘 이용하는 것이 가능하다. (『The Responsive Chord』, p. 39)

스티븐슨의 라디오 광고는 "청취자 여러분께 스티븐슨이 이야기한다"고 소개했는데, 그 내용은 군중 연설 녹음 테이프를 이용한 것이어서 효과 면에서 큰 손해를 보았다는 것이다.

슈와르츠는 후보자 자신이 연설 중간 중간에 전체를 상대하는 건지 개 개인을 상대로 이야기하는 건지 밝히는 방법도 있다고 말한다. 존경하는 누구누구 여러분 하는 식으로 자신이 지금 누구를 겨냥해 이야기하고 있다는 걸 밝힘으로써 설득의 효과를 증대시킬 수 있다는 것이다.[22]

슈와르츠는 정치인들이 중대 발표를 할 때엔 방송을 염두에 두고 40초 내지 50초로 압축해 요지를 말하라고 충고한다. 아무리 길게 말해도 방송엔 어차피 40초 내지 50초밖엔 나가지 않기 때문이다. 그렇게 하지 않을 경우 방송기자가 마음대로 편집해 내보낼 것이기 때문에 정치인의 입장에선 매우 불리할 수 있다는 것이다. 정치인들이 그렇게 하지 않는 이유는 모든 걸 짧게 한꺼번에 이야기해버리면 연설 현장의 관중을 실망시킬 수 있기 때문이다. 즉, 연설의 김이 빠져버린다는 것이다. 그러나 슈와르츠는 이해 득실을 따져 방송을 우선으로 생각하고 연설 현장의 관객에겐 다른 유명 찬조 연설자들을 동원하는 서비스를 제공하는 것이 좋다고 말한다.[23]

1964년의 '데이지' 광고

슈와르츠는 실전 경험을 통해 그렇게 말하는 것이기 때문에 그 분야에선 제법 무시 못할 권위를 누렸다. 그는 린든 존슨 이래로 민주당 대

---

22) Tony Schwartz, 『The Responsive Chord』(Garden City, New York: Anchor Books, 1974), p. 85~87.
23) Tony Schwartz, 위의 책, p. 89.

통령 후보들의 TV 광고를 제작했는데, 그가 만든 '데이지(Daisy)' 광고는 정치광고와 관련된 교과서에 빠지지 않고 등장하는 '고전'으로 통하고 있다. 이 광고는 딱 한번 나간 것만으로 엄청난 사회적 반향을 불러 일으켰기 때문이다.

1964년 대통령 선거에서 린든 존슨이 사용한 데이지 광고는 공화당 후보 베리 골드워터의 호전성을 강조할 목적으로 만들어진 것이다. 이 광고는 어린 소녀가 데이지(국화의 일종) 꽃잎을 하나하나 뜯어내는 모습을 보여준다. 그 장면 위에 카운트다운을 하는 매우 육중하고 음산한 남자 성인의 목소리가 울려 퍼지며 곧 지구의 종말을 예고하는 핵폭발 장면이 화면을 가득 메운다. 이때 대통령 후보 존슨이 자신을 지지해달라는 말도 없이 다음과 같이 말한다.

"모든 하나님의 어린이들이 살아남을 수 있는 세상을 만들 것인지 아니면 모두 어둠에 묻힐 것인지, 여기에 모든 게 달려 있습니다. 우리는 서로 사랑을 할 것인지 아니면 죽음을 택할 것인지 선택해야만 합니다."

그리고 광고의 마지막 장면엔 "11월 3일 존슨 대통령에게 투표해 주십시오"라는 글자만 내보낸다.[24] 이 광고 자체로선 비방도 아니었거니와 별다른 의미가 없는 것이었다. 그러나 이 광고는 이 광고가 나가기 직전에 골드워터가 전술 핵무기의 사용을 지지하는 발언을 했었다는 걸 기억하는 사람에겐 강한 연상작용을 불러일으켰다. 그러니까 슈와르츠는 '상황' 또는 '맥락'을 이용한 것이었다.

존슨의 광고와는 달리 매우 전통적인 방식의 광고에 매달렸던 골드워터는 데이지 광고에 대해서도 세련되게 대응하지 못해 큰 피해를 입었다. 데이지 광고를 만들어 낸 슈와르츠는 골드워터가 그 광고에 대해

---

24) Tony Schwartz, 앞의 책, p. 93.

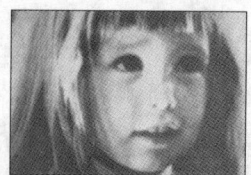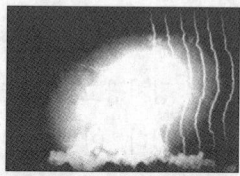

VOTE FOR PRESIDENT JOHNSON
ON NOVEMBER 3.

'상황' 또는 '맥락'을 이용한 광고: 이 광고는 이 광고가 나가기 직전에 골드워터가 전술 핵무기의 사용을 지지하는 발언을 했었다는 걸 기억하는 사람들에겐 그의 호전성에 대한 강한 연상작용을 불러일으켰다. (『The Responsive Chord』, pp. 94~95)

사납게 달려들 것이 아니라 새로운 스타일로 전환했어야 옳았다고 평했다. 만약 골드워터가 그 광고에 대해 "나는 전면 핵전쟁의 위험이 이번 선거의 주제가 되어야한다고 생각한다. 그런 의미에서 데이지 광고 비용의 반을 내가 기꺼이 지불하고 싶다"는 식으로 말했어야 했다는 것이다. 만약 그렇게 대응했더라면 시청자들에게 데이지 광고는 골드워터를 겨냥한 것이 아니라는 인상을 주었을 것이라고 슈와르츠는 주장했다.[25]

25) Tony Schwartz, 『The Responsive Chord』(Garden City, New York: Anchor Books,

슈와르츠는 "부정적 광고는 별로 내세울 것이 없는 후보자가 득을 볼수 있다"고 말한다. 1968년 대통령 선거에서 닉슨에게 도전했던 민주당의 맥거번도 자신의 강점을 내세우지 말고 닉슨의 약점을 물고 늘어졌어야 했다는 것이다.[26] 그러나 적어도 80년대 이후 후보자가 내세울 것이 있건 없건 무조건 부정적 광고를 해대는 것이 미국 정치의 주요 특징이 되고 말았다.

'기억'이 아니라 '회상'이 중요하다

슈와르츠는 상업광고에서도 기존 광고인들과는 달리 당시로서는 매우 '뛰는' 새로운 이론을 전개했다. 그는 기억(memory)이 아닌 회상 (recall)의 중요성을 강조했다. 그는 다음과 같이 말한다.

> 광고대행사들은 일반적으로 커뮤니케이션의 수송 이론을 사용한다. 그들은 정보를 사람들에게 전파시켜 사람들의 두뇌에 침전시키려고 한다. 그리고 그들은 사람들의 마음에 무엇을 심어 놓았는지 그것을 측정하기 위해 연구한다. 그러나 내 경우에는 광고대행사들이 광고를 만들고 나서 측정하고자 하는 것을 광고를 만들기 전에 알고자 한다. 나는 얼마나 많은 사람들이 메시지를 기억하거나 이해하는가에 대해서는 관심이 없다. 나는 얼마나 많은 사람들이 자극에 의해 영향을 받는가에 관심이 있다.
>
> 우리의 두뇌에 저장할 수 있는 정보량은 엄청나게 많으며 회상을 이용해 생성시킬 수 있는 연상은 매우 깊다. 회상에 이용될 수 있는 정보

1974), p.96.
26) 강준만, 『춤추는 언론 비틀대는 선거: 언론과 선거의 사회학』(아침, 1992), 171쪽.

는 우리가 의식적으로 기억하고 있건 그렇지 않건 우리가 경험한 모든 것을 포함한다. 저장된 재료의 총 체계는 늘 우리 내부에 존재하는 것으로서 새로운 학습 경험을 매번 감싸서 흡수한다. 게다가 그 총 체계는 적절한 자극이 있을 때에 즉각적으로 다시 뽑아 쓸 수 있는 것이다.

그렇게 회상을 불러일으키는 과정은 자동차 사고를 목격하는 경험과 유사하다. 자동차 사고를 목격할 때에 당신은 브레이크 밟는 소리, 차가 부딪히는 소리를 듣게 되고 사람이 피 흘리는 모습을 볼 수도 있다. 그 이후로 당신은 브레이크 밟는 소리를 들으면 이전에 경험했던 많은 광경, 소리, 느낌, 연상 등을 회상해낼지 모른다. 당신은 예전의 자동차 사고를 즉각적으로 회상해낼 것이며 이 회상은 현재의 자극에 의미를 부여하는 상황의 일부를 형성케 될 것이다. 똑같은 방법으로 만약 광고 제작자가 광고 속의 상품과 연결시키기 위하여 인간적인 느낌과 경험을 불러일으키면, 다음에 우리가 상점에서 그 상품을 보게될 때 그 상품이 그 광고와 함께 경험했던 연상을 불러일으킬 가능성은 매우 높다.

여기에는 덧붙일 중요한 것이 하나 있다. 광고에 있어서 상품과 실제 삶의 상황 사이에 그럴 듯하지 않은 연상을 개발해 내고 상품 구매와 연결시킬 과거 경험을 불러일으킬 수는 없는 일이다. 즉, 마가린을 좋아하고 헤어토닉을 바꿈으로써 여자가 자신을 유혹할 것을 기대하는 사람에게 왕처럼 느끼는 과거 경험은 존재하지 않는다. 광고제작자의 연구는 사람들이 실제 생활 환경에서 상품과 함께 갖게 되는 실제 경험을 깊이 탐구하고 소비자가 상점 안에서 상품을 우연히 마주쳤을 때에 그 상품이 실제 생활 경험을 불러일으킬 수 있게끔 광고의 자극을 만들어내야만 한다.[27]

---

27) Tony Schwartz, 『The Responsive Chord』(Garden City, New York: Anchor Books, 1974), p. 69~71.

효과적인 광고를 위해

광고와 광고계 전체에 대한 일반적인 공격은 광고주와 광고업자들이 남아돌거나 열등한 제품을 팔려고 시도한다는 것이다. 슈와르츠는 이런 견해의 대표적인 예로 다니엘 부어스틴[28]의 말을 인용하면서 논박한다.

> 타임지의 특별판(1977. 1. 17)으로 발행된 잡지의 '미래-기술공화국'
> 이라는 기사에서 다니엘 부어스틴은 이렇게 썼다. "우리가 만약 기술이
> 우선적으로 인지된 문제를 해결하거나 필요 혹은 수요를 만족시키는 쪽
> 으로 나아갈 것이라고 생각한다면 그것은 잘못 생각하는 것이다. 전
> 화·라디오·자동차·TV 등에 대한 수요는 없었다." 그는 계속해서
> "기술은 불필요한 것들을 증가시키는 것"이라고 지적하면서, "기술과 광
> 고는 불필요한 것들을 위한 필요를 개발함으로써 발전을 창조하기 위해
> 함께 일한다"라고 그의 글을 끝맺었다. 거기에는 부어스틴의 비평을 매
> 력적인 것으로 만들 충분한 진실이 있지만 그의 주장을 완전히 타당성
> 있는 것으로 만들기에는 기술과 광고에 대한 지식이 부족하다. 전화나
> 라디오, 자동차 등이 발명되기 이전에 사람들이 이러한 장치들에 대해
> 특별한 필요를 느끼지 않았다는 것은 사실이다. 그러나 그들은 발전된
> 커뮤니케이션, 더 접근하기 쉬운 오락, 빠른 이동과 수송 등에 대한 필
> 요를 느끼고 있었으며, "캐나다에 있는 형님과 이야기할 수 있다면 얼마
> 나 좋을까!" "오늘 시카고에서 공연하는 카루소의 노래를 들을 수 있다
> 면 얼마나 좋을까!" "매일 출근길이 그렇게 멀게 느껴지지 않는다면 얼
> 마나 좋을까!" 등의 감성적인 언어로 그 필요성을 느끼고 있었다.[29]

---

28) 다니엘 부어스틴에 대해선 강준만, 〈대니얼 부어스틴의 의사사건론: 이미지와 사랑에 빠진 현대
인〉, 『이미지와의 전쟁: 커뮤니케이션 사상가와 실천가들 1』(개마고원, 2000), 92~117쪽을 참고
하십시오.

29) 토니 슈와르츠, 심길중 역저, 『미디어 제2의 신』(리을, 1994), 100~101쪽.

슈와르츠는 광고를 할 때엔 이미 존재하는 것과의 연계 전략이 필요하다고 말한다. 그는 "사람들은 그들이 이미 소유한 것들에 대한 광고에 관심을 갖는 경향이 있다"는 맥루한의 말을 날카로운 관찰이라고 평가하면서 다음과 같이 말한다.

"그들은 또한 이미 소유한 것들에 대한 광고를 보고 듣는다. 새로운 상품이 나왔을 때, 사람들은 그들이 이미 익숙한 어떤 것과의 연관 없이는 그것을 식별하지 못한다. 어떤 사람이 얼음 위에서도 아스팔트처럼 잘 달릴 수 있는 전천후 타이어를 발명했다고 생각해 보자. 이런 종류의 타이어 광고는 자동차 소유주들에게 '매년 겨울마다 타이어를 바꾸는 게 지겹지 않습니까?' 라는 질문을 하는 것으로 광고를 시작할지도 모른다. 그가 소유하고 있는 타이어를 교환해야 할 때가 된 것을 아는 소비자들은 아마도 이러한 접근에 영향을 받을 수도 있을 것이다."[30]

왜 미디어는 '제2의 신(神)' 인가

슈와르츠가 광고 실무를 통해서 또 그 밖의 작업을 통해서 일관되게 강조하는 건 '우리를 둘러 싼 환경' 이다. 그는 미디어가 우리의 환경이 되었다는 것을 강조한다. 그는 'TV 현실'이 '실제 현실'보다 우월하게 되었다며, 로버트 케네디의 암살과 관련된 일화를 제시한다. 케네디의 관이 뉴욕공항에 도착했을 때 대부분의 기자들이 관으로부터 불과 몇 미터 떨어져 있는데도 불구하고 직접 볼 생각을 하는 게 아니라 TV를 시청했다는 것이다.[31]

---

30) 토니 슈와르츠, 심길중 역저, 『미디어 제2의 신』(리을, 1994), 102쪽.
31) Tony Schwartz, 『The Responsive Chord』(Garden City, New York: Anchor Books, 1974), p.45.

글쎄, 뭐 그게 꼭 그런 관점에서 볼 일인지 의아심이 들긴 하지만, "물고기는 물의 영향을 가장 알기 어렵다"는 말처럼 우리가 평소 우리의 환경에 대해 의외로 무심할 수 있다는 그의 지적은 타당한 것으로 보인다. 그는 다음과 같이 말한다.

"전자매체는 우리 환경의 일부이기 때문에 우리는 전자매체를 정보의 흐름에 있어서 매개 요소로 의식하지 않는 경향이 있다. 우리는 전자매체에 너무 연관되어 있기 때문에 전자매체가 우리에게 미치는 효과를 인식하지 못한다. 만약 사람들에게 그들의 일상 생활에 있어서 특정 매체가 어떻게 기능하느냐고 묻는다면 사람들은 그들이 가장 적게 연관되어 있는 매체들에 관해 이야기하는 데 있어서 매우 정확하다는 것을 알게 될 것이다. 예컨대, 사람들은 신문과 잡지에 관해 가장 정확하게 이야기할 것이다. 사람들은 그들의 환경에서 기능하는 텔레비전에 대해 이야기할 때에는 정확성을 잃기 시작하고 라디오에 대해 이야기할 때는 전혀 정확하지 않게 된다."[32]

단지 그런 이유들 때문에 그는 미디어를 가리켜 '제2의 신(神)'이라고 한 걸까? 사실 이걸 책의 제목으로 내건 1982년의 저서보다는 1973년에 낸 『The Responsive Chord』가 훨씬 더 재미있고 내용도 풍부한 것 같다. 그가 무슨 뜻으로 그런 말을 한 건지 그 이유도 이미 『The Responsive Chord』에 충분히 제시돼 있지만, 그가 책의 제목에 책임을 지기 위해 『미디어 제2의 신』에서 좀더 상세하게 설명한 걸 들어보자.

> 미디어는 한 사회의 사고방식이나 정치구조, 그 나라 전체의 심리적 상태에 지대한 영향을 미친다. 미디어는 마치 하느님처럼 많은 사람들의 주의를 똑같은 사건에 똑같은 방법으로 기울이게 함으로써 전쟁의 방향을 바꾸어 놓을 수도 있고 대통령이나 왕을 물러나게 할 수도 있고

---

32) Tony Schwartz, 앞의 책, pp. 74~75.

지위를 격상시킬 수도 있으며 교만한 사람들에게 망신을 줄 수도 있다.[33]

슈와르츠는 미디어가 행사하는 지대한 영향력 가운데 하나로 의제설정(議題設定) 기능을 지적한다. 이거야 모든 언론학 교과서에 나와 있는 것이긴 하지만, 슈와르츠의 자상한 설명을 들어보기로 하자.

"자신들 스스로의 미디어를 갖지 못한 지역에 사는 사람들은 TV에서 삶의 정체성(正體性)의 결핍을 발견한다. …… 이것이 묘한 현상을 나타내게 했다. 시골에 사는 사람들이 네트워크 방송국이 있는 대도시 사람들의 문제를 그들의 문제로 인식한다는 것이다. 전국의 대도시에서 폭동이 일어났을 때, 도시 사람들이 대처하고 있는 문제들이 지방과 전국 방송에 보도되자 대도시에 살지 않는 사람들도 똑같은 문제에 대해 격정한다는 것이 조사에 의해 밝혀졌다. 유타 같은 주에서도 사람들은 실제 그들과 상관없는 대도시의 문제를 놓고 씨름한다. 그들은 그들 삶의 실제보다 미디어를 통해 부딪친 문제들을 해결하려 노력했다. 더욱이 그 문제들에 대한 그들의 고민의 깊이는 미디어 보도의 양과 동일한 비율이었고 도시 거주자들의 고민과 비슷했다."[34]

대중은 '미디어 신(神)'을 필요로 하나

슈와르츠는 『The Responsive Chord』에서 덴마크가 24시간 라디오 방송을 시작한 이후 자살율이 줄었다는, 덴마크 라디오 방송인과의 인

---

33) 토니 슈와르츠, 심길중 역저, 『미디어 제2의 신』(리을, 1994), 17~18쪽.
34) 토니 슈와르츠, 심길중 역저, 위의 책, 132~133쪽. 그렇다. 나는 모든 언론학 교과서를 이렇게 쉽고 자상하게 풀어 써주는 시도가 절대적으로 필요하다고 생각한다. 슈와르츠의 다음과 같은 '나쁜 뉴스'를 위한 변명(?)도 얼마나 친절한가! "사람들은 요즘 우리가 듣는 뉴스들이 대부분 좋지

터뷰 내용을 자신의 책에 아무런 해설도 없이 게재하였는데,[35] 이미 이 때에 미디어가 '제2의 신'이라는 말을 하고 싶었던 건 아닌지 모르겠다. 그는 미디어의 그런 특성과 관련하여 『미디어 제2의 신』에서는 다음과 같이 '도덕적 다수'에 관한 이야기를 하고 있다.

'도덕적 다수'는 1979년 제리 팔웰 목사에 의해 창립되었으며, 오늘날 그의 이름은 천주교, 개신교, 유대교의 어떤 지도자만큼이나 사람들에게 잘 알려져 있다. 그는 버지니아 린치버그의 지방 라디오와 TV에 '옛적 같은 복음의 시간 Old Time Gospel Hour'이라는 그다지 크지 않은 방송으로 시작했다. 오늘날 그의 프로그램은 324개의 방송국을 통해 미국·캐나다·카리비아 지역의 약 5천만 명의 시청자들에게 보여지고 있다. 그는 연간 5천6백만 달러에 달하는 면세 예산을 운용하고 있으며 그의 '도덕적 다수'는 알래스카에서 공화당의 하부조직을 장악했다. 누구도 '도덕적 다수'의 미디어 활동에 대한 타당성 여부에 의문을 표시할 수 없다. '도덕적 다수'는 헌법에 명시되어 있는 그들의 권리를 행사하고 있는 것이며 그 권리는 존중되어야만 한다. 그러나 우리가 또한 직면하고 있는 것은 도덕적·윤리적·정치적 기준에 영향을 주기 위해 전국적으로 결성된, 그 집단의 손에 들어 있는 미디어의 엄청난 힘의 결과에 의한 가능성이다. 종교와 방송의 본질적인 결합은 제1의 신과 제2의

않은 것들이라고 비난한다. 명백한 사실은, 암치료 방법의 발견 같은 대단히 극적인 사건이 아니면 대부분의 좋은 뉴스는 우리를 하품나게 하겠지만 홍수·가뭄·서리·폭풍 등이 농작물을 망쳤다는 뉴스를 보면 우리는 주의를 기울일 것이다. 실제 우리는 모두 나폴레옹이 1812년에 러시아를 침공했다는 사실을 알지만 그 전쟁이 언제 끝났는지 아는 사람은 얼마나 되는가? 결국 그 전쟁의 끝이 시작보다는 좋은 뉴스였다. 유명 인사가 암살 기도에 의해 심하게 부상당했다면 그것은 뉴스의 첫 번째 기사거리가 될 것이다. 그러나 그가 회복되어 병원을 떠날 때는, 그가 미국 대통령이 아니라면, 그것은 뉴스의 마지막 뉴스거리가 될 것이다." (133쪽)

35) Tony Schwartz, 『The Responsive Chord』(Garden City, New York: Anchor Books, 1974), p. 53.

신 사이의 결합이며 이것은 역사상 가장 큰 힘이 될지도 모른다.[36]

　슈와르츠는 제법 큰돈을 벌었다. 그러나 그는 광고 기술자만은 아니다. 그는 자기 돈으로 공익광고를 제작하는데, 매년 50만 달러 정도를 쓴다고 한다. 1984년엔 미국의 가톨릭 후원 아래 교황의 메시지를 부각시킨 군비통제를 호소하는 광고를 제작하였는데,[37] 이런 기특한 활동 때문에 김수환 추기경이 슈와르츠의 말을 인용했던 건 아닌지 모르겠다.

　슈와르츠는 1959년 9월 27일 루리(Reenah Lurie)와 결혼하여 두 아이(Michaela, Anton)를 두었다. 그는 광장공포증(agoraphobia)이 있어서 맨하탄을 떠나지도 않고 건물도 5층 이상은 안 올라가며, 맨하탄을 떠날 땐 의사를 대동한다고 한다. 그래서 그에게 정치광고를 맡기려면 대통령 후보들까지 직접 그의 사무실을 찾아가곤 했다고 한다.[38] 그는 자신의 광장공포증과 관련하여 다음과 같이 말했다. "나는 장소(場所)엔 관심이 없고 사람에만 관심이 있다"[39]

36) 토니 슈와르츠, 심길중 역저, 『미디어 제2의 신』(리을, 1994), 196~197쪽. 국내 번역판엔 시청자의 수를 5만 명이라고 했으나 5천만 명을 실수로 그리 쓴 것 같다. Tony Schwartz, 『Media: The Second God』(New York: Anchor Books, 1983), p. 112.
37) 『Current Biography』, 1985 ed., p. 380.
38) Sidney Blumenthal, 〈Tony Schwartz: The Media Personality of Our Times〉, 『The Permanent Campaign: Inside the World of Elite Political Operatives』(Boston, Mass.: Beacon Press, 1980), pp. 118~119.
39) 『Current Biography』, 1985 ed., p. 380.

| 앤디 워홀 | Andy Warhol

'대중매체는 삶의 환경이다'

"비즈니스 아트는 예술 다음에 오는 단계이다. 나는 스스로가 상업적 예술가이기를 주장했고 …… 사업에서 성공한다는 것은 가장 매력적인 종류의 예술이다."

'대중매체는 삶의 환경이다'

강준만

'팝 아트'의 등장

적어도 20세기 중반 이후 전 세계적으로 대중문화는 엄청나게 번성하였지만 그만큼 고급문화는 쇠퇴의 길을 걸었다. 둘 사이의 대결은 원초적으로 불가능한 것이었다. 오직 타협만이 있을 뿐이었다. 의도적이었건 결과적이었건, 그러한 타협은 '팝 아트'(pop art)라고 하는 새로운 영역을 탄생시켰다. 우리에게는 미국의 미술가 앤디 워홀이 실크 스크린으로 찍어 만든 마릴린 몬로와 존 케네디의 얼굴들로 잘 알려진 '팝 아트'는 영국의 미술평론가 로렌스 알로웨이가 1950년대 초에 처음 사용한 용어이지만, 그것이 세상 사람들의 큰 관심을 끌게 된 건 60년대부터였다.[1]

---

1) 존 A. 워커, 정진국 옮김, 『대중매체시대의 예술』(열화당, 1987), 23쪽.

기존의 고급문화 영역에서 대중문화에 대한 긍정적 반응이 가장 잘 나타난 경우라고 볼 수 있는 팝 아트의 표현법에는 유화, 조각, 꼴라쥬, 판화 등 시각예술의 여러 작업들이 포함된다. 팝 아트는 현실 자체를 대상으로 하지 않는다. 그래픽 디자인이나 대중매체 가운데에서 발견되는 가공된 현실을 음미의 대상으로 삼을 따름이다. 따라서, 거기에서는 광고·디자인·회화의 경계가 모호해진다.[2]

이는 현대 도시민들에게 자연이 거의 완전히 인공적인 것으로 대체되었다는 것을 의미한다. 사실 도시에서 자연을 어떻게 만날 수 있는가? 건물 옥상 위의 나무들? 그렇다. 자연마저도 인공적으로 만들어진다. 그런 인공적인 자연마저도 많진 않다. 우리는 광고와 TV와 그 밖의 매체들로 가득 찬 숲에서 살고 있다고 해도 지나친 말은 아닐 것이다. 요컨대, 고급문화의 환경 자체가 변화되었다는 뜻이다. 그렇게 본다면 팝 아트가 런던과 뉴욕 등 서구 소비사회의 중심지에서 발생했다고 하는 건 너무도 당연한 일인지 모른다.

그러나 팝 아트가 처음 선보였을 때, 일부 비평가들은 그것이 상업적 작가들의 작업을 모사하는 표절이라고 비난하였으며,[3] 또 어떤 비평가들은 팝 아트가 피상적이며 퇴폐적인 예술 형식이라고 비판했다. 자본주의와 소비주의의 가장 좋지 못한 측면들을 무분별하게 재현하고 찬양하는 '반동적 현실주의'라는 것이다.[4]

---

2) 존 A. 워커, 정진국 옮김, 『대중매체시대의 예술』(열화당, 1987), 23쪽.
3) 이 표절 혐의에 대해 영국 미술사학자 존 워커는 다음과 같이 말한다. "팝 미술가들이 기존의 이미지들을 차용할 때, 그들은 그 이미지들을 하나의 맥락에서 떼어내 다른 맥락에 위치시킨다. 그리하여 '재맥락화 recontextualization'라는 용어가 등장한다. 분명 이미지의 의미는 그것을 다른 이미지들과 나란히 배열하여 새롭게 구성함으로써 바뀔 수 있다. (꼴라주가 바로 그러한 새로운 형태이다.) '맥락'은 미술계를 의미할 수도 있다. 마르셀 뒤샹이 레디 메이드를 발표했을 때처럼, 소비제품을 백화점에서 미술관으로 위치 이동시키는 것은 의미의 변화를 필연적으로 일으키게 된다." 존 워커, 장선영 옮김, 『매스 미디어와 미술』(시각과 언어, 1998), 57~58쪽. 이 책은 『대중매체시대의 예술』의 개정판이다. 영국에서 『대중매체시대의 예술』은 1983년에 나왔고 개정판은 1994년에 나왔다.
4) 존 A. 워커, 정진국 옮김, 위의 책, 30쪽.

그러나 그렇게 일방적으로 비판하기에 앞서 1950년대와 1960년대의 시대 상황을 좀 감안해줄 필요가 있을 것 같다. 50년대와 60년대 서구 소비사회의 풍조를 극명하게 요약해주는 표어는 "나는 소비한다. 고로 나는 존재한다"였다.[5] 영국의 선구적 팝 아티스트인 리차드 해밀턴이 50년대에 "순수 예술가이기를 고집하는 것은 정신분열증 환자처럼 자기 분열을 감내하겠다는 것과 다르지 않다"[6]고 말한 것도 아마 그런 시대적 상황을 무시하는 것에 대한 항변이었는지도 모른다.

같은 맥락에서 팝 아트의 소비주의에 대한 찬양은 50년대와 60년대 서구의 생활수준에 괄목할 만한 증진이 있었기 때문에 정당화될 수 있다고 말하는 사람도 있다. 또 팝 아트에는 어느 정도 우상파괴적인 면이 있어, 그때까지 경시되던 상업적 예술을 사용하여, 고급문화의 영역 속에 일종의 '억압받던 것'을 복귀시켰다는 것이다.[7]

대부분의 팝 아티스트들은 프티 부르주아와 노동계급 출신이다.[8] 순수 미술가들과 동일한 사회적 지위를 향유하지 못했던 이들은 일반 대중을 위한 미술을 생각해냈는데, 이러한 팝 아트에 관한 논의는 1950년대 초의 런던에서 '독립단체 The Independent Group(IG)'[9]로 자처하는 지식인들 사이에서 활발하게 이루어졌다. 그들이 갖고 있던 문제의식은 다음과 같은 것이었다.

> IG는 피라미드와 같은 문화의 위계적 개념─제일 밑에는 저급문화 그리고 정상에는 고급문화가 있는─이 민주적, 산업적 사회에서는 낡은 개념이 되었으며 반위계적 연속체, 즉 순수미술과 민중미술 popular

---

5) 존 A. 워커, 정진국 옮김, 앞의 책, 39쪽.
6) 존 A. 워커, 정진국 옮김, 앞의 책, 31~32쪽.
7) 딕 헵디지의 주장을 워커가 소개한 것임. 존 A. 워커, 정진국 옮김, 앞의 책, 47쪽.
8) 존 워커, 장선영 옮김, 『매스 미디어와 미술』(시각과 언어, 1998), 75쪽.
9) '팝 아트'라는 용어를 처음 쓴 로렌스 알로웨이도 IG의 회원이었다.

arts이 동등한 조건에서 나란히 존재하는 수평적 띠나 스펙트럼으로 대체될 것이라는 결론에 도달했다. 즉 오페라는 록 음악보다 우수한 것이라기보다는 단지 다른 종류의 음악일 뿐이다. 이러한 선상에서 전통적인 순수 미술은 규범적인 지위를 상실한다. 다양한 미디어와 미술 형식들이 점점 더 상호작용하게 되고 미술적 표현이 성격상 더욱 멀티 미디어적으로 된다는 생각은 너무나 중요하다.[10]

워홀은 사기꾼?

과연 어느 쪽의 견해에 더 높은 점수를 줄 것인지 그건 독자들의 판단에 맡기기로 하고 이제 팝 아트에 관한 논란의 중앙에 위치한 앤디 워홀이라는 인물에 대해 알아보기로 하자. 1994년 호암갤러리에서 워홀의 작품 전시회가 열린 적도 있거니와 워낙 기행(奇行)으로 유명한 인물이라 워홀이라는 이름이 우리에게 그리 낯설지만은 않을 것이다.

앤디 워홀의 본명은 체코슬로바키아식 성을 따른 '앤드류 워홀라 (Andrew Warhola)'이다. 그는 1928년 9월 28일 펜실베이니아주 스크랜톤 북동부에 있는 작은 마을 포리스트 시티에서 태어났으며, 그의 아버지 온드레이 워홀라는 1912년 체코에서 펜실베이니아 탄광지대로 이주해 광부로 일했다.

워홀은 고등학교를 졸업한 1945년 가을 피츠버그의 카네기 공과대학에 입학해 49년 여름 공립학교의 미술교사가 되겠다는 꿈을 안고 졸업했다. 그러나 그는 자신의 꿈과는 다른 길을 걸었다. 그는 처음엔 백화

---

10) 존 워커, 장선영 옮김, 『매스 미디어와 미술』(시각과 언어, 1998), 46~47쪽. popular arts는 '대중 미술'로 번역하는 게 더 좋지 않나 생각한다. 한국에선 '민중 미술'이라고 그러면 진보적 색깔이 있는 미술을 연상하는 경향이 강하기 때문이다.

점에 취직해 진열장 장식 일을 하다가 뜻한 바 있어 단돈 2백 달러만을 들고 뉴욕으로 떠났다.

뉴욕에 도착하자마자 워홀은 당시의 인기 TV 토크쇼 진행자인 트루만 카포트에게 1년 동안 하루도 빠지지 않고 팬 레터를 보내며 "나는 언제 유명해지지"라는 말을 입버릇처럼 외고 다녔다. '앤드류 워홀라'라는 이름이 촌스럽다고 이름도 앤디 워홀로 바꿨다.[11]

워홀은 잡지 『글래머』의 기사 삽화를 그리면서 그 바닥에서 인정을 받기 시작했는데, 원래 성격은 소극적이면서 내성적이었으나 워낙 성공에 대한 열망이 강해 자기를 팔기 위해 매우 공격적으로 행동하였다. 그는 이미 1950년대 중반 유능한 패션 일러스트레이터로서 성공을 거둬 맨하탄 중심가에 제법 괜찮은 아파트를 마련할 정도가 되었지만, 그걸로 만족할 워홀이 아니었다.[12]

워홀은 1960년 〈슈퍼맨〉, 〈딕 트레이시〉 등 코믹 연재만화에 쓰인 그림들을 그렸지만 큰 성공을 거두진 못했다. 1962년이 그의 인생의 전환점이 되었다. 62년 가을 워홀의 첫 번째 뉴욕 전시회는 붉은 색의 엘비스와 마릴린 몬로를 소재로 삼은 작품을 전시했는데, 이게 성공을 거두어 그는 적어도 맨하탄의 미술 세계에서는 유명인이 되었다.

워홀이 그린 캠벨 수프 깡통, 코카콜라 병 그림도 큰 화제가 되었는데, 그게 미술 전시회의 형식을 통해 소개된 것에 분노하는 사람들이 많았다. 이 그림에 분노한 사람들은 워홀이 화랑이나 박물관을 슈퍼마켓으로 만드려는 야바위꾼, 사기꾼이라고 비난하였다.[13] 그러나 이들이 비난하는 포인트가 바로 워홀이 의도한 것이었으니 어찌 하랴. 카터 래

11) 김성화·권수진 엮음, 〈앤디 워홀: 코카콜라병을 그린 진짜 이유〉, 『상식의 파괴자들: 빌 게이츠에서 마이클 조던까지』(새길, 1995), 215쪽.
12) 폴 러셀, 〈앤디 워홀(1928~1987) "가장 사업적인 것이 가장 예술적이다"〉, 이현숙 옮김, 『The Gay 100: 소크라테스에서 마돈나까지』(사회평론, 1996), 207쪽.
13) 김성화·권수진 엮음, 위의 글, 217쪽.

압축된 '존재의 참을 수 없는 가벼움'

팝 아트

미키마우스·통조림·곡괭이 등 소재
조악함 속에 사물·일상 재음미
평론가들 "예술 아닌 상업" 비판도

20세기 중반 이후 전 세계적으로 대중문화는 엄청나게 번성하였지만 그만큼 고급문화는 쇠퇴의 길을 걸었다. 둘의 타협은 '팝 아트'(pop art)를 탄생시켰다. 앤디 워홀은 팝 아트에 관한 논란의 중앙에 서 있다. (『매일신문』, 1999년 4월 17일)

트클리프는 다음과 같이 말한다.

"로이 리히텐슈타인이 기존의 이미지를 세련되고 아이러닉하며 진지하게 다룬 반면 워홀은 자신의 예술에 있어서 세속적인 부분을 삭제하는 것을 거부했다. 이 때문에 많은 사람들은 국제적인 미술관들이 그에게 배려하는 예우에 분개했다."[14]

실크 스크린에 의한 대량 생산

워홀은 이왕 사기꾼 노릇을 하려면 큰 사기꾼을 하자고 작정했던 것 같다. 그는 1963년부터 사진을 이용한 실크 스크린 인쇄를 시작하였는데, 이건 무엇보다도 대량생산이 가능하다는 데에 큰 의미가 있었다.

14) 카터 래트클리프, 신지영 옮김, 『앤디 워홀: 팝 아트의 슈퍼 스타』(눈빛, 1995), 10~12쪽.

이와 관련, 미술평론가 로버트 휴즈는 다음과 같이 말한다.

> 수프 깡통을 그리는 일 자체가 딱히 급진적인 행위라 할 수 없다. 그
> 러나 워홀이 급진적인 것은 수프 깡통을 생산하는 수단들을 그가 그림
> 을 생산하는 방식에 적용했다는 것, 즉 그림들을 대량 생산했다는 점이
> 었다. 그럼으로써 소비문화의 외관뿐만 아니라 그 과정도 꼭 닮은 소비
> 예술을 대량 생산해낼 수 있었다.[15]

워홀은 큰 성공을 거둬 자신이 스타가 되고 싶었다. 심하게 말하자
면, 단지 그것뿐이었다. 그러나 그의 성공은 워홀 개인의 성공만으론
끝나지 않았다. 미술계에 평지풍파(平地風波)를 몰고 온 것이다. 이에
대해 미술사학자 신지영은 다음과 같이 말한다.

"1960년대 초반, 워홀이 등장하기까지 미국 미술을 지배한 미술은 추
상표현주의였다. 즉 예술은 예술 자체로서의 독립된 지고한 목표를 지
니며, 이와 더불어 특권의식에 팽배해 있던 작가들은 자신만의 내적 세
계에 우월감을 지니고 미술이란 심오한 내적 세계의 표출이라는 관념에
사로잡혀 있었다. 따라서 미술은 지극히 난해하고도 주관적인 형태를
띨 수밖에 없었으며 그만큼 대중과 멀어질 수밖에 없었다. 이런 상황에
서 워홀은 만화·광고·헐리우드 스타 등, 대중문화를 고급 예술에 수
용하여 비개성적이고 객관적인 예술을 만들어냈다. 소재뿐 아니라 기법
에 있어서도 워홀은 획기적이었다. 대부분의 그의 작품은 실크스크린이
라는 상업적인 프린트 기법을 사용한 것이다. 처음에 고무도장이라는
원시적인 판화 기법을 사용하던 워홀은 점차 자신의 작품이 수공적인
분위기가 배제된 공산품같이 보이기를 원했다. 실크스크린은 '보다 강

---

15) 폴 러셀, 〈앤디 워홀(1928~1987) "가장 사업적인 것이 가장 예술적이다"〉, 이현숙 옮김, 『The
Gay 100: 소크라테스에서 마돈나까지』(사회평론, 1996), 208쪽.

력한 공장 조립대의 효과'를 추구하던 이러한 워홀의 열망의 결정체라고 할 수 있다. 이렇게 워홀은 소재뿐 아니라 기법에 있어서도 철저히 대중문화의 그것을 따름으로써 순수미술과 대중미술로 엄격히 구분되던 기존 예술의 불문율에 성공적으로 의문을 제기하였다. 또한 그의 구체적인 대중 이미지는 19세기 말부터 반 세기 이상 추상에 몰입되어 있던 서구 미술에 형상을 부활시키는 계기를 마련하였고, 구상 미술을 표방하는 20세기 후반의 다수의 의욕적인 미술의 물꼬를 트는 전환점이 되었다."[16]

워홀의 사회풍자?

모든 사람들이 다 워홀을 사기꾼으로 매도한 건 아니었다. 일부 평론가들은 워홀을 상업예술의 기법을 사용해 대중문화의 진부함과 강한 잠식력을 폭로하는 사회적인 비평가로 평가하였는데, 이에 대해 미국의 미술비평가 카터 래트클리프는 다음과 같이 반론을 제기한다.

"사회풍자로서의 팝 아트라는 것은 워홀과 리히텐슈타인, 제임스 로젠키스트가 왜 대중문화에 그토록 집착하는지 설명하기 위해 미술비평가들이 만든 일종의 허구에 불과하다. …… '그는 자신이 그리고 있는 인물을 좋아할 뿐이다.' 무엇보다 워홀이 좋아하는 인물은 찬란하고 번쩍이는 인물—그리고 이것이 이미지라면 더욱 더 좋아한다—이라는 것을 이해하여야만 한다. 워홀은 스타를 좋아하는 것이다."[17]

아닌게 아니라 워홀은 젊은 시절 할리우드에 푹 빠져 있었다. 그가

---

16) 신지영, 〈역자 후기〉, 카터 래트클리프, 신지영 옮김, 『앤디 워홀: 팝 아트의 슈퍼 스타』(눈빛, 1995), 178~179쪽.
17) 카터 래트클리프, 신지영 옮김, 위의 책, 43쪽.

뉴욕에 도착하자마자 트루먼 카포트에게 팬 레터를 집요하게 보낸 것도 바로 그의 '스타 집착증'을 말해주는 것에 다름 아니었다. 그의 팝 아트 초기의 대부분의 소재가 할리우드 스타로부터 출발했다는 건 결코 우연이 아니었다.[18]

그러나 지금도 워홀의 '사회풍자'라고 하는 신화는 살아 있어 국내에서도 그렇게 소개된다. 보도자료에 근거하였겠지만, 1999년 12월 KBS2-TV가 『TV 문화기행』으로 〈20세기 뉴욕의 신화-앤디 워홀과 팝 아트〉를 방영하였을 때, 어느 신문의 프로그램 안내는 워홀을 다음과 같이 소개하였다.

"앤디 워홀은 단순한 화가를 넘어 20세기 도시 문명을 꿰뚫어 본 철학자였다. 그의 작품과 주소재는 코카콜라, 켐벨 통조림, 1달러 지폐, 마릴린 몬로 등 50, 60년대 자본주의 전성기의 대표적 이미지들. 이것은 또한 현대 소비사회에서 대량으로 반복 생산되는 이미지들이다. 앤디 워홀은 이런 이미지들을 예술의 원천으로 삼으면서 현대사회의 획일성과 몰개성을 비꼬았다."[19]

그러나 그런 '비꼼'은 결코 워홀의 의도가 아니었다. 워홀은 1964년 "만약 당신이 워홀의 모든 것을 알고 싶다면, 그저 내 그림의, 영화의, 나 자신의 표면을 보기만 하면 됩니다. 그것이 나입니다. 그 뒤에는 아무 것도 없습니다"라고 말한 바 있는데,[20] 이 말을 그대로 믿는 것이 타당할 것이다. 그건 결코 워홀의 겸손이 아니다. 당시는 '표면' 그 자체가 세상을 지배하던 시대였음을 잊어선 안 될 것이다. 물론 지금도 그때와 크게 다르진 않지만 말이다. 미국의 미술비평가인 카터 래트클리

18) 카터 래트클리프, 신지영 옮김, 앞의 책, 56쪽.
19) 송용창, 〈미 '팝아트' 신화 앤디 워홀〉, 『한국일보』, 1999년 12월 14일, 42면.
20) 이토 도시하루, 양수영 옮김, 〈은빛 죽음: 앤디 워홀〉, 『최후의 사진가들: 20세기 말 예술론』 (타임스페이스, 1997), 223쪽에서 재인용.

프는 워홀이 팝 아트가 성장하기 시작한 처음 20년 간의 그 모든 논란을 만들어냄으로써 세인의 관심을 자신에게 유도했다며 다음과 같이 말한다.

"1970년대, 워홀은 예술의 주제를 패션계와 연예계에서 구하였으며 이와 더불어 화려한 색채의 그의 초상화들은 한층 야한 분위기, 아니 저속한 느낌마저 풍기게 되었다. 그는 스타들의 인위적인 화려함을 폭로하는 데는 거리낌이 없었으나 이들에 대한 어떠한 평가도 유보하였다. 이것만이 그가 거부한 것이 아니다. 워홀은 자신의 예술이 자아를 표현하는 수단이 되는 것을 단호하게 거절하였다."[21]

코카콜라 병을 그린 이유

그러나 어떤 예술 행위에 대한 평가는 예술가의 뜻이나 의도와는 무관하게 이루어지기 마련이다. 워홀의 경우에도, 그의 작품이 갖는 미술사적 의미는 그의 의도와는 무관하게 존재하는 것이다. 카터 래트클리프의 말을 들어보자.

> 워홀은 한번도 작품을 사회비판용으로 제시한 적이 없다. 그는 주제에 대해 어떠한 변명도 하지 않았을 뿐 아니라 자신에 대한 변명은 더군다나 없었다. 그는 단지 주위의 요구에 응했을 뿐이며, 이러한 요구를 간파하는 데 있어서 가히 천부적이라고 할 수 있다. 1960년대초, 맨하탄의 미술계가 의도적으로 저속한 팝 이미지를 요구했을 때, 워홀의 계산이 가장 정확한 것이었음은 후일 세월이 증명해 준다. 팝 예술가들 중

---

21) 카터 래트클리프, 신지영 옮김, 『앤디 워홀: 팝 아트의 슈퍼 스타』(눈빛, 1995), 12쪽.

오직 그만이 모더니즘적인 세련됨과 작품의 통합적인 전체를 무시하였던 것이다. 그의 수프 깡통과 영화 배우·지폐 그림은 회화적인 고급 예술의 모든 전통을 거부하는 것이다. 따라서 이들은 당시 맨하탄의 예술 세계가 고심하고 있던 전통적인 가치에 대한 고뇌를 정확하게 반영하는 거울이 될 수 있었다. 1950년대 내내 뉴욕의 수많은 화가들의 정신적인 지주가 되었던 표현주의적인 고뇌와 폭발적인 자발성 그리고 끝없는 진지함은 더 이상 성취되기 어려운 것이었다. 키에르케고르적인 자기파괴적인 공포와 전율은 더 이상 고급 회화의 주된 주제가 될 수 없었다. 무표정한 워홀의 예술은 바로 전시대의 이러한 광적인 철학을 전적으로 무시하는 것이다. 그의 냉정함은 점차 확산되어 가는 회의를 결정적으로 만들었으며, 그가 전술적으로 사용한 일말의 동요도 없는 거리감은 그 이후로도 변함이 없었다. 따라서 그는 1960년대 초반을 가장 정확하게 강타한 예술가이며 화가·조각가·영화 제작자·예술 스타로서 다양한 경력을 펼쳐 나가는 인물이 될 수 있었다.[22]

사실 워홀에 대한 엇갈리는 평가는 비단 워홀에게만 한정되는 건 아닐 것이다. 많은 경우 '의미'는 비평가나 평론가들이 만들어내는 것이다. 나중에 예술가가 비평이나 평론을 보고서 "아, 내 작품에 그런 의미가 있었구나!"라고 깨달으면서 그 의미를 의식하고 그걸 강조하는 경우도 적지 않을 것이다. 그러나 워홀은 그것마저도 거부했다.

코카콜라 병을 그린 작품의 경우도 그렇다. 사람들은 "그렇지, 이것이 예술이라면 이 속엔 분명 무슨 심오한 뜻이 담겨져 있을 거야"라고 생각했지만,[23] 그 그림엔 아무 뜻도 없었다. 워홀은 코카콜라와 관련해

22) 카터 래트클리프, 신지영 옮김, 앞의 책, 44쪽.
23) 김성화·권수진 엮음, 〈앤디 워홀: 코카콜라병을 그린 진짜 이유〉, 『상식의 파괴자들: 빌 게이츠에서 마이클 조던까지』(새길, 1995), 211쪽.

실크스크린은 '보다 강력한 공장 조립대의 효과'를 추구하던 워홀의 열망의 결정체: 워홀이 급진적인 것은 수프 깡통을 생산하는 수단들을 그가 그림을 생산하는 방식에 적용했다는 것, 즉 그림들을 대량 생산했다는 점이었다. (『앤디 워홀』, 눈빛, 1995, 38, 42쪽)

다음과 같이 말했을 뿐이다.

"이 나라, 아메리카의 위대성은 가장 부유한 소비자들도 본질적으로는 가장 빈곤한 소비자들과 똑같은 것을 구입한다는 전통을 세웠다는 점이다. 이렇게 생각해보자. 즉 여러분은 TV를 시청하면서 코카콜라를 볼 수 있는데, 여러분은 대통령 또는 리즈 테일러가 그것을 마신다는 것을 알고 있으며, 여러분도 마찬가지로 그것을 마실 수 있다. 콜라는 그저 콜라일 뿐, 아무리 큰 돈을 준다 하더라도 길 모퉁이에서 건달이 빨아대고 있는 콜라와는 다른, 어떤 더 좋은 콜라를 살 수는 없다. 모든 콜라는 똑같은 것으로 통용된다. 리즈 테일러도 거렁뱅이도, 그리고 여러분도 그 점을 알고 있다."[24]

워홀을 '읽는' 다른 방법

위와 같은 말에서 굳이 그 어떤 '의미'를 찾아낸다면, '자본주의 예찬' 이외에 무엇이 있을까? 사실 워홀의 이런 점이 많은 사람들을 불편하게 만들곤 한다. 모른 척하면서 자기 돈이나 열심히 벌면 될 텐데, 꼭 그렇게까지 '자기 정당화' 논리를 일반화시켜야 직성이 풀리는 것인지!

영국의 미술평론가인 존 워커는 대량생산이 산업사회의 모든 사람들로 하여금 동일한 제품을 즐길 수 있게 하며, 문화의 평준화와 사회적 관습의 통일을 가져오기 때문에 워홀의 견해에 타당성이 없는 건 아니나 그의 정치사회적 이해는 지나치게 어설픈데다 순진하기까지 하다고 지적하고 있다. 즉, 워홀은 코카콜라와 같은 청량음료가 사회적으로 유익하며 필요한 것인지, 또 그것이 사회적 공익이 아니라 개인적 이익이라는 이해관계에 따라 제조된다는 사실에는 전혀 관심을 기울이지 않고 있다는 것이다.[25]

하기야 워홀에게 그런 관심을 바란다는 것 자체가 무리인지도 모른다. 그렇게 포기한 것인지, 워커는 워홀의 명백한 한계를 지적하면서도 그의 작품을 '읽는' 데에는 다른 시각이 있을 수 있다는 입장을 취하면서 다음과 같이 말한다.

---

24) 존 A. 워커, 정진국 옮김, 『대중매체시대의 예술』(열화당, 1987), 39쪽에서 재인용.
25) 존 A. 워커, 정진국 옮김, 위의 책, 40쪽.

"워홀의 가차없는 정직한 표현에는 비판적인 가치가 있다. 또한 직접적인 정치적 메시지를 가진 예들이 드물다는 사실에도 불구하고, 그의 특정 미술작품들에는 비판적인 내용이 있다. 몇 개의 실크-스크린 캔버스에는 시민권을 따낼 목적으로 시위 중인 흑인들을 구타하는 서방국가의 백인 경찰들이 기록되어 있다. 비록 워홀이 그러한 사건 자체보다 그러한 사건의 미디어적 재현에 더 관심이 있었다 하더라도, 그러한 회화들은 미국적 삶의 방식에 대한 긍정적인 선전은 분명 아니었다. 1964년 뉴욕 세계 박람회에 출품한 워홀의 〈가장 원하는 13명의 남자들 Thirteen Most Wanted Men〉은 바로 그러한 이유 때문에 검열을 당했다. 워홀 영화의 초도덕적이고 비도덕적인 내용—마약, 복장도착, 호모섹슈얼리티, 에로틱한 기괴한 짓—은 캠프, 즉 미국 중산층의 가치와는 상당히 다른 뉴욕의 하위 문화와 관련된 가치들을 지지했다. 워홀 영화 중의 몇몇은 뉴욕 바깥에서 상영이 금지되었다. 영국에서는 그에 대한 TV 다큐멘터리조차 검열의 대상이 되었다. 워홀을 비난하는 사람들은 그의 작품이 소비주의를 무비판적으로 찬양한다고 해석한다. 그러나 내가 보기에 그것은 워홀의 작품을 피상적으로 이해한 결과이다. 현대사회를 이해하고자 하는 사람들에게 워홀의 작품이 가치있다는 것을 증명해주는 대안적 읽기가 있다."[26]

'스타의, 스타에 의한, 스타를 위한' 삶

워홀의 관심은 시종일관 스타였다. 그는 1969년 가을에 잡지 『인터뷰

---

26) 존 워커, 장선영 옮김, 『매스 미디어와 미술』(시각과 언어, 1998), 73쪽. '캠프'에 대해서는 강준만, 〈해석은 예술에 대한 지식인의 복수: 수전 손택과 '감수성의 문화'〉, 『이미지와의 전쟁: 커뮤니케이션 사상가와 실천가들 1』(개마고원, 2000), 118~141쪽을 참고하십시오.

(Inter/View) : 앤디 워홀의 영화 잡지』를 발간했는데, 이 잡지는 "패션과 미술, 오락과 사회가 만나는 문화의 한 부분을 집중적으로 다루는 세련된 잡지"로서 "유명인들에 대한 소문과 이야기 거리, 그리고 우아한 사진으로 가득 차 있었다."[27]

70년대에 이르러 워홀은 그 자신이 이미 스타였다. 스타는 스타들끼리만 어울리는 법이다. 당연히 스타가 된 워홀은 자신이 열망하던 다른 분야의 스타들과 원 없이 교제할 수 있었다. 카터 래트클리프는 "나는 사회병을 앓고 있다. 나는 매일밤 외출을 하지 않고는 못 견딘다"는 워홀의 말을 인용하면서 "워홀의 유명인에 대한 욕망은 끝이 없었다"고 말한다.[28] 미술사학자 신지영은 워홀의 '스타의, 스타에 의한, 스타를 위한' 삶에 대해 다음과 같이 말한다.

> 감정을 드러낼 줄 모르는 무표정한 얼굴에 극히 인공적인 은빛으로 머리를 물들인 워홀은 기계의 효과를 추구하던 그의 팝 아트만큼이나 피상적이고 무개성적이다. 기존 예술가의 아틀리에의 상식으로 받아들이기 어려운 그의 작업실도 그 이름부터 파격적인 공장(팩터리)이었다. 그의 작업실은 완전 개방되어 있어 누구라도 원하기만 하면 그를 만날 수 있었다. 따라서 워홀의 팩터리에는 전위 예술가, 워홀 영화의 스타, 하버드대 출신의 엘리트에서부터 헐리우드의 스타를 꿈꾸는 배우 지망생, 심지어 유명인의 출입이 잦은 이곳에서 스타를 보고자 하는 일념으로 타이핑 등에 자원봉사하는 소녀들까지 다양한 층의 인물들이 섞여 있었다. 그러나 여기 모인 모두는 헐리우드의 삶과 신비를 쫓고 있었으며, 이들의 생활 패턴 또한 오후 느지막이 일을 시작하고 저녁부터 새벽까지는 파티에 쫓아다니는 헐리우드의 삶을 그대로 따르고 있었다. 결

---

27) 카터 래트클리프, 신지영 옮김, 『앤디 워홀: 팝 아트의 슈퍼 스타』(눈빛, 1995), 89쪽.
28) 카터 래트클리프, 신지영 옮김, 위의 책, 90쪽.

국 예술가로서의 워홀의 삶은 고고한 예술가의 그것이라기보다 대중 예술가, 즉 헐리우드의 스타의 생활에 더 밀착된 것이었다. 그러나 상식으로 받아들이기 어려운 워홀과 그의 예술에 대한 논쟁이 심화되면 될수록 그는 시종일관 바보스럽기까지 한 천진한 답변으로 일관했을 뿐이다. 결국 많은 사람들에게 있어서 워홀은 아무런 주관도 없이 수동적으로 대중문화를 쫓아다니는 기인(奇人)으로 비친 것도 사실이다. 그러나 돌이켜보면 이것이 우리 시대의 현주소이다. 대량생산과 물질적 풍요, 매스미디어의 범람 속에 사고와 행위까지도 이들에게 종속되어 있는 것이 바로 우리들 자신의 모습이기 때문이다. 실제로 대부분의 대중들은 머리 모양에서부터 옷차림, 사고방식에 이르기까지 미디어가 주도하는 유행을 추종하고 있으며, 미디어의 스타를 자신의 삶의 우상으로 삼고 있다. 따라서 워홀이 자신의 예술품으로나 자신이 삶으로 구현하였던 것은 바로 우리 시대의 팝 문화, 대중문화 그 자체라고 해도 과언이 아니다. 그는 자신의 삶에 있어서나 예술에 있어서 대중문화를 거부하기보다 오히려 이를 전적으로 수용함으로써 우리 시대의 충실한 '거울'이 된 것이다.[29]

그렇다. 그런 점에선 워홀은 매우 솔직한 삶을 산 것이다. 그는 1987년 2월 22일 뉴욕에서 담낭 수술 사흘 뒤 취침 중 심장마비로 사망하였는데, 그의 죽음을 포함하여 그의 인생 자체를 '스타 만들기'의 관점에서 보는 시각도 있다.

"그의 '스타 만들기'는 출생 연도에서부터 시작된다. 서류상 1930년 출생으로 돼 있지만 워홀은 이것이 위조된 것이며 자신은 1928년과 1931년 사이 어느날에 태어났다고 주장했다. 신비감을 조성하려는 의

---

29) 신지영, 〈역자 후기〉, 카터 래트클리프, 신지영 옮김, 『앤디 워홀: 팝 아트의 슈퍼 스타』(눈빛, 1995), 179~180쪽.

앤디 워홀 작품 「마릴린」.

스타 이용
슈퍼스타 된 화가

팝아트 대표적 작가 앤디워홀

「앤디 워홀」을 모르는 우리 있다. 하지만 우울병의 마릴린 먼로가 겨음조레 존을 쓰고 쎅시한 웃음을 날리고 있는 그니 필프 드드네 착색을 모르는 이는 드물 것이니

「스타를 이용해 슈퍼스타가 된 화가」라는 말에 겹낮게 타가르조의 대표적 여가가인 워홀은 생한에 대중적인 인기와 부를 함께 누렸다.

1965년 필라델피아 현대미술박물관에서 열릴 워홀의 외고된 오프닝에는 4천여명의 애호가들이 몰려 색색홍을 이루는 바람에 미술관측는 판매의 사고를 부려, 숍곡 워홀의 착품을 지울 수밖에 없었다.

공존 사람에게는 진사와 별시를 동시에 받는 그냥시한 제능들로부터는 이처럼 열광적인 환영을 받았다.

"여기(공장: 팩터리) 모인 모두는 헐리우드의 삶과 신비를 쫓고 있었으며, 이들의 생활 패턴 또한 오후 느지막이 일을 시작하고 저녁부터 새벽까지는 파티에 쫓아다니는 헐리우드의 삶을 그대로 따르고 있었다." (『매일신문』, 1999년 4월 17일)

도라는 의혹이 생기지 않을 수 없다. 어릴 적에는 신경발작을 세 번이나(?) 일으켰다. 거장들의 필수 조건인 정신병력까지 갖춘 셈이다. 이후 이름이 알려진 워홀은 롤링 스톤즈, 존 레논 등 인기 스타들과 함께 다니면서 자신을 스타와 동일시하는 작업을 계속했다. 여장한 사진을 공개하거나 영화를 찍어 끊임없이 화제를 만들어 갔다. …… 1965년 미

국 필라델피아에서 열린 개인전에서는 사람들이 너무 많이 몰려 작품이 손상될 것을 우려한 미술관측이 그림을 치워버리는 바람에 '그림은 없고 사람만 있는' 기이한 전시회가 연출되기도 했다. 워홀은 팬들에 둘러싸여 두시간동안 사인을 해주다 결국 뒷문으로 도망치기도 했다. 의도된 것은 아니지만 그의 스타 만들기는 뜻밖의 죽음으로 대미를 장식한다. 담낭 수술후 간호사가 다른 일에 정신이 팔려 있던 사이 증상이 악화돼 사망한 것이다. 이 일은 '타살 의혹'을 일으켜 한동안 미국 언론을 떠들썩하게 만들었고 그는 스타성을 사후에까지 발휘했다. …… 워홀 이후 작품 자체보다는 센세이셔널한 사건이나 기행 등 미술 외적인 것들을 이용, 작가가 스스로를 유명인으로 만들어가는 것이 미술계의 씁쓸한 현실로 서서히 자리잡게 됐다."[30]

1968년의 저격 사건

워홀의 삶 자체가 하나의 센세이셔널한 사건이었다고 해도 무리는 아닐 것이다. 특히 1968년의 저격 사건을 빼놓을 순 없을 것이다. 워홀은 언더그라운드 문화에 깊이 참여하였지만, 68년에 일어난 저격 사건은 그의 관심을 더욱 상류지향적인 것으로 만들었다.[31] 물론 이 저격 사건은 워홀의 이름을 세상에 더욱 널리 알리는 계기가 되었는데, 그 사건의 전말은 워홀의 삶만큼이나 다소 황당한 것이었다. 68년 6월 3일 오후, 캘리포니아에서의 강연 여행을 마친 워홀은 유니온 스퀘어의 '팩토리(Factory)'에 도착했는데, 그 이후 벌어진 상황에 대해선 일본의 미술사학자 이토 도시하루의 말을 들어보자.

30) 김가형, 〈미술산책: 팝 아트 작가 앤디 워홀〉, 『매일신문』, 1999년 12월 30일, 14면.
31) 『Current Biogrphy』, 1986 ed.

"팩토리의 단골손님인 젯드 죤슨과 발레리 솔라니스와 함께 엘리베이터를 타고 예술공장으로 가자, 거기에는 워홀의 매니져인 프레드 휴지스와 미술평론가인 마리오 아마야가 있었다. 곧 여배우 비바로부터 전화가 걸려왔고 영화계의 뜬소문 등을 흘려들으면서 워홀은 그 수화기를 프레드에게 넘겼다. 그 순간, 워홀은 귀청을 찢을 듯한 강한 폭발음을 들었고, 무엇이 일어났는지도 모르는 채 뒤를 돌아다보니 …… 발레리가 이쪽으로 총을 겨누고 우뚝 서 있었다. 그녀는 또 한 번 총탄을 발사했다. 워홀은 아직 자신이 총을 맞았는지 어쩐지도 모르는 채 쓰러져서, 책상 밑으로 기어들어가 숨으려고 했다. 발레리가 다가와서 다시 2발, 3발 발사했다. 총탄은 워홀의 폐와 배에 박히고 간장과 비장과 식도에까지도 그 파편이 흩어졌다."[32]

워홀은 목숨은 건졌지만, 2개월간의 병원 입원을 포함하여 1년여간 치료를 받아야 했다. 워홀의 영화에서 여배우 역할을 하기도 했던 발레리 솔라니스는 사건을 저지른 지 3시간 후 경찰서에 나타나 "워홀이 나의 인생의 너무나 많은 것을 좌지우지하였기 때문에" 그를 쏘았다고 말했다.[33]

일본의 미술평론가 테라야마 슈우지는 "뉴욕에서 가장 남성을 느끼게 하지 않는 언섹슈얼한 남자인 워홀을 발레리는 왜 '토막내려고' 했던 것일까. 『나, 남자』라는 여성해방 영화를 함께 제작했고, 가장 친근감을 느끼고 있었을 워홀을 왜 쏘지 않으면 안되었을까"라고 질문을 던지면서 다음과 같이 말한다.

"나는 솔라니스가 워홀에게 품고 있었던 이미지에서 패티쉬한 것을

---

32) 이토 도시하루, 양수영 옮김, 〈은빛 죽음: 앤디 워홀〉, 『최후의 사진가들: 20세기 말 예술론』 (타임스페이스, 1997), 216쪽. 도시하루의 책에는 이 사건 발생일이 1967년 6월 3일로 나와 있으나, 『Current Biography』 1986년판은 사건 발생일을 1968년 6월 5일로 기록하고 있다. 카터 래트클리프의 책엔 1968년 6월 3일로 나와 있어, 이걸 따르기로 했다.
33) 카터 래트클리프, 신지영 옮김, 『앤디 워홀: 팝 아트의 슈퍼 스타』(눈빛, 1995), 79쪽.

느꼈다. 즉, 그녀에게 있어서 워홀은 주물(呪物)이었던 것이다. 물론 워홀은 살아 있는 인간이며 사진이 아니다. 사진은 아니지만 그러나 복제적인 존재였다. 복제 가능한 살아 있는 인간, 앤디 워홀과 함께 일을 하면서 솔라니스는 항상 반응이 없는 것에 실망하며, 촉감을 요구해 왔다. 그러나 주물이라는 것은 간접적이며 유사적인 것에 지나지 않는다고 마르셀 모스는 말한다. 그것은 아무리 보아도 실체인 것처럼 보이지만, 실은 그 부재에 의해서 욕망을 자극한다. '수동의 앤디', '자기 소거(消去)의 앤디'의 전설은 실은, 워홀의 주물적 성격의 방증(傍證)에 지나지 않는다. 그리고 솔라니스는 그것을 깨닫게 됨으로써 권총의 방아쇠에 손가락을 건 것이다. 그녀는 주물을 쏘아서 실체를 불러들이고자 했던 것이며, 살아 있는 남자를 쏜 것은 아니었다."[34]

워홀 자신의 생각은 어땠을까? 그는 회복한 지 얼마 안 되어 가진 인터뷰에서 다음과 같이 말했다.

"눈 깜짝 할 순간이었다. 그 녀석을 1층에서 만나서 엘리베이터로 함께 올라왔다. 그런데 잠깐 뒤돌아 보았더니 …… 일이 벌어지고 말았다. 놀랐느냐고? 당연하지. 그렇지만 그보다 더 놀랐던 것은 그자가 나를 쏘기 위해 화장을 하고 왔다는 것이었지. 섬뜩할 정도로 예뻤다. …… 나는 누구도 정말로 원망해본 적이 없다. 발레리도 저 사건에 대해서 책임이 있다고는 생각하지 않는다. 흔히 있는 일이야. 총에 맞았을 때부터 모든 것이 꿈만 같다. 정말 살아 있는 것일까, 그렇지 않으면 죽은 것일까, 아직도 몰라. 줄곧 죽은 거나 다름없었기 때문에 공포 같은 건 느껴서는 안되는 건데, 그래도 지금 정말로 무섭다. 왜 그런지 나도 모른다."[35]

34) 이토 도시하루, 양수영 옮김, 〈은빛 죽음: 앤디 워홀〉, 『최후의 사진가들: 20세기 말 예술론』 (타임스페이스, 1997), 218쪽에서 재인용.
35) 이토 도시하루, 양수영 옮김, 위의 책, 218~219쪽에서 재인용.

이 사건은 워홀의 상류 지향성을 강화하는 이외에 그의 작품에도 큰 영향을 미쳤다. 이토 도시하루는 이 '기적의 생환극'이 워홀의 심신에 커다란 영향을 끼쳤다며 다음과 같이 말한다.

1969년부터 70년에 걸쳐서, 종횡으로 깊은 상처와 이음매를 남긴 파괴의 흔적과도 같은 자신의 몸을 사진가 리차드 아베든과 초상화가 알리스 닐에게 피사체로서 내놓았던 일 같은 것도 그 증거라고 말할 수 있을지 모른다. 워홀은 바로 자신을 죽은 오브제로서, 막을 내리려 하는 60년대의 폭력과 죽음의 상징으로서, 미디어를 위한 입맛나는 토픽감으로서 드러낸 것이며, 그 이후 어지러울 정도로 미디어에 등장하는 것도 그 연장선상에 있다고 생각할 수 있을 것이다. 퇴원후 워홀은 성적인 것에 비정상적일 정도의 관심을 갖고 영화 『블루 무비』를 만들었는데, 이것은 외설로서 회수되고 말았다. 또한 워홀이 편집 책임자가 되어 유명인(seraph)지향의 잡지 『인터뷰』가 출판되기 시작했고, 70년대에 들어와서부터는 극작에도 손을 대어 1971년에 『보그』를 런던에서 초연했다. 1972년에는 드디어 회화 제작을 재개, 그 대부분이 믹 재거에서부터 모택동에 이르는 유명인들을 다룬 포트레이트 시리즈가 되었는데, 1976년에는 인간의 두개골을 모티브로 한 시리즈를 제작하기 시작했다. 말할 것도 없이, 두개골은 서양미술의 전통적인 소재이며, '죽음을 생각하라(Memento Mori)'의 정물화는 몇 세기에 걸쳐서 반복되어 그려져 나온 것이다. 워홀의 두개골 시리즈도 이런 전통을 바탕으로 그 색채를 바꾸고, 형태를 바꾸고, 모드를 바꿔서 20세기의 죽음의 상징을 코앞에 들이댄다.[36]

---

36) 이토 도시하루, 양수영 옮김, 앞의 책, 222~223쪽.

1998년 · 유럽에서의 워홀

워홀은 현대 사회는 "제임스 딘에게서 키스하는 법을, 제인 폰다에게서 남자를 유혹하는 법을 배우는 사회"라는 정의를 내린 바 있다.[37] 대중매체의 지배력은 워홀의 시대 이후 더욱 강화되어 온 게 아닐까?

워홀의 사후 10여 년이 지난 1998년, 워홀의 팝 아트가 유럽에서도 성황을 이루었다는 건 결코 우연은 아닐 것이다. 물론 유럽은 워홀에게 낯선 곳은 아니었다. 그의 '스타 사냥'(?)은 파리 패션계까지 목표로 삼았기 때문에,[38] 그는 파리에서도 왕성한 활동을 했었다. 어찌됐건 『한국일보』 98년 6월 16일자는 다음과 같이 전하고 있다.

"유럽 미술의 전통이 깊은 스위스 바젤에서 미국의 팝아트 전시가 줄을 잇고 있다. 자국경제의 장기 호황에 힘입어 미국 콜렉터들이 활발히 미술품 수집을 시작했고 덩달아 미국 미술에 대한 관심도 새롭게 부각되고 있다. 더욱이 지적 침체에 빠진 유럽 화단이 팝아트의 대중성에 주목, 당분간 팝아트의 인기는 식지 않을 것이란 게 평론가들의 분석이다. 엄청난 양의 고전 및 인상파작품 콜렉션으로 유명한 바젤의 쿤스트뮤지엄에서 7월 19일까지 열리고 있는 앤디 워홀(1928~1987)전은 1942년부터 87년 사이의 작품 230여점을 전시, 미술을 대중 곁으로 끌어들인 앤디 워홀의 작품세계를 상세히 조명하고 있다. 펜으로 그린 정물(50년대), 캠벨 수프 드로잉(60년대), 캠벨 수프 세리그라프(68년) 등을 통해 초기의 간결한 선이 실크 스크린 작업으로 변모되는 과정을 살펴볼 수 있다. '피카소 이후의 드로잉'(85년), '최후의 만찬'(86년)은 미국의 팝아트가 유럽 고전을 패러디 할 정도로 기세가 등등

---

37) 김성화 · 권수진 엮음, 〈앤디 워홀: 코카콜라병을 그린 진짜 이유〉, 『상식의 파괴자들: 빌 게이츠에서 마이클 조던까지』(새길, 1995), 216쪽.
38) 예컨대, Alice Rawsthorn, 『Yves Saint Laurent: A Biography』(New York: Doubleday, 1996)엔 워홀의 이름이 20여 군데 넘게 등장하고 있다.

해졌다는 사실을 입증한다."[39]

사실 워홀은 미국과 유럽의 관계에서 대단히 중요한 의미를 갖는 상징적인 인물이다. 오랫동안 유럽은 미국을 경멸해왔다. 친미주의자인 프랑스의 우익 지식인 기 소르망은 유럽의 반미주의자들에 의해 비판되어 온 미국의 특징은 그 자체가 미국적인 것이라기보다는 모더니즘의 징후라고 말한다. 그는 "반미주의의 모습을 한, 이러한 현대에 대한 거부"를 설명하기 위해 워홀의 팝 아트를 들고 있다. 물론 그의 주장에 동의할 필요는 없다. 미국과 유럽의 전통적인 관계에서 워홀이 그 어떤 상징적인 역할을 하고 있을 수도 있다는 걸 이해하는 것으로 족할 것이다. 기 소르망은 다음과 같이 말한다.

"소비시대의 가장 상스러운 물질들, 수프 깡통, 케첩, 스타의 사진 등을 여러 개로 복사해 재창출하고선 예술이라고 주장한다. 예술은 예술인데 대중적인--팝 아트--예술이었고 의도적으로 의미 없도록 만든 것이었다. 유럽의 미학 전통 자체를 부인하는 것이었다. 코멘트라고 달아놓은 글은 '미래에는 모두가 15분 동안 텔레비전의 유명 인사가 될 수 있을 것이다' 등이다. 워홀은 예술의 모든 의미를 부정하고 엘리트라는 개념 자체를 조소한다. 침례교 목사들이 우리 모두가 신이라고 선언한 후, 이제는 워홀이 '우리는 모두가 예술가'라고 주장한다. 팝 아트는 새로운 미국 종교의 미학적 구성 요소가 된다."[40]

---

39) 박은주, 〈유럽화단 '달러파워' 미 팝아트전 성황〉, 『한국일보』, 1998년 6월 16일, 13면.
40) 기 소르망은 뒤이어 다음과 같이 말한다. '문화제국주의론'에 관심이 있는 독자는 참고할 만한 의견임엔 틀림없다. "할리우드 산업에도 위의 설명이 적용된다는 점을 증명하도록 해보자. 미국 밖에서 미국의 영화, 텔레비전, 캐릭터 산업, 여가산업이 성공을 거둔다는 점을 상기해보자. 흔히들 그것은 세계시장과 인간의 정신을 정복하려는 미국의 의도적인 섬세한 전략 탓이라고 생각한다. 그럴 수도 있지만 미국은 중심축이 없다. 따라서 외부에서 보기에는 국가적 의지인 것처럼 보이는 것도 실은 분산된 전략의 우연적 총합에 지나지 않는다. 국가와 민간분야 간의 협력은 미미하고 기업 간의 경쟁은 치열하다. 국가 자체도 국가단위 또는 지역단위 관료체계, 시민기관, 군사기관으로 분할되어 있어 전쟁 상황을 제외하고는 개인의 이익을 추구하기 바쁘다. 따라서 미국산 문화상품 또는 여가상품이 시장을 지배하는 것은 제국주의적 전략이 아니라 시장의 법칙에 의거한 것이다.

영화제작자로서의 워홀

오늘날 워홀에 관한 이야기는 영화 쪽에서도 끊임없이 거론되고 있다. 그가 워낙 별난 영화 이론가요 제작자였기 때문이다. 1999년 말, 영화평론가 한상준은 워홀의 영화에 대해 다음과 같이 말했다.

"20세기의 끝자락에서 팝아트를 대표하는 미술가 앤디 워홀이 다시 주목받고 있다. 특히 그의 예술세계를 창조하게 된 뉴욕에서는 대규모의 전시회가 열려 많은 팬들을 끌어모으고 있다는 소식도 들린다.

앤디 워홀이 미술뿐 아니라 영화 쪽에서도 오랫동안 활동을 했다는 사실을 모르는 사람은 이제 별로 없다. 그가 카메라를 한자리에 고정시키고 뉴욕의 엠파이어 스테이트 빌딩을 8시간 동안 찍은 뒤 영화 『엠파이어』를 만들었고, 잠자는 남자를 그대로 기록한 6시간 길이의 영화 『잠잔다』를 만들었다는 사실 정도는 지금은 상식으로 통한다. 그러나 그의 영화 대부분은 극단적인 실험 영화들이기 때문에 정작 볼 기회는 별로 없다.

그래서 워홀의 영화들은 단순한 호기심의 대상으로, 이를테면 해외토픽난을 통한 가십거리처럼 이해될 뿐이다. 그러나 영화의 역사에서 워홀이 점하는 위치는 일반적인 예상보다는 훨씬 비중이 있다. 그는 1963년에 만든 첫 작품 『잠잔다』에서 오랫동안 내려오던 미국 전위영화의 전통을 한순간에 부수어버렸다. 즉 그때까지의 미국 전위영화들은 한 명의 개인이 가진 무의식적 심리 상태를 영상으로 그리는 것을 큰 특징으로 하고 있었다. 따라서 대부분은 꿈과 같은 세계를 그리고 있었다. 즉 개

미국이 수출하는 모든 것은 사전에 미국에서 시험된 것이고, 방대한 시장을 가진 미국은 물질적 또는 정신적 실험을 원하는 만큼 할 수 있다. 혁신을 실험할 수 있는 이 거대한 장으로 인해 미국은 창조력을 가지게 된다. 이는 특별한 국가적 천재성이라기보다는 세계의 크리에이터들이 이 곳에서 개방과 성공의 보상을 얻게 된다는 확신을 가지고 몰려들기 때문이다." 기 소르망, 박선 옮김, 『열린 세계와 문명창조』(한국경제신문사, 1998), 157~158쪽.

앤디 워홀, 엠파이어 스테이트 빌딩을 찍다

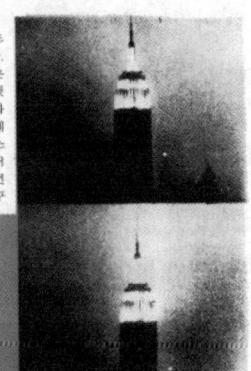

1954년 봄 뉴욕 언더그라운드는 혁신적인 기운이 감돌고 있었다. 그곳에서 만들어지는 영화들은 지구상의 그 어느 곳의 영화들과도 다른 것이었다. 그곳에서 만들어지는 새로운 영화들은 어제까지의 영화라는 개념 그 자체에 도전하고 있었다. 실험영화의 '大도 조나스 메카스'는 그의 잡지 『필름 칼처』를 통해서 실험영화들을 지원하고 있었다. 그곳에서는 언제나 언더그라운드의 시네아스트들이 모여 새로운 실험을 꿈꾸고 있었다. 그 자리에 앨런 긴즈버그, 그레고리 코소, 레로이 존스, 잭 스미스, 그리고 앤디 워홀이 모였다.

앤디 워홀은 그 자리에서 새로운 프로젝트를 제안했다. 엠파이어 스테이트 빌딩을 찍는 것이었다. 워홀에게 문제는 언제나 무엇을 찍느냐가 아니라 어떻게 찍느냐였다. 워홀은 엠파이어 스테이트 빌딩을 단 한 쇼트로 찍을 참이었다. 카메라의 변화도 없이 그저 세워진 카메라 앞에 그냥 우두커니 서서 아무런 움직임도 없이 서 있는 엠파이어 스테이트 빌딩을 찍을 것이었다. 물론 밤을 새워 찍을 작정이었다. 그러나 이 촬영은 카메라라는 기계적인 한계에 먼저 부딪쳐야 했다. 우선 계속해서 필름 롤을 새로 갈아 끼워야 했으며, 30분 단위로 카메라 모터를 위해 전기 발전기를 마련야 했다. 그러니까 〈엠파이어〉는 완전히 연속적인 이미지들이 이어지는 영화는 아니다. 그 자리에 모인 모든 사람들은 앤디 워홀의 〈엠파이어〉 프로젝트에 동의한 것은 아니다. 앤디에게 질문했다. "도대체 왜 엠파이어 스테이트 빌딩을 찍어야 하는데?" 앤디는 간단명료하게 대답했다. "엠파이어 스테이트 빌딩은 스타니까."

7월 25일 엠파이어 빌딩의 맞은편에 자리한 록펠러재단 빌딩 타임 라이프 빌딩에 올라간 사람은 앤디 워홀과 18세의 나이로 그곳에 참여한 존 팔머, 그리고 촬영을 맡은 조나스 메카스였다. 촬영을 시작한 시간은 저녁 8시 10분이었다.

다른 모든 앤디 워홀의 무성영화처럼 〈엠파이어도 일초에 24프레임으로 촬영되어 상영할 때에는 일초에 16프레임으로 보여졌다. 〈엠파이어〉의 실질 상영시간은 8시간이 넘는 것으로 상영전부터 그 악명을 높였다. 이 영화의 첫번째 시사는 그 이듬해 3월 6일 시티 홀에서 이루어졌다. 이날 앤디 워홀의 새로운 영화를 보려기 위해서 모여든 사람은 이백명이었다. 한 시간이 지나자 차례로 사람들은 퇴장하기 시작하였다. 그리고 아침내 8시간의 상영이 다 끝났을 무렵 영화관에 남은 사람은 50여 명 남짓이었다. 그들은 영화관에서 들락날락 거리면서 샌드위치와 맥주를 마시면서 그 영화를 즐기고 있었다. 물론 그 자리에 앤디 워홀도 있었다.

수의 상영시간을 지닌 영화 〈엠파이어〉를 기존의 개념으로 감상하려면 초인적인 노력을 요구할 것이다. 그것이 할리우드 대중영화가 아니라면 유럽의 아트 하우스 필름의 팬이라도 8시간 동안 그저 명멸하며 빌딩을 바라본다는 것은 거의 고역이라고 싶은 일이다. 그러나 〈엠파이어〉는 상영시간이 지날수록 관객들을 지루하게 만들면서 오히려 새로운 영화 감상 방법을 일깨워주었다. 이 영화에서 재미를 원한 사람들은 가장 먼저 퇴장하였다. 종종 앤디 워홀은 자신의 영화를 통해서 관객들의 파격적인 수동성을 담았다. 아니면 예상치 않은 누드 장면을 장면값 보여주면서 미학적인 스캔들을 만들어 오곤 했었다. 그는 그를 찍은 사람들은 예술영화 애호가들이었다. 그들에게 매일 마주하는, 엠파이어 스테이트 빌딩은 아무런 지적 흥분을 일으키지 못했다. 그런데 화면을 바라보는 사람들은 점점 지루해져가 그들의 관심을 다른 곳으로 돌리기 시작했다. 그들은 자기도 고, 집담을 하고, 먹을 것을 사기 위해 공간에 퇴장하기도 하고 그리고 가끔씩 화면을 바라보았다. 점점 더 화면은 그들의 관심을 끌지 못했다. 그러다가 어느 순간 현실 속의 엠파이어 스테이트 빌딩처럼 영화 화면의 엠파이어 스테이트 빌딩은 분명히 이들 곁에 있으면서 아무 것도 아닌 것이 되었다. 〈엠파이어〉의 스타는 엠파이어 스테이트 빌딩이지만, 이 영화의 개념은 공기일 것이다. 그것은 화면이 아니라 시간 안에 존재하는 것이다. 그 시간 안에서 이미지는 그 아무 것도 아닌 존재들을 아무 의미도 없이 재현한다. 앤디 워홀은 폴라로 의 동료 벽화에 의미를 영화 그 자체의 조건으로 보여주었다. K

▶정성일

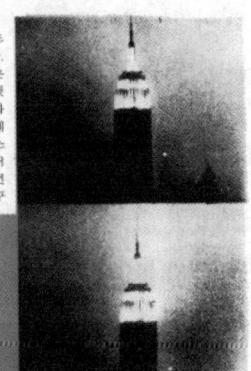

> " '도대체 왜 엠파이어 스테이트 빌딩을 찍어야 하는데?' 앤디는 간단명료하게 대답했다. '엠파이어 스테이트 빌딩은 스타니까.' " (『KINO』, 1999년 5월호)

인의 주관성이 아주 중요했다. 그러나 워홀은 꿈이 아니라, 꿈을 꾸는 사람을 기록했다. 그는 중요한 것은 개인의 생각이 아니라 대중의 집합적 마인드라는 지점에서 출발했다. 그래서 누가 만들어도 별 차이가 없을 영화들을 연달아 만들었다. 앤디 워홀은 더 나아가 한 편의 영화를 통제하는 사람이 감독이라는 생각까지도 뒤엎었다. 즉 연출자가 없는 영

화를 만들려했던 것이다. 그래서 그는 영화를 만들 때, 카메라를 틀어놓은 상태로 그냥 집으로 가버리는 경우도 많았다. 『엠파이어』나 『잠잔다』를 비롯한 대부분의 작품들은 모두 연출자가 부재한 상태에서 만들어진 영화들이다. 재작년엔가 장선우 감독이 『나쁜 영화』를 만들었을 때, 위홀의 영화 같다는 평도 있었다. 연출자가 개입하지 않는 영화를 만들고자 한 장 감독의 의도가 위홀의 경우와 비슷했기 때문이었다."[41]

사실 위홀의 1964년작 『엠파이어』처럼 황당한 영화가 또 있을까. 영화평론가 정성일은 다음과 같이 말한다.

"카메라의 변화도 없이 그저 세워진 카메라로 저 앞에 그냥 우두커니 서서 아무런 움직임도 없이 서 있는 엠파이어 스테이트 빌딩을 찍는 것이었다. 물론 밤을 새워 찍을 수도 있었다. 그러나 이 촬영은 카메라라는 기계적인 한계에 먼저 부딪쳐야 했다. 우선 계속해서 필름 롤을 새로 갈아 끼워야 했으며, 30분 단위로 카메라 모터를 위해 전기 발전기를 바꿔야 했다. 그러니까 『엠파이어』는 완전하게 연속적인 이미지들이 이어지는 영화는 아니다. 그 자리에 앉아 있는 모든 사람들이 앤디 위홀의 『엠파이어』 프로젝트에 동의한 것은 아니다. 앤디에게 질문하였다.

'도대체 왜 엠파이어 스테이트 빌딩을 찍어야 하는데?' 앤디는 간단명료하게 대답했다. '엠파이어 스테이트 빌딩은 스타니까' …… 『엠파이어』의 상영 시간은 8시간이 넘는 것으로 상영전부터 그 악명을 높였다. 이 영화의 첫 번째 시사는 그 이듬해 3월 6일 시티 홀에서 이루어졌다. 이날 앤디 위홀의 새로운 영화를 보기 위해서 모여든 사람은 이백명이었다. 한 시간이 지나자 차례로 사람들은 퇴장하기 시작하였다. 그리고 마침내 8시간의 상영이 다 끝났을 무렵 영화관에 남은 사람은

---

41) 한상준, 〈영화이야기 앤디 위홀의 영화들: 미국 '전위' 전통 한순간에 '파괴'〉, 『스포츠투데이』, 1999년 12월 21일, 33면.

50여 명 남짓이었다. 그들은 영화관에서 들락날락 거리면서 샌드위치와 맥주를 마시면서 그 영화를 즐기고 있었다. 물론 그 자리에 앤디 워홀도 있었다."[42]

이 영화에 어떤 의미가 있는지 나는 모르겠다. 다만 워홀이 다양한 방면에 관심과 더불어 재능이 있었다는 건 분명한 것 같다. 존 워커는 워홀의 바로 그런 점이 비평가들에겐 마이너스로 작용했다고 말한다.

"워홀을 소홀히 다루었던 비평가들은 워홀이 참여했던 엄청나게 많고 다양한 활동과 기획, 매체에 무관심하거나 그것을 무시했다. 한때 워홀은 그래픽 디자인과 벽지 디자인, 인쇄, 회화, 스틸사진, 레코드제작/록음악 그룹, 멀티-미디어 디스코, 조각, 영화, 에어 미술, 저서와 출판물, 인터뷰 잡지, 미술관과 상점 디스플레이, TV 광고방송과 프로그램들, 다른 미술가들과의 공동작업, 팝 음악 비디오에 몰두했었다. 즉, 워홀은 그의 다재다능함 때문에 신뢰를 얻지 못했다. 1960년대 초부터 1987년 그가 죽을 때까지 워홀은 자자한 세상의 평판 속에서 작업한 미술가였다.

아주 많은 다른 60년대 슈퍼스타들처럼 자신의 명성 때문에 망가지는 대신, 그는 자신의 목적을 위해 그것을 활용하였다. 만약 어떤 순수미술가가 미술과 대중문화간의 분리를 이어보고자 했다면 그건 바로 앤디 워홀이었다. 그는 당연히 매스 미디어의 명사가 되었다. 그가 죽은 이후에도 미디어에 대한 관심은 지속되었다. 올리버 스톤 Oliver Stone의 1991년 영화 『도어즈 The Doors』에서 워홀의 역을 한 배우가 연기했다."[43]

42) 정성일, 〈1964년 7월 25일 앤디 워호르 엠파이어 스테이트 빌딩을 찍다〉, 『KINO』, 1999년 5월호, 131쪽.
43) 존 워커, 장선영 옮김, 『매스 미디어와 미술』(시각과 언어, 1998), 70~72쪽.

'비즈니스 아트'와 대중문화

이처럼 워홀을 긍정적으로 평가하는 존 워커는 워홀을 비롯한 팝 아
티스트들의 팝 아트가 그것을 공격하는 사람들이 동의하고 있는 것보다
훨씬 복잡하고 모호하며 여러 뿌리가 뒤섞인 것이라는 점을 인정하면
서, 팝 아트에 대한 전면적 부정은 너무 성급한 것이라고 말한다.[44] 그
렇다면 어떻게 보아야 할까? 워커의 다음과 같은 진단에 동의하긴 어렵
지 않다.

산업사회에 맞는 산업예술(이를테면 팝 아트)을 제작하기 위해 예술
적 생산방식을 산업화한다는 것이 워홀의 명민함이었다. 또 이러한 통
찰은 지극히 이단적이며 불온한 조치이기도 했다. 왜냐하면 산업혁명
의 도래 이후, 문인들과 사회비평가들은 꾸준히 기계를 예술의 정반대
의 것으로서 간주해 왔으므로, 그같은 관점은 엄청난 위협이 아닐 수
없었다.

기계란 반복, 표준화, 자동화, 동일한 물건의 대량생산, 수공적 기술
의 붕괴, 그 순환 법칙의 단조로움, 비인간적 성격과 권태 등에 대한 노
동자의 종속 따위를 의미했기 때문이다. 이와는 대조적으로 예술은 개
성적, 인간적 표현, 독창성, 유일함, 숙련된 수공적 가치를 상징했다.
한마디로 예술이 인간성의 정수와 같은 반면, 기계는 비인간적 또는 반
인간적인 것이나 마찬가지라는 것이다. 화실을 공장으로 바꿔 놓으면
서, 기계에 대한 찬미를 공언하고 나서면서, 시시콜콜하고 뻔한 이미지
들을 가장 유효한 것으로 선택하면서, 자신은 별난 재능이나 솜씨를 지
니지 못했다고 주장하면서, 반복과 단조로움, 권태에 축복을 내리면서,
워홀은 예술과 예술가가 전통적으로 맺어 왔던 가치에 사실상 도전했고

---

44) 존 A. 워커, 정진국 옮김, 『대중매체시대의 예술』(열화당, 1987), 31쪽.

또 그것을 전도시켰다.[45]

위홀은 한 개인적 예술가가 아니었다. 그는 사무실과 많은 직원들을 거느린 사업체의 운영자였으며, '위홀'은 그의 이름인 동시에 일군의 상품에 붙여진 제조 상표였던 것이다.[46] 그래서 위홀도 자신의 작업을 '비즈니스 아트'(business art)라고 부르면서 다음과 같이 말했다.

비즈니스 아트는 예술 다음에 오는 단계이다. 나는 스스로가 상업적 예술가이기를 주장했고, 이제는 비즈니스, 즉 사업 예술가로서 끝마무리를 지으려 한다. …… 사업에서 성공한다는 것은 가장 매력적인 종류의 예술이다. …… 돈을 번다는 것은 예술이며, 일한다는 것도 예술이며, 훌륭한 사업은 최상의 예술인 것이다.[47]

워커는 위홀이 예술의 상업적 차원을 간파한 점에 주목한다. 위홀은 자본주의 제도 속에서의 예술의 자본주의적 본성을 기꺼이 정직하게 직시하려는 극소수 현대 예술가들 중 한사람이라는 것이다. 그래서 워커는 위홀이야말로 '자본주의 리얼리즘 작가'라고 부를 만하다고 말하고 있다.[48]

워커의 견해를 어떻게 평가하든, 우리는 문화의 '권력 이동'만큼은 겸허하게 받아들여야 할른지도 모른다. 고급문화는 대중문화에 의해 포위당했으며 곧 점령당할 위기에 처해 있다. 이건 무시하거나 비판만 한다고 해서 바뀔 수 있는 것이 아니다. 엄연한 현실이다. 그래서 대중문화를 숭상하자는 게 아니다. 대중문화의 현실적 위상과 무게를 인정하

45) 존 A. 워커, 정진국 옮김, 앞의 책, 42쪽.
46) 존 A. 워커, 정진국 옮김, 앞의 책, 45쪽.
47) 존 A. 워커, 정진국 옮김, 앞의 책, 45쪽에서 재인용.
48) 존 A. 워커, 정진국 옮김, 앞의 책, 46쪽.

자는 것이다. 즉, 대중매체는 우리 삶의 환경이 되었다는 것이다. 그걸 인정하고 들어가야 대중문화의 건전한 발전 방안도 논의되고 마련될 수 있을 것이다. ■

| 안드레이 타르코프스키 | Andrey Tarkovsky

영화예술의 철학자

"오직 감독이 사물에 대한 자신의 시각을 드러냈을 경우에만, 즉 일종의 철학자가 되었을 경우에만 감독은 예술가인 것이며 영화는 영화예술이 될 수 있는 것이다."

영화 예술의 철학자

고훈우 | 자유기고가 | [1]

오프닝 크레딧 : 군말

고유명사에 대해 국어사전은 이렇게 정의하고 있다. 고유명사(固有名詞)명 : 어느 한 물건이나 사람에 한하여 특유한 이름을 나타내는 명사(인명·지명 등). ↔ 보통명사. [2] 비트겐슈타인에 따르면 이러한 고유명사의 의미는 그 인물에 대해 행해지는 기술(記述)의 총체라는 의미를 지닌다. 말하자면 한 개인의 실존의 의미, 정체성은 기술어구로 표현되는

사회적 관계의 촘촘한 그물에 의해 포획된다는 의미이다.[3] 호랑이는 죽어서 가죽을 남기고 사람은 죽어서 이름을 남긴다, 라는 오래된 격언에서 '이름'은 이를 의미한다. 만약 비트겐슈타인의 이야기가 여전히 유용하다면 세상은 다양한 고유명사들의 집합, 그러니까 거대한 인명사전이라 할 수 있을 것이다. 물론 한 생애를 지나온 자국은커녕, 이름을 적어놓은 잉크마저 휘발(揮發)되어 그 어떤 편린조차도 찾을 수 없는 고아무개란 사람이 있는가하면, 안드레이 타르코프스키와 같이 시간의 파괴력에도 꿈쩍도 않는, 헌걸찬 이름을 섭새기는 사람도 있다.

어쨌거나 이렇다면, 안드레이 타르코프스키라는 이름의 의미는 다음과 같은 잉그마르 베르히만의 진술에 담겨 있는 것이라 볼 수 있다.

> 만약 영화를 예술이라고 부를 수 있다면 그것은 타르코프스키 같은
> 위대한 영상시인이 있기 때문이다. 타르코프스키야 말로 영화라는 매체
> 에 적합한 고유한 영상언어를 창조해 낸 가장 위대한 감독이다.[4]

타르코프스키의 영화가 국내에 공식적으로 소개된 것은 1995년 2월이었다. 그가 사망한 지 9년이 지난 뒤였다. 하지만 이미 그는 한국에 있는 소수의 영화 관계자들과 영화광들에게는 전설적인 존재였다. '성 베네딕트수도원 시청각종교교육회'에서 발행한, 『안드레이 루블료프(Andrei Rublev)』(1969), 『솔라리스(Solaris)』(1971), 『잠입자』(1979) 등과 같은 그의 영화의 비디오 테이프들이 유령처럼 시네마 떼끄(Cinema-theque)[5]를 배회한 지 오래였다. 그의 작품을 본 사람들은, 자신이 타르

---

3) 진중권, 〈패거리의 문화〉, 강준만, 『인물과 사상 15』(개마고원, 2000), 39쪽.
4) 최성일, 〈영화를 예술로 만든 구도자적인 영상시인〉, 『도서신문』, 1998년 1월 19일, 13면에서 재인용.
5) 실험영화극장을 말하는 것으로 보통 비영리 목적의 중·소규모의 영화단체가 운영한다. 때문에 종종 중·소규모의 영화단체를 시네마떼끄라고 일컫기도 한다..

코프스키 영화의 '정신적 당원(黨員)'임을 밝히는데 주저하지 않았다. 1995년 개봉한 『희생』은 이런 타르코프스키의 명성을 공식적으로 확인하는 절차에 불과했다. 아니, 타르코프스키의 후예임을 자처하던 사람들에겐 전설을 확인하는 엄숙한 제례(祭禮)의 순간이었음에 틀림없다.

#1 : 1995년 『희생』의 풍경

어쨌거나 1995년에 개봉된 그의 유작(遺作) 영화『희생』은, '86년 칸느영화제에서 심사위원회 대상 등 4개 부문을 수상한 화제작'이라는 언론의 호들갑 때문인지 그의 영화를 보러 온 관객수치고는 많은, 3만 명에 가까운 관객을 끌어들였다. 그 3만 명에 고 아무개 씨도 들어 있었다. 하지만 당시 군입대를 앞두고 극장 근처에서 아르바이트를 하던 고 아무개 씨는 이러한 사실은 알지도 못한 채, 한 장의 스틸 사진 때문에 이 영화를 봤다. 옅은 코발트 빛 바다와 백색(白色)이 스멀스멀 번진 하늘, 그 을씨년스러운 풍경을 어깨에 짊어지고 있는 듯한 앙상한 나무한 그루와 그 밑에 서 있는 소년이 담긴 한 장의 스틸 사진에 이끌려고 아무개 씨는 표를 끊었다.

"죽은 나무를 심고도 3년간이나 매일 물을 준 끝에 꽃을 피웠다"는 알싸한 전설을 손자에게 들려주는 롱 테이크 장면으로부터 영화는 시작했다. 영상의 긴 호흡은 무척이나 낯설었지만, 장면 하나, 하나에 새겨진 유려한 자연의 모습은 충분히 매혹적인 것이었다. 다만, 인간이 희망에 대한 믿음을 갖고 희생의 정신을 발휘할 때 구원을 받을 수 있다는, 너무나 뻔한 이야기가 마음에 들지 않았을 뿐이다. 그러나 요한 세바스티안 바흐의 『마태 수난곡』중 아리아 '주여 나를 불쌍히 여기소서'의 선율이 품고 있는 타르코르스키 특유의 시적인 영상들은 이 같은 불만을 갈음할 만큼 아름다웠다.

의외로, 극장 안의 많은 사람들이 망자(亡者)의 최후의 전언(轉言)을 진지하고, 엄숙하게 귀담아 듣는 듯했다. 명멸하는 스크린 너머에서 아득한 종소리처럼 들려오는 무거운 성찰(省察)의 읊조림에 그들은 옷깃을 여미고, 그 행간(行間)의 결에 자신을 비춰보고 있는 것 같았다. 그 들 중 한 사람은 그때의 흥분을 이렇게 전한다.

> 미국에서 돌아와 방송사 PD로 일하며, 창작의 기쁨은 조금도 없이 벽돌 공장에서 벽돌 찍듯 방송물을 만들던 1995년 봄, 국내에서 『희생』을 개봉했다. 우리나라 극장에서 타르코프스키 영화를 볼 수 있다는 것은 내게 단순한 기쁨 이전에, 상당히 큰 충격이었다. 개봉 첫날, 며칠 야근을 해댄 볼썽사나운 몰골이었던 나는 저녁 녹화를 끝낸 뒤 목욕탕에 가서 깨끗이 목욕하고 감색 양복 정장 차림으로 뤼미에르극장을 찾았다. 여덟명의 다른 관객들과 함께 한글 자막이 들어간 『희생』의 마지막회를 보고 나오니, 강남의 하늘은 푸득푸득 빗줄기로 그득했다.
>
> 습관처럼 또 궁금해졌다. 내가 제일로 치는 감독은 누구일까? 내 나이 이제 서른 다섯이니 내 살아 있는 시간 중에서 제법 긴 시간 동안 대답을 찾으려고 애쓴 셈이다. 그러다 어느 순간 갑작스레 인정해버린 것이다. 내가 제일 좋아하는 감독은 바로 타르코프스키였다고. 이제서야 마음 편하게 내 안의 타르코프스키를 인정하게 된 나는 마침내 어른이 돼버렸는지도 모르겠다. 나는 무엇을 위해, 혹은 누구를 위해 희생할 수 있을까? 다시 한번 세월이, 나이가 그 해답을 내게 던져줄 날을 기대해 본다.[6]

기존의 영화 문법과는 전혀 관계가 없는 내면적인 성찰과 세상에 대

---

6) 유순환, 〈10년 동안의 화두, '희생'(The Sacrifice)〉, 『씨네 21』, 1996년 6월 29일, 70면.

책으로 만나는
사상가 25

[봉인된 시간]의 안드레이 타르코프스키

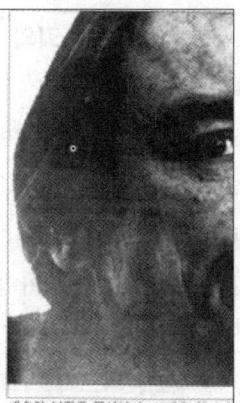

"만약 영화를 예술이라고 부를 수 있다면 그것은 타르코프스키 같은 위대한 영상시인이 있기 때문이다. 타르코프스키야말로 영화라는 테마에 직면한 고유한 영상언어를 창조해낸 가장 위대한 감독이다." 스웨덴 출신의 세계적인 영화감독 잉게마르 베르히만은 타르코프스키를 이렇게 평했다.

안드레이 타르코프스키(1932~1986)의 영화가 국내에 공식적으로 소개된 것은 1995년에 들어서서다. 그때까지 그는 소수의 영화 관계자들에게만 알려진 전설적인 존재였다. 전설적이란 평판은 엄밀한 객관적 검토를 거치면 깨지게 마련이다. 소문난 잔치에 먹을 것이 별로 없는 것과 같은 이치. 하지만 타르코프스키는 달랐다. 1995년 2월 개봉된 그의 영화

타르코프스키 책의 국내 번역서		
제목	펴낸곳	출간연도
봉인된 시간	분도출판사	1991
타르코프스키의 순교일기	두 레	1997

(知文化)라! 살림살이가 넉넉해야 문화를 안다는 것이 문화분석가들의 논리이다. 그들은 지금 알바노스 키아로스타미나 모던 마크발바프의 영화에 대해서는 어떤 포티표를 붙일까. 국민소득 5천달러 또는 3천5백달러 시대에 걸맞은 영화라고 과연 말할 수 있을까.

우리나라에서 타르코프스키는 극장 보다 서점에 먼저 등장했다. 그의 영화예술의 미학과 시학을 담은 책이 『희생』의 개봉에 4년 앞서 번역되었다. 『봉인된 시간』(분도출판사, 1991)은 영화인으로서의 직업관과 작업방식을 다루고 있

예술이 변화은 무엇인가, 그것은 한마디로 '시간을 빚어내는 것'이다. 따라서 가장 이상적인 영화는 '연대기(年代記)'의 형식을 취한다. 타르코프스키에게 '연대기'는 영화의 한 장르가 아니라, 삶을 재구성하는 하나의 방편이다. '시간을 빚어내는' 영화의 가장 근본적인 요소는 '관찰'이다. 영화의 형식을 지탱해주는 '관찰'은 '선별'을 전제로 한다.

그가 생각하는 이상적인 영화작업의 경우는 이렇다. 한 영화작가가 한 사람의 전생애를 모조리 촬영했다면, 여기에는 수백만미터의 필름이 들어갈 것이다. 편집과정을 통해 이 필름이 2천5백미터 정

타르코프스키는 영상으로 철학의 심연을 보여준 사람이며 영화를 단순한 매체가 아닌, 인간 내부에 침잠해 있는 순수를 견인하는 예술로 인식했던 사람이다. 그는 영화의 예술적 가능성을 그 극단까지 보여준 감독 중의 한 사람이다. (『도서신문』, 1998년 1월 19일)

한 관조적인 눈길로 영화의 예술적 지평을 넓힌 그는 문자가 아닌, 영상으로 철학의 심연을 보여준 사람으로 평가받는다. 영화를 단순한 매체가 아닌, 인간 내부에 침잠해 있는 순수를 견인하는 예술로 인식했던 타르코프스키의 영화는 항상 논란을 불러일으켰다. 영화는 과연 산업인가, 아니면 예술인가, 하는 해묵었지만 여전히 유의미한 논쟁(論爭)의 수풀 한가운데, 타르코프스키 영화는 커다란 호수처럼 놓여 있다. 그것은 타르코프스키야말로 영화의 예술적 가능성을 그 극단까지 보여준 감독 중의 한 사람이기 때문이다. 칸느와 베니스와 같은 세계적인 영화제에서 그를 주목한 것은 이러한 이유에서이다.

#2 : 타르코프스키의 소년 시절

안드레이 아르세니예비치 타르코프스키는 1932년 4월 4일 볼가 강변, 유레베쯔카 지역에 있는 자브라이예에서 태어났다. 그의 아버지 안드레이 아르세니예비치 타르코프스키는 소련의 유명한 시인이며 모스크바대학 교수였고, 어머니 마리아 이바노브나 비슈나코바는 인쇄소 교정공으로 일했다. 하지만 불행히도 1936년 아버지는 연득없이 가족을 떠나버리고, 타르코프스키는 어머니의 그늘 밑에서 누이 마리나와 함께 유년시절을 보내게 된다. 어머니는 정년 퇴직 때까지 인쇄소에서 교정 일을 하며 두 자식을 홀로 키웠다.

1939년 그는 모스크바의 초등학교에 입학하지만 가파르게 치솟기 시작한, 2차 대전의 성마른 위세(威勢)에 화들짝 놀란 그의 어머니는 어린 타르코프스키와 마리나를 고향 친척집으로 피난시켰다. 그의 아버지는 1941년 지원병으로 전쟁에 참전했다가 전쟁터에서 요행히 목숨을 건지기는 했지만, 대신 한 쪽 다리를 잃었다. 이렇듯 켜켜이 더껴 앉는 불행의 먼지로 인해 타르코프스키의 유년의 창(窓)은 어둡기만 했다. 애옥해진 살림살이로 인해 학업(學業)을 중단하기 일쑤였다.

그가 자란 자브라이예는 러시아의 여느 지역과 마찬가지로 비가 자주 오는 지역이었다. 아주 오랜 시간 동안 대지를 어루만지듯 내리는 비는 그의 음울한 유년의 갈피에 물기 어린 평안을 움트게 했다. 그는 하늘로 두 팔을 벌리고 쓸쓸히 서 있는 안테나 마냥 식물의 잎사귀들이 몸을 부비며 내는 소슬거림에 귀를 기울이고, 숲의 가르마를 가르며, 휘몰아치는 바람이 전하는 옛이야기를 들으며 한 웅큼씩 자랐다. 모스크바로부터 3백여 킬로미터 떨어진 시골에서 본 비와 불, 눈과 물, 이슬, 들판은 훗날 그의 영화에 소중한 자산이 되었다. 그의 영화 속에서 마치 주제처럼 반복되어 나타나는 이러한 자연의 여러 성장(盛裝)들이 이해할 수 없는 상징적 기제로 나타나기보다는 되려, 알 수 없는 삶의 형상을 가늠할 수 있는 초벌그림으로 보여지는 것은 이 때문이다.

그래서 정작 타르코프스키 자신은 자기의 유년 시절을 다음과 같이 행복한 시절이었다고 회고한다.

> 다만 유년 시대의 감각이 사라져 버리는 것을 나는 두려워하고 있다. 유년 시절 그 자체를 되돌릴 길이 없기 때문에, 유년 시절은, 아니, 모르겠다. 그것은 아마도 남아 있겠지. 나의 창작활동의 기초로서 기본적인 가능성으로서 남아있다고 나는 생각한다. 즉, 나로 하여금 창조를 향해 몰아대는 그 모든 것은 유년 시절에 쌓아 올려진 것이라고 생각한다. 만일 그것이 잊혀져 버렸다고 한다면 나는 아무것도 창출해 내지 못할 것이다. …… 행복은 내 유년 시절과 결부되어 있다. 나는 모스크바 교외의 작은 마을에서 어머니와 함께 살고 있을 때를 매우 행복한 때라고 추억한다. 이때는 내게 있어서 정말 행복한 때였다. 나는 아직 어린애였으며 자연과의 유대가 있었기 때문이다. 우리는 숲에서 살았다. 나는 내 자신을 매우 행복하다고 생각하고 있었다. 그후로는 그만큼 행복했던 적이 한 번도 없었다.[7]

자브리이예의 자연과 더불어 어린 타르코프스키를 키운 것은 책이었다. 그의 어머니 비슈나코바는 아들에게 톨스토이와 도스토예프스키 작품을 즐겨 읽어 주었다. 타르코프스키가 글을 읽을 수 있는 나이가 된 뒤에도 이 '읽어주기와 듣기'는 계속되었다. 러시아가 잉태한 두 문호(文豪)의 유려하고 섬세한 언어의 무늬는 어린 소년에게 깊은 인상을 심어 주었다. 자브리이예의 자연에 뿌리를 잇대고 움튼, 그의 예술적 감

---

7) 안드레이 타르코프스키, 〈영화의 진실은 세상을 구하는 것입니다-유서, 세상에 남아 영화를 계속하고 있는 친구들에게〉, 『KINO』, 1996년 1월호, 42쪽.

수성에 두 작가의 언어는 넉넉한 볕뉘를 마련해 주었다. 이렇듯 타르코프스키는 두 작가의 저작을 넘나들면서 예술에 대한 열정을 키웠다.

어머니는 이런 타르코프스키가 예술의 길을 걷는 데 결정적 역할을 했다. 나날이 곤궁함으로 인해 곳간의 처마가 이울어지는데도 불구하고 아들을 음악학교에 보내는 데 주저하지 않았고, 갑작스레 그림 공부를 하고 싶다는 아들의 변덕에도 그 뒷바라지를 마다하지 않았다. 어머니의 헌신은 타르코프스키의 높다란 예술적 성취를 받치는 주춧돌이었다. 모든 자식에게 어머니라는 존재는 남다르기 마련이지만, 타르코프스키에게 있어 어머니는 다음과 같은 진술에서도 알 수 있듯이 최초이자, 최후의 후원자 같은 존재였다.

> 어머니가 돌아가셨을 때 나는 자신을 매우 고독하다고 느꼈다. 아마도 그때 비로소 나는 어머니가 가장 가까운 사람이라는 것을 안 것 같다. 그때까지 어머니와 나는 따로 살고 있었다. 어머니가 돌아가셨을 때 나는 눈물을 흘렸다. 그러나 그것은 심한 병으로 돌아가신 어머니에 대한 측은함에서가 아니었다고 생각한다. 나는 어머니가 이제 더 이상 괴로워하지 않게 되었던 것을 기뻐했던 것 같다. 내가 운 것은 내 자신에 대한 측은함 때문이었다. 즉 내가 운 것은 에고이즘인지도 모른다. 그 순간 정말 고독해졌다고 느꼈기 때문이며 정말 가까운 사람을 잃었기 때문이다. 눈물은 말할 것도 없이 에고이즘의 상징이었다.[8]

타르코프스키는 학교 정규수업엔 그다지 흥미를 가지지 못했다. 국립 영화학교의 기록부에 보관된 그의 고등학교 졸업 성적표는 그가 그저 허릅숭이에 불과했다는 것을 증명한다. 그는 수학과 물리 과목에는 소

---

8) 안드레이 타르코프스키, 〈영화의 진실은 세상을 구하는 것입니다—유서, 세상에 남아 영화를 계속하고 있는 친구들에게〉, 『KINO』, 1996년 1월호, 42쪽.

질이나 흥미가 전혀 없었으며 인문 과목에서도 겨우 보통 수준의 성적을 얻고 있었다. 게다가 1951년 동양어학부에 입학한 그는 필수과목인 체육시간에 뇌진탕 부상을 당하여 남들보다 학업에 뒤처지게 된다. 하지만 이런 일련의 불행이 그가 영화를 만나는 계기가 됐다는 사실은 여러모로 흥미롭다. 타르코프스키는 모자라는 학점을 따는 대신, 키르기즈 황금연구원의 극동탐험대에 일꾼으로 자원하여 투르간 지역을 1년간 답사하게 된다. 1954년 답사를 끝내고 모스크바로 돌아온 그는 소련 국립영화학교(VGIK)에 응시하여 합격하는데, 이 국립영화학교에 제출한 자기소개서에서 타르코프스키는 다음과 같이 적고 있다.

지극히 이국적인 밀림에서의 체험들은 젊은 청년의 감성을 낭만으로 가득채워 주었으며 나로 하여금 영화감독이 되겠다는 결심을 굳혀 주었다.[9]

#3 : 영화로 가는 험로(險路)

타르코프스키가 국립영화학교에 합격하면서 영화의 문을 두드리던 시기는 소련 영화 발전의 과도기였다. 1950년대 초반까지만 해도, 최고라는 평가를 받는 감독일지라도 영화를 감독할 기회가 거의 없을 정도로 아주 적은 편수의 영화들이 제작되고 있었다. 하지만 타르코프스키가 시험에 응시했던 1954년에는 45편이 제작될 정도로, 예년에 비해 파격적으로 영화제작 편수가 늘어났다. 1년 뒤인 55년에는 66편으로 늘어날 만큼 소련 내 영화산업의 규모가 대대적인 개편을 맞던 시기였다.[10]

---

9) 안드레이 타르코프스키, 김창우 譯, 『타르코프스키의 순교일기』(두레, 1997), 391쪽.
10) 안드레이 타르코프스키, 위의 책, 392쪽.

하지만 이 시기는 또한 '에이젠슈타인'으로 대표되는, 유물사관에 입각한 철저한 마르크스-레닌주의 영화(좀더 정확하게 표현하자면 당노선에 따른 '인민예술영화')[11]가 패권을 차지한 때이기도 했다. 타르코프스키의 지도교수 미하일 롬 역시 에이젠슈타인의 제자로서 이러한 소련 영화의 흐름의 선두를 담당하던 사람이었다.

영화에 시적 운율과 논리를 실현시키고 싶었던 타르코프스키에겐 영화에 제복(制服)을 입히라는 교수의 가르침이 생경(生硬)하게만 들렸다. 그는 그저 기술적인 능숙함과 작업 방법만을 강요하는 학교를 통해서는 예술의 길로 나아갈 수 없다는 결론을 내렸다. 그가 학교를 다니며 한 것은 영화의 문법을 체득하는 것이 아니라, 오히려 기존의 문법을 지우개로 쓱, 쓱 지우는 것이었다. 그는 이후 "감독의 의도가 숨겨져 있으면 있을수록 좋은 작품"이라는 나름의 미학체계 아래에서 영화를 만들기 시작한다. 하지만 이렇게 제작된 그의 영화는 소련의 영화 관계자들에게 늘 "엘리트주의에 함몰된 영화", "지나치게 난해한 영화"라는 혹평(酷評)을 받아야했다.[12]

영화감독 타르코프스키를 살피는 데 있어 소련(蘇聯)이라는 시·공간은 상당히 중요한 함의를 가진다. 1984년 7월 10일 이탈리아 밀라노에서 망명을 선언할 때까지 그는 소련이라는 사회주의 국가 체제를 지탱하는 하나의 구성원으로 살았다. 그가 소련이라는 울타리 너머에서 산 시간은 고작 2년에 불과하다. 그것은 시적인 예술 혼을 지닌 그가 평생

---

11) 사실, 에이젠슈타인을 인민예술영화의 범위로 한정, 포함하는 데는 무리가 있다. 따라서 소련의 영화가 교조적으로 변화한 데 대해 그의 책임을 묻는 것은 지나치다 못해 무례한 행동이라고 할 수 있다. 오히려 그 책임은 그 후예임을 자처하는 여러 제자들의 용렬함에서 찾아야 할 것이다. 하지만 "그가 이루어놓은 영화의 혁명은 그의 뒤를 잇는 수많은 영화의 출발점"인 만큼, 그 또한 소련 영화가 지니고 있는 예술적 결핍에 대한 책임에서 자유로울 수 없다는 것 또한 사실이다. 이에 대해 참고할 글로는 정성일, 〈에이젠슈타인〉, 『103인의 현대사상-20세기를 움직인 사상의 모험가들』(민음사, 1996), 447~453쪽.

12) 변재란, 〈구원의 희망, 혹은 영화예술가의 임무〉, 『서평문화』, 1997년 봄, 179쪽.

동안 물질적인 현실과 갈등을 겪었다는 것을 의미한다. 그의 일기를 따라 가다보면, '사회주의 리얼리즘'[13]이라는 깃발 아래 모든 예술을 구획 짓던 당시의 국가기관을 상대로 조금이라도 자신의 의도를 관철하려는 작가의 안쓰러운 노력을 여러 곳에서 발견할 수 있다.

소련 영화의 현재 수준은 한심하기 짝이 없다. 국가는 제작비를 담당한다는 이유로 온갖 횡포와 만행을 부려 형편없는 예술수준과 아첨 일변도의 구렁텅이 속으로 소련 영화를 몰아넣고 있다. 얼마 전에 이탈리아의 전쟁 이전의 작품들을 보면서 소련의 현대 영화사와 참으로 대조적인 데 놀라지 않을 수 없었다. 우리 소련 영화는 지금까지 단 한 번도 그런 심오한 경지에 도달한 적이 없었다.

『솔라리스』 작업을 완전히 끝냈다. 『루블료프』보다도 더 일관된 내적 완성도를 가진, 목적성이 더 뚜렷한, 더 이해하기 쉬운, 한마디로 더 조화를 이룬 작품이 되었다. 그러나 이런 비교가 도대체 무슨 소용이란 말인가?(1972년 2월 16일)

더구나 그가 "자신은 러시아인이며 그 외의 어떤 다른 방법으로 해석하기를 금지시"킬 정도로 조국을, 그리고 조국의 관객들을 사랑했던 사람이었기에 그 버성거림이 그의 삶에 큰 생채기를 냈다. 죽음에 임박했을 즈음, 그의 영화들이 소련에서 전국적으로 상영되기 시작했다는 소식

---

13) 그렇다고 사회주의 리얼리즘적 예술이 형편없다는 말은 아니다. 사회주의 리얼리즘을 대표하는 막심 고리끼의 『어머니』(열린책들, 1994)와 같은 작품은 일독을 권할 만큼 정말 훌륭하다. 이른바 순차와 다양성의 문제인데, 현실을 직시하고 그것을 예술로 형상화해 낸 것이 사회주의 리얼리즘적인 내용이라면 그것은 훌륭한 작품이 될 수 있을 것이지만, 반면 오로지 그것을 목표로 작품을 만든다면, 그것은 도식적이거나 유치한 수준의 강령(綱領)이 될 확률이 높다는 이야기다. 또한 그 어떤 훌륭한 사조든, 그것 하나만으로 모든 예술을 수렴한다면, 그 예술들은 치졸한 수준일 수밖에 없다는 것이 내 생각이다. 그런데 당시의 소련의 예술정책은 예술을 보호한답시고 악수(惡手)란 악수는 다 동원하던 형국이었다.

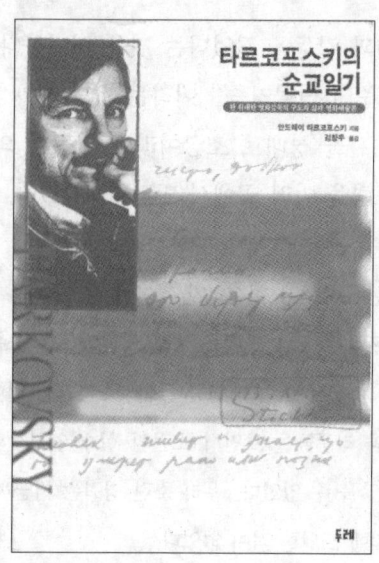

그의 예술에 대한 신념과 고집은 '사회주의 리얼리즘'으로 모든 예술을 구획짓던 소련 당국과 잦은 마찰을 빚었다. 결국 이러한 지속적인 분쟁과 소란은 그를 망명의 길로 내몬다. (『타르코프스키의 순교일기』, 두레, 1997)

을 접하고 나서 그가 쓴 다음과 같은 구절은 정말 가슴을 아프게 한다.

러시아 관객들을 상실한다는 것은 나로서는 참으로 견디기 어려운 일이다. 러시아 관객들을 위해서 나는 20년 넘게 영화판에서 일해오지 않았던가? 이제 내가 내 고국의 동포들을 새롭게 관객으로 맞이했다는 사실에 나는 무한한 행복을 느낀다. 이제 나는 나의 죽음 이후에도 러시아 관객들과의 대화를 계속할 수 있게 되지 않았는가! (1986년 11월 3일)

#4 : 타르코프스키와 한국

조금은 빗나간 이야기일지 모르지만, 그의 영화가 1983년 이후 전 세계 영화계에 불어닥쳤던 '타르코프스키의 르네상스' 시기가 한참이나 지난, 90년대 중반에 이르러서야 겨우 정식으로 한국에 소개된 데 대해선 자못 의아스럽다. 한국 사람들이 그 '세계적인 무엇'에 좀 민감한가? 세계적인 석학, 감독, 작가, 음악가, 등등. 오히려 자국 사람들보다 호들갑을 더 떠는 것이 한국 사람이요, 한국 언론인데 말이다.

이렇게 된 데는 우선은 영화에 대한 인식의 후진성을 들 수 있겠다. 한국에서 영화가 '예술'의 한 장르로 인정받기 시작한 것은 얼마 되지 않는다. 80년대까지만 하더라도 한국 사회에서 영화는 소위 '딴따라'의 외연에 포함되었던 것이 사실이다. 지금이야 예술적 성취를 기준으로 영화를 배급하는 '㈜백두대간'도 있고, 이를 상영하는 극장도 동숭시네마텍을 비롯해 여러 개 있지만 그때까지만 하더라도 미국산 할리우드 영화가 아닌, 다른 나라 영화를 보기 위해서는 유럽 대사관 문화원을 어슬렁거려야 했다. 그리고 그때는 『씨네 21』이나 『KINO』와 같은 영화를 전문으로 하는 대중잡지가 출현하기 전이었다. 고작해야 『스크린』 정도가 활약했을 뿐이다. 말하자면, 타르코프스키가 한국에 닿기가 좀처럼 어려운 상황이었던 것이다.

두 번째로는 타르코프스키의 조국인 '소련'과 대한민국간의 이념의 이질성에 그 혐의를 둔다. 타르코프스키 자신이야 자신을 '러시아 사람'이라고 우기겠지만, 당시 한국 사람 대다수에겐 그는 '소련 사람'이다. 이는 그의 영화에 '빨갱이 영화'라는 딱지를 붙이기에 너무나 충분한(?) 논거가 된다! 공교롭게도 한국 극장에서 처음으로 소개된 그의 영화 『향수』는 그가 소련이라는 국적을 버렸을 때 만든 것이다.

어쩌면 이건 나의 지나친 가정일 가능성이 높다. 『향수』 또한 그 영화가 가장 최근 작품이자, 가장 평이한 작품이기 때문에 소개되었을 것이다. 그리고 더 이상 그의 작품이 극장에서 소개되지 않는 것도 『향수』 이전의 작품을 만들 때의 타르코프스키의 국적(國籍)이 소련이라는 데 있는 것이 아니라, 그의 영화가 상업적으로 수지타산이 맞지 않기 때문일 것이다.

그러나 그가 더디 한국에 온 여러 이유 중에 나의 이런 억측이 조금이라도 포함된다면 한국에서 타르코프스키는 정말 불행한 사람이라 할 수 있겠다. 반(反) 에이젠슈타인적인 성향으로 인해, 1950년대 이후 소련에서 절대적인 영향력을 행사해온 마르크시즘 비평으로부터 적대적인 홀대를 받아왔던 그의 영화가 한국에선 '소련'에서 제작됐다는 이유로 상영되지 못했다면 말이다.

어쨌거나 타르코프스키가 처음으로 메가폰을 잡은 것은 1958년 대학교 4학년 때였다. 『오늘 저녁에는 외출 허가가 나오지 않았다』라는 이 습작단편영화는 그의 영화과 친구인 알렉산드르 고든을 조감독으로 해서 졸업 예비작품으로 만들어졌다. 이 작품은 학교 기자재와 중앙 텔레비전 스튜디오에서 완성되었는데, 그 내용은 전쟁이 끝난 후에도 남아 있는 독일군 지뢰를 제거하는 것이었다. 하지만 타르코프스키는 이 영화에 상당한 불만을 가졌다. 그는 이 영화가 "아주 형편없는 시나리오에 따라 촬영되었고, 이것이 영화라고 불러줄 만한 어떤 완성도도 지니고 있지 못하"다고 생각했다.

그러나 1960년에 완성한 졸업작품 『증기 기관차 운전사와 바이올린 (Katok I Skripka)』은 이듬해 뉴욕 학생영화제에서 1등상을 받을 정도로 훌륭한 것이었다. 훗날, 그와 오랜 영화적 지우(知友)로 함께 활동할 촬영기사 바담 유소프를 만난 것도 이 영화를 통해서였다.

이후로 영화감독 타르코프스키는 신산스러웠던 자신의 생애를 마감하기까지 8편의 영화와 한 편의 메이킹 필름[14]을 만들었다. 하지만 30년 가까운 세월 동안, 영화를 업(業)으로 삼았던 감독의 이력(履歷)치고는 작품 수(數)가 좀 궁색한 게 사실이다. 그와 어깨를 견주는 스웨덴의 잉

---

14) 영화를 만드는 과정을 다큐멘터리 형식으로 촬영한 영화를 말한다.

그마르 베르히만은 매년 영화를 만든 데 비해, 타르코프스키는 4, 5년에 한 편 꼴로 영화를 만들 수밖에 없었다. 그의 영화 사이를 가로지르는 이 긴 시간의 공백지(空白地)는 소련의 영화당국과의 치열한 몸싸움에서 비롯된 것이었다. 타르코프스키는 이러한 자신의 처지에 대해 다음과 같이 분통을 터트리기 일쑤였다.

> 좋은 시절이라면 나도 백만장자가 될 수 있을 텐데! 내가 만일 일 년에 영화 두 편씩을 찍을 수 있다면 1960년부터 시작해서 이미 20편을 찍었을 것이다. 바보 천치 같은 자들이 결재를 하고 있는 판에 무슨 영화를 찍을 수 있단 말인가!!(1970년 9월 7일)

그의 작품 중 현재 한국에 소개된 것은 성 베네딕트수도원 시청각종교교육연구회에서 발행한 『안드레이 루블료프(Andrei Rublev)』(1969), 『솔라리스(Solaris)』(1971), 『잠입자(Stalker)』(1979), 『천재, 전설, 그리고 인간 안드레이 타르코프스키』가 있고, 우일영상에서 발행한 『노스텔지어(Nostalghia)』(1983), 『희생(The Sacrifice)』(1986)이 있다.[15] 유감스럽게도 타르코프스키의 데뷔작인 『이반의 어린시절(Ivanovo det-stvo)』(1962)과 그의 작품 중 가장 논란의 화제가 된 『거울(Zerkalo)』(1975), 그리고 『백치』와 같은 작품은 아직 한국 땅에서는 볼 수 없다.

이 글에서는 비록 비디오일망정 한국에서 볼 수 있는 작품만을 소개하고자 한다. 물론 『이반의 어린시절』과 『거울』에 관한 신뢰할 만한 자료와 비평이 있긴 하다. 하지만 이 영화들을 직접 보지 않고 이 두 작품에 대해 이러쿵저러쿵 언급한다는 것은 장님이 코끼리 만지는 격이 될 것 같은 기우(杞憂)가 들어서, 소루하나마 한국에서 볼 수 있는 작품만을 언급하려 한다.

---

15) 안드레이 타르코프스키, 김창우 譯, 『타르코프스키의 순교일기』(두레, 1997), 408쪽.

#5 : 예술을 향한 지난한 행보 - 『안드레이 루블료프』

첫 번째 영화 『이반의 어린시절』을 만들고 그 다음 영화인 『안드레이 루블료프』를 만들기까지는 4년이라는 시간이 소요됐다. 해외에서의 소란스러운 호평에도 불구하고, 이 영화는 문예정책 노선에 대한 비판으로 받아들여져 소련의 영화비평가들 사이에서 '신비주의' 라는 비아냥을 들어야 했다.

하지만 15세기 중세를 배경으로 성화(聖畵)를 그리는 성상화가의 일대기를 그린 영화 『안드레이 루블료프』는 영화 예술에 대한 진지한 성찰과 고구(考究)의 토대 위에 세워진 빼어난 작품이다. 타르코프스키는 이 작품을 통해 자신이 가지고 있는 영화에 관한 철학, 예술에 관한 사상, 세계에 관한 예술가의 의무에 대해 웅숭 깊은 반성과 성찰을 보여준다. 이렇듯 타르코프스키의 예술가적인 면모를 들여다 볼 수 있는 좋은 창(窓)이 된다는 점도 다른 작품과 구별되는 이 작품만의 미덕(美德)이라고 할 수 있겠다.

『안드레이 루블료프』라는 작품은 그 형식부터가 전범(前範)을 찾을 수 없을 정도로 독특한 것이었다. 타르코프스키는 이 작품에서 러시아의 안드레이 루블료프만을 다루지 않고, 15세기와 러시아, 루블료프를 각각 분승(分乘)시키고, 이를 다시 9개의 에피소드로 나누었다. 안드레이 루블료프는 명목상으로는 주인공이지만 때로는 구경꾼에 지나지 않으며, 심지어는 이야기에서 사라져버리기도 한다.

이 영화에서 명시된 시간의 묶음은 안드레이 루블료프가 안드로니코프수도원을 떠나는 1406년부터 종 만드는 소년을 만나는 1423년까지이다. 견결한 수도승이자 명민한 성상화가였던 안드레이 루블료프가 서로 상반된 가치와 이념이 혼재하는 시간의 다발 속을 헤쳐나가며 자신을 고찰하는 것이 이 영화의 주요 내용이라 할 수 있다.

쏟아지는 비를 피해 우연히 찾아든 오두막집에서 성직자들의 퇴폐를 풍자하는 광대들을 만난 루블료프는 천박하지만 인간적인 웃음과 속어들을 쉴 틈 없이 내뱉는 사람들의 모습을 보면서 자신에 대해 한 가지 질문을 던진다. 그것은 세상에 대한 지나친 경계(警戒)와 무시로 인해, 삶을 너무나 거칠게 성(聖)과 속(俗)으로 재단함으로써 인간과 세계를 갈라놓은 중세 신앙에 대한 질문이었다. 자신이 신봉하는 중세의 가파른 세계관과 느닷없이 만난 민중들의 풍부한 삶의 층위들 간의 극단적인 이질감은 루블료프의 사고에 균열을 일으킨다. 조화와 화해의 주제 아래 삼위일체의 영광을 그려야 하는 루블료프는 각기 다른 곳을 바라보고 있는 이 두 세계 사이의 거리에서, 혼란스러워하며 서성인다.

루블료프는 이제까지 자신에서 비롯된 것이라 생각했던 '예술'이 사실은 타자(他者)에 의해 주어진 것에 불과하다는 생각을 갖게 된다. 두텁기만 한, 수도원 벽 밖에서 벌어지는 현실의 소란에 귀를 막은 채 공허한 사변(思辨)의 계단에 주저앉아 있었다는 각성을 하게 된다. 그래서 그는 온전한 '삼위일체의 영광'을 재현할 목적으로 지옥이라 불리는 세상으로 나아간다. 루블료프는 현실 삶에서 횡행하는 배신과 악행, 그리고 처참함과 끔찍함을 자신의 눈으로 직접 목격한다. 살육과 오욕(汚辱)이 휘몰아치는 현실이라는 광장에서 루블료프는 자신에게 과연 예술이란 무엇인가? 라는 질문을 던진다.

영화는 어떤 예술가도 자신의 시대를 그려낼 수밖에 없다고 이야기하고 있는 듯하다. 예술은 거대한 성곽 저 깊은 곳에 숨겨진 것이 아니라, 현실이라는 동토(凍土) 밑을 관류하는 지하수에 있다고 타르코프스키는 루블료프를 통해 이야기하고 있다. 현실로부터 받는 여러 상처를 부둥켜안는 다기진 노력 속에서 예술의 심장은 박동(搏動)하는 것이라고 말이다.

이렇듯 예술에 대한 성찰을 유려하고 사실적인 영상으로 형상화한 이 작품은 1969년 칸느영화제에 당시 프랑스 문화부 장관 앙드레 말로의 요청으로 특별 출품되어 국제비평가상을 받았다. 하지만 이 영화는 소련 당국에 의하여 5년 동안이나 개봉이 금지된 불운의 영화이기도 하다. 영화 관계자들의 격렬한 비난도 잇따랐다. 특히 1966년에 『전쟁과 평화』를 만든 세르게이 본다르츄크 감독은 당기관지에다 『안드레이 루블료프』에 대해 다음과 같이 평했다.

> 최근 이해할 수 없는 관념적인 사고로 영화를 만드는 위험한 부르주아
> 적 태도가 소련에 만연되어 있는데, 그 중에 타르코프스키는 특히 엘리
> 트 의식의 낡은 인텔리겐차적인 예술관을 소련 영화에 끌어들이고 있다.

하지만 최근에는 타르코프스키 영화를 역사적이며 마르크스주의적인 입장으로 보는 견해들도 대두되고 있다. 이러한 견식(見識)을 가진 평자(評者)들은 이 작품이 가진 모호한 분위기와 인물들의 분열된 의식이 스탈린 이후의 정치적 상황을 암시한다고 말한다. 이러한 분석의 흐름은 다분히 탈역사적으로 평가받는 그의 영화에 대해 재독해(再讀解)을 가능케 한다.[16]

어쨌거나 당시 소련 내의 비난은 타르코프스키의 다음 영화 작업뿐만 아니라, 그의 개인적인 경제 사정에도 아주 안 좋은 영향을 미쳤다. 번번이 당국으로부터 퇴짜를 맞아 다음 작품의 제작이 연기됨에 따라 그의 주머니는 빈한(貧寒)해져만 갔다. 다음과 같은 글은 그가 얼마나 가난에 시달렸는지 짐작케 한다.

> 빚을 모조리 갚아버리고 내게 꼭 필요한 것들을 살 수 있을 만큼의
> 충분한 돈을 과연 내가 벌 수 있을는지!? 소파와 가구 몇 점, 타자기 그

---

16) 『씨네 21, 영화감독사전』(한겨레신문사, 1999), 408쪽.

영화의 진실은 세상을 구하는 것입니다
유서, 세상에 남아 영화를 계속하고 있는 친구들에게

▶ 안드레이 타르코프스키

"부분으로부터 전체를 재현하고, 글자대로 이야기한 것 이상의 것을 사고할 수 있게 하는 일이 야말로 영화를 지각하는 과정에 있어서 관객을 예술가와 같은 토양 위에 설 수 있게 하는 유일한 길이다." (『KINO』, 1996년 1월호)

리고 서가에 꼭 꽂아 놓고 싶은 책들, 이런 것들이 필요한데 …… 그리고 집도 수리해야 하는데 수리비는?(1970년 9월 14일)

#6 : 철인(哲人) 타르코프스키

1970년 8월 15일, 타르코프스키의 아내, 라리사 타르코프스카야는 아들 안드류슈카를 낳았다. 예정보다 한 달 늦은 분만이었다. 그 당시는 타르코프스키가 『솔라리스』 촬영의 지연으로 심한 마음 고생을 하고 있던 때였다. 더욱이 그는 완전히 빈털털이 신세였고, 빚을 산더미처럼 지고 있었다. 아들 안드류슈카의 탄생은 그에게 가장(家長)의 역할을 새삼 상기시키는 계기가 됐을 터이다. 하지만 조급한 마음에도 불구하고 모든 것은 뜻대로 진행되지 않았다. 사랑하는 아내와 아들에 대한 책임감과 이로 인한 번민은 그의 일기 곳곳에서 발견된다. 하지만 이러한 생활의 곤궁함조차 예술에 대한 그의 다기진 발걸음을 붙들지 못했다.

1971년, 여러 열악한 제작 여건과 더불어 생활상의 악조건에도 불구하고 타르코프스키는 SF 장르인 『솔라리스』를 쏘아 올렸다. 다음해인 72년에 칸느영화제 심사위원특별상과 국제 에반젤리센터상을 받은 이 영화는 타르코프스키의 영화 중 비교적 접근이 쉬운 작품으로 알려져 있다. SF 장르가 가지는 친숙함도 그렇지만, 여타 작품들에 비해 리듬도 빠르고 이야기 구조도 다른 작품에 비해 제법 명확하기 때문이다.[17] 하지만 그렇다고 이 영화에서 X-Wing들이 벌이는 우주 전투나 제다이 기사[18]들이 벌이는 활극을 기대해서는 곤란하다.

이 영화는 자신의 별장에서 쉬고 있는 과학자 크리스 켈빈에게 비디오 테이프 하나가 전달되면서 시작한다. 켈빈이 근무하고 있는 연구소는 우주 스테이션이 보내온 비디오 테이프를 보며 혹성 솔라리스에서 무슨 일이 벌어지고 있다는 결론을 내리고, 그 스테이션으로 크리스 켈빈을 파견하기로 결정한다. 여기까지는 할리우드 SF 영화와 별반 다르지 않는 이야기 구조이다. 그런데 켈빈이 우주 스테이션으로 파견되기까지가 영화 전체 분량의, 무려 3분의 1이나 차지한다.

이는 이 영화의 원작, 스타니슬라프 렘의 SF소설 『솔라리스』에 없는 전적으로 타르코프스키의 창작이다. 이 부분은 타르코프스키의 다른 작품과 달리 화려하고, 감상적인 영상이 가득하다. 연두색과 노란색을 씨줄과 날줄로 삼아 청색 톤으로 교직(交織)한 화면은 영화 후반부의, 창

---

17) 〈Q & A, 묻고 답하기〉, 『씨네 21』, 2000년 4월 4일, 118면.
18) X-Wing과 제다이 기사는 조지 루카스의 『스타워즈』에 나오는 전투기와 등장인물들이다.

백한 흰색이 번진 듯한 청색과 묘한 대조를 이룬다. 이러한 시각적 변별(辨別)은 이 영화의 시공간을 자연과 인공, 감정과 과학으로 쪼갠다. 하지만 '청색'이라는 두 공간의 배경이 가지고 있는 상사(相似)는 분리된 듯한 두 공간을 느슨하게 연결하는 고리 역할을 한다.

우주 스테이션에 도착한 켈빈은 스나투오우와 샤르토리우스라는 두 명의 과학자를 만난다. 켈빈은 여기서 혹성 솔라리스의 '생각하는 바다'에 대해서 듣게 된다. 두 과학자의 말에 따르면, 혹성 솔라리스에 접근하며 근접한 사람의 기억 저 깊이 잠겨 있는 과거가 물질하 되어 나타난다는 것이다. 근접한 사람과 솔라리스의 정신적 길항작용으로 인해 형상화된 이 물질화된 기억은, 독립된 또 하나의 대상이 된다. 죽은 아내 '하리'에 대한 기억은 솔라리스와의 상호작용으로 인해 죽기 전 하리의 모습으로 재생한다. 기억상실이라는 것만 제외하면 모든 것이 옛 아내와 똑같다. 기억이 '실제'가 되는 것이다. 켈빈이 그 기억을 지우지 않는 한, 하리는 불멸한다.

『솔라리스』의 비극성은 바로 이 지점에서 형성된다. 자신의 내부에 있어야 할 기억, 혹은 의식이 물질화된 존재로서 밖에 위치한다. 게다가 어떤 방법으로도 제거할 수 없는 그 물질을 만든 것이 바로 자신이라는 사실을 발견했을 때, 심층 밑에 깊게 숨겨둔 아린 기억은 이제 실제적인 슬픔이 되어버리는 것이다. 의식의 밑바닥에 꼭꼭 숨겨두고 싶은 지난 상처가 물질화 되어 재현되었을 때, 우리가 느끼는 것은 경악에 다름 아니다. 이제 기억은 현실이 되고 그것이 이전과 다르게 관계를 맺어야 한다는 점에서, 기억은 추상적인 비유로서가 아닌 진정한 휴머니티가 되는 것이다. 타르코프스키는 이 영화에서 이 안과 밖의 의식적 장벽을 붕괴시킴으로써 객체적 진실과 그것을 재현하는 인간의 의식 사이의 상호작용을 탐구했던 것이다.

다음과 같은 그의 말에서 우리는 혹성 『솔라리스』로 들어가는 입구를 발견할 수 있다.

철학을 관념적인 것과 물질적인 것으로 나눈다는 것, 철학을 인간이
생각해낸 분계선에 따라 물질과 의식의 우위를 가리는 문제의 차원으로
끌어내리는 것은 불합리하고 무의미한 짓이다. 이는 마치 닭이 먼저냐
알이 먼저냐 하는 다툼처럼 어리석은 짓이다. 이와 같은 질문은 어떤 결
론에도 도달할 수 없다. (1970년 10월 17일)

인간과 이를 둘러싼 세계에 대한 진지한 성찰은 타르코프스키 영화의
일관된 주제다. 그의 카메라는 내면을 응시하고, 그 심연에 웅크리고
있는 삶의 진실을 드러내는 데 혼신을 다했다. 더군다나 그는 척박한
외부환경과의 지난한 투쟁 속에서도 영화예술에 대한 자신의 신념을 잃
지 않았다. 이런 의미에서 그는 철학자라 할 수 있을 것이다. 다음과
같은 그의 말은 이를 증명한다.

오직 감독이 사물에 대한 자신의 시각을 드러냈을 경우에만, 즉 일종
의 철학자가 되었을 경우에만 감독은 비로소 예술가인 것이며 영화는
영화예술이 될 수 있는 것이다. [19]

#7 : 예술가의 고집, 그 쓸쓸한 망명에 대하여

예술에 대한 타르코프스키의 고집은 그의 영화에 대해 '부르주아들의
지나친 교양주의를 대변하고 형이상학에 함몰된 영화' 라는 비난을 불러
온 게 사실이다. 분명 타르코프스키의 영화는 이전의 영화들과는 사뭇

---

19) 최성일, 〈영화를 예술로 만든 구도자적인 영상시인〉, 『도서신문』, 1998년 1월 19일, 13면.

다른 지형을 차지한다. 일반 관객들에게 그의 영화는 무척이나 낯설게 다가오는데, 우리가 그의 영화를 두고 종종 '난해'하다고 이야기하는 것은 바로 이 때문이다. 하지만 그렇다고 그가 관객의 존재를 무시한 예술가였던 것은 아니다. 오히려 타르코프스키는 다음과 같이 예술에 있어 관객과 작가의 상호관계를 역설했던 사람이다.

대상을 향해서 모조리 이야기를 해버리면 관객은 나름대로 생각할 수 있는 가능성을 빼앗긴다. 그렇게 되면 최종 결론을 관객에게 제시해 주는 것이기 때문에 관객은 이리저리 생각을 해 볼 필요가 하나도 없게 되어버린다. 아무런 노력도 없이 관객에게 그냥 주는 결론 같은 것은 필요 없다. 사고를 탄생시킬 때의 괴로움과 기쁨을 작가와 함께 나누어 가질 수 없는 관객에게 작가는 무엇을 이야기할 수 있을 것인가. 이와 같은 창조적 접근에는 또 하나의 장점이 있다. 부분으로부터 전체를 재현하고, 글자대로 이야기한 것 이상의 것을 사고할 수 있게 하는 일이야말로 영화를 지각하는 과정에 있어서 관객을 예술가와 같은 토양 위에 설 수 있게 하는 유일한 길이다. 서로를 존중하는 관점에서 본다면 이와 같은 상호관계만이 예술에 어울리는 일이다.[20]

하지만 이런 그의 예술에 대한 신념과 고집은 소련 당국과 잦은 마찰을 빚었다. 소련은 타르코프스키가 당(黨)의 문예정책의 울타리 안에서 활동하기를 바랐지만, 타르코프스키는 그 조붓한 정원 너머에 있는 대지로 나가기를 바랐던 까닭이다. 결국 이러한 지속적인 분쟁과 소란은 그를 망명의 길로 내몬다. 1983년 9월, 타르코프스키가 아버지께 보내는 편지에는 그가 고향과 결별을 결심하게 된 배경이 기록되어 있다.

---

20) 안드레이 타르코프스키, 〈영화의 진실은 세상을 구하는 것입니다-유서, 세상에 남아 영화를 계속하고 있는 친구들에게〉, 『KINO』, 1996년 1월호, 42쪽.

사랑하는 아버지께!

제가 유배된 자의 길을 택했다고, 저의 조국 러시아를 떠나려 하고 있다고 아버님이 느끼고 계신 점이 몹시 저를 슬프게 만듭니다. 제가 당하고 있는 이 어려운 상황에 대해 그런 해석을 내리는 것이 도대체 누구에게 유익할 것인지 저는 모릅니다. 국가영화위원회(Goskino)의 위원장들, 특히 예르마쉬와 그의 전임자가 저에게 퍼부었던 수년에 걸친 중상모략 '덕분'에 제가 헤쳐나와야 했던 그 어려운 상황에 대한 해석 말입니다. 예르마쉬는 그가 저지른 일에 대해 다시 한 번 소련정부 앞에서 자신의 입장을 반드시 밝히지 않을 수 없게 될 것이라고 저는 봅니다. 아마 아버님은 계산을 해보시지 않으셨을 테지만, 소련 영화계에 종사한 20여년 중에서 저는 약 17년 간을 본격적인 실업자 신세로 보냈습니다. Goskino는 제가 일하는 것을 원치 않았습니다! 그들은 늘 제게 성가시게 굴었으며, 가장 최근의 충돌은 본다르추크의 이해할 수 없는 행동과 관련된 칸느 영화제에서의 스캔들이었습니다. 본다르추크는 심사위원의 한 사람으로서 그의 상관의 사주를 받아(결국 허사가 되고 말았지만) 나의 출품작 『향수』가 상을 받지 못하도록(저는 3개 부문의 상을 받았습니다) 총력을 기울였던 것입니다. 저는 이 작품을 전적으로 애국적인 작품이라고 생각합니다. …… Goskino의 지도부가 저의 감정을 구겨놓는 데에서 즐거움을 만끽한다는 사실은 오직 한 가지만을 의미합니다. 그들이 원하는 것은 의심할 여지없이 나를 떨쳐 버리는 것, 그들이 전혀 써먹을 수 없는 저와 제 예술을 제거해버리는 것입니다. (1983년 9월 18일)

결국 타르코프스키는 1984년 7월 10일 이탈리아 밀라노에서 기자회견을 갖고 소련과의 결별을 선언한다. 서방의 여러 신문들은 그의 망명을 상업적인 전략에서 비롯된 것이라며 추방과 같은 망명의 길에 들어선 타르코프스키에 대해 악의적인 보도를 일삼았다. 그들은 타르코프스키가 소련으로 돌아가지 않으려는 주된 이유는 전적으로 많은 돈을 벌기 위한 것이라는 흰소리를 해댔다. 조국과 고향으로부터 공식적으로 등을 돌렸음에도, 죽을 때까지 그를 괴롭혔던 것은, 자신을 버린 조국에 대한 죽음과도 같은 '노스탤지어(향수)'였다.[21]

타르코프스키가 설사 돈을 위해 망명을 선택했다 하더라도 그게 뭐 그렇게 흠이 될 것 같진 않다. 그의 말에 따르면 소련에서 영화감독으로 사는 동안, 그의 "가족은 굶주림에 시달려야 했다." 예술적 신념을 버리는 것도 아니고 그것을 올곧게 지킨 작품을 내놓고, 그에 대한 8분의 대가를 바라는 게 잘못된 건가? 예술에 있어 '상업주의'가 문제가 되는 것은 상업주의 그 자체에 문제가 있기보다는 잘못된 상도덕에 있다고 본다.

엔딩 크레딧 : 『향수』, 그 이후

1983년 『향수』가 칸느영화제에서 호평을 받은 이후, 타르코프스키 영화는 세계 영화사에 흘립한 준령(峻嶺)으로 인식되기 시작했다. 정작 그랑프리는 이마무라 쇼헤이(今村昌平)[22] 감독의 『나라야마 부시코』에게로 돌아갔지만, 비평가들과 영화광들을 사로잡은 것은 『향수』였다. 이 『향수』를 계기로 타르코프스키가 소련에서 만든 영화들이 서방에 새로이 소개되면서 그의 영화에 대한 재평가 작업이 세계 영화계에 유행처럼 번져나갔다.

어떻게 보면, 이것은 새삼스러운 일이었다. 우선 『향수』는 타르코프

21) 이영재, 〈HAMLET-ANDREI TARKOVSKY FILE〉, 『KINO』, 1997년 6월호, 153쪽.
22) 이마무라 쇼헤이 감독의 작품은 두 편이 한국에서 개봉됐는데, 『우나기』·『나라야마 부시코』두 작품 모두 비디오로 출시되어 있다.

스키의 첫 번째 영화가 아닐뿐더러, 서방에 알려진 첫 번째 영화도 아니다. 그의 데뷔작 『이반의 소년 시절』은 이미 1962년 베니스영화제에서 그랑프리를 수상했으며, 살펴봤다시피 그의 영화는 해외 영화제에 출품될 때마다 비평가들의 찬사를 받아왔다. 어쨌든, 소련이 아닌, 이탈리아에서 촬영한 『향수』는 타르코프스키 영화의 위상이 확인되는, 또는 재발견되는 계기가 되었다. 이로부터 1년 후, 타르코프스키는 기자회견을 통하여 망명 선언을 했으며, 소련 당국은 입국 금지를 결정하였다. 공교롭게도 그는 『향수』라는 작품 때문에 수많은 인터뷰와 초청강연에 계속해서 시달렸고, 고향에 대한 '향수(鄕愁)'로 인해 죽을 때까지 괴로워해야 했다.

1984년 타르코프스키는 잉그마르 베르히만을 만나게 되었고, 그의 호의로 스웨덴에 있는 그의 별장에서 소설 『희생』을 집필한다. 이 소설은 85년 5월부터 영화 촬영에 들어가 이듬해 2월에 끝났다. 그리고 5월 칸느에서는 다시 한번 타르코프스키의 열풍이 휘몰아쳤다. 비록 그랑프리는 롤랑조페의 『미션(Mission)』[23]에게 돌아갔지만, 『희생』은 국제영화심사위원특별상, 국제영화비평가상, 기술대상, 예술특별공헌상 4개 부문을 수상해, 칸느영화제 역사에 최다수상작품이라는 이름을 남겼다.

그러나 타르코프스키는 그 해에 다음 작품 『성(聖) 안토니우스 유혹』을 준비하던 중 간암으로 쓰러졌다. 그리고 세밑도 끝나가는, 12월 29일 파리의 한 병원에서 54살의 아쉬운 나이로 죽음을 맞았다. 추방당하듯 조국을 등져야 했던 타르코프스키는 결국 낯선 이국 땅에서 서럽던 한 줌의 생(生)을 묻어야만 했다. 하필, 이 시기는 고르바초프에 의해 추진된 소련의 페레스트로이카(개혁)가 시작된 시기와 때를 같이한다. 역사

---

23) 『미션』은 TV에서 여러 번 방영한 바 있는 작품으로, 이 작품이 『희생』을 누르고 그랑프리를 차지했다는 게 믿기지 않는다. 롤랑 조페 감독의 작품으로 우리에게 소개된 것은 『킬링필드』, 패트릭 스웨이즈가 주연한 『시티 오브 조이(City of Joy)』, 나다니엘 호손의 『주홍글씨』를 영화화한, 데미 무어 · 게리 올드먼 주연의 『주홍 글씨』, 오락게임을 영화화한 『슈퍼 마리오』가 있다.

의 가정(假定)이란 존재하지 않는다지만, 만약 그가 페레스트로이카 시대를 살았더라면 그의 영화와 생애는 어떻게 달라졌을까, 하는 궁금증이 이는 것이 사실이다. 어쩌면 예술을 등대 삼았다는 이유로 숱한 격랑(激浪) 속에서 상처받고, 이로 인해 표박(漂迫)의 운명을 짊어져야 했던 그의 불행했던 삶이 조금이나마 치유됐을지도 모르는 일이다. 상영이 금지되었던 그의 영화가 그가 눈을 감을 때 즈음을 전후하여, 소련 전국에 다시 상영됐다는 사실이 이를 뒷받침한다. ▪️

찾아보기

『시사인물사전』은 발행권수가 누적될 때마다 제1권부터 다룬 모든 인물에 대한 색인을 달도록 하겠습니다. 한국인은 가나다순으로 배열했으며 일본인과 중국인은 한국어 발음에 따라 역시 가나다순으로 정리했습니다. 그 밖의 영문명 외국인들은 알파벳순에 따라 〈영문명 표기 1〉로 달았습니다. 특히 외국인들의 영문명 철자를 모르더라도 한국어 발음만 알면 쉽게 찾을 수 있도록 〈영문명 표기 2〉에 그들의 이름을 가나다순으로 재배열하였습니다.

〈총 287명〉